余映潮中学语文
精品阅读课教学实录

余映潮 著

中国轻工业出版社

图书在版编目(CIP)数据

余映潮中学语文精品阅读课教学实录/余映潮著. —
北京：中国轻工业出版社，2016.1（2021.6重印）
　　ISBN 978-7-5184-0671-5

　　Ⅰ.①余… Ⅱ.①余… Ⅲ.①阅读课-课堂教学-
教学研究-中学 Ⅳ.①G633.332

中国版本图书馆CIP数据核字（2015）第254042号

总 策 划：石　铁
策划编辑：吴　红　　　　　　　　责任终审：杜文勇
责任编辑：吴　红　孔胜楠　　　　责任监印：刘志颖

出版发行：中国轻工业出版社（北京东长安街6号，邮编：100740）
印　　刷：三河市鑫金马印装有限公司
经　　销：各地新华书店
版　　次：2021年6月第1版第6次印刷
开　　本：710×1000　1/16　印张：19.50
字　　数：168千字
印　　数：13001—15000
书　　号：ISBN 978-7-5184-0671-5　定价：42.00元

读者热线：010-65181109，65262933
发行电话：010-85119832　传真：010-85113293
网　　址：http://www.chlip.com.cn　http://www.wqedu.com
电子信箱：1012305542@qq.com

如发现图书残缺请拨打读者热线联系调换
151206Y1X101ZBW

自 序

1997年11月26日下午，湖北监利县直荀中学的篮球场上，面对两百多位初中语文教师，我讲了我的第一个公开课——《天上的街市》。

2006年5月19日上午，江苏常州市第一中学，我讲了我的第50个新课——《一滴眼泪换一滴水》。

2009年11月18日下午，广东东莞市东华中学，我讲了我的第100个公开课——《陈太丘与友期》。

2012年1月4日上午，福建莆田市麟峰小学，我讲了我的第150个公开课——《写清楚自己的一次经历》。

2014年5月29日下午，河南洛阳市瀍河回族区外语实验小学，我讲了我的第200个公开课——《范仲淹的故事》。

2015年4月14日，我在重庆市第七中学讲了我的第220个公开课——《五柳先生传》。

……

所谓"220个课"，是相当于"220篇课文"的课。

220个课的时间跨度，从我将近51岁到68岁，历时17年多。

有意思的是，上述材料中，有小学、初中、高中的课；有诗歌、小说、作文、复习课；有现代文与文言文的教学；有"古今中外"课文的阅读课；有各个教材版本的课。讲课的地方，有全国的名校，也有偏远地方的乡村中学。

这是我多年来风雨兼程、历尽辛苦行走在一线的生动写照。

在做事方面，我是一个追求"量"的人。

用"大量"来显现"力量",用"大量"来表现"深入",用"大量"来表现"韧性",是多年来我在中小学语文教学研究方面的自我要求。我应该积累大量的资料,写大量的文章,听大量的课,做大量的讲座,讲大量的公开课……

教研员出身的我,一直都在告诫自己:一定不能一辈子只讲那几个课,一定不能一个讲座讲许多年,一定不能到一个曾经到过的地方再讲重复的话。

在"讲课"二字上:

我用"大量",表现我的时间与生命的消耗。

任何课文,只要不进入"教学",便都很好读;一旦进入"教学",在备课上便让人处处为难。我的每一节课都追求创意,各节课的创意与结构都不能相同,同一创新的教学手法都要求自己"偶尔可用,不能常用",更何况每个学期都要讲一批从小学三年级到高中的新课,再加上有些地方直接要求我上"教师们希望您上"的课,于是就要付出大量的时间。

假设一节课的基本备课时间为4天左右,那么从1997年年底到现在,17年来,我大约有3年的时间全在备课之中。

我用"大量",表现我在应对多套教材的复杂环境中的努力。

由于各地都有"余映潮工作室",我要直面不少版本的教材。其中有人教版的小学初中高中三套,语文版小学初中两套,苏教版小学初中两套,山东版、上海版、河北版初中各一套,广东版高中教材一套。我感到骄傲的是,到任何地方的"余映潮工作室",我都很有把握地用当地的教材讲课。在各地的行走中,我参与的更为大量的活动是"评课",我每年听课评课的数量在300节以上,为了对陌生的课文进行评课,我不知道有多少个日子夜不能寐。

我用"大量",表现我对课文极其认真的反复研读。

我的公开课,无一不是艰苦地精读教材、精读有关文献的结果。典型的例子是,对《记承天寺夜游》"庭下如积水空明,水中藻、荇交横,盖竹柏影也"这个句子的研读欣赏,我拥有约4500字的资料;对《水调歌头 明月几时有》的"句解"资料,有17000余字;更典型的例子是,2013年暑假,我用18天的时间,写出了18篇角度各异的赏析《孔乙己》的短文:

20130621　关于《孔乙己》的小说基本知识
20130622　说说孔乙己的"长衫"
20130623　孔乙己"脸色描写"赏析
20130624　茴香豆的妙用
20130625　《孔乙己》首段赏析
20130625　《孔乙己》中的"钱数"
20130626　最值得品味的是孔乙己的挨打
20130627　说一说孔乙己的"手"
20130628　孔乙己再也不说之乎者也了
20130629　《孔乙己》片段比读
20130630　《孔乙己》的这一段好在哪里
20130701　《孔乙己》中的对比
20130702　《孔乙己》中的"偷"
20130703　《孔乙己》中的"笑"
20130704　《孔乙己》的"酒"
20130705　说说丁举人拷打孔乙己
20130706　《孔乙己》中的一句话
20130707　《孔乙己》的读法
……

我用我的"大量",体味着艰苦中、奋斗中、实践中的复杂滋味。就像冰心在《谈生命》中所描写的那样:

有时候他遇到巉岩前阻,他愤激地奔腾了起来,怒吼着,回旋着,前波后浪地起伏催逼,直到冲倒了这危崖,他才心平气和地一泻千里。

有时候他经过了细细的平沙,斜阳芳草里,看见了夹岸红艳的桃花,他快乐而又羞怯,静静地流着,低低地吟唱着,轻轻地度过这一段浪漫的行程。

有时候他遇到暴风雨,这激电,这迅雷,使他心魂惊骇,疾风吹卷起他,大雨击打着他,他暂时浑浊了,扰乱了,而雨过天晴,又加给他许多新生的力量。

有时候他遇到了晚霞和新月,向他照耀,向他投影,清冷中带些幽幽的温暖;这时他只想休憩,只想睡眠,而那股前进的力量,仍催逼着他向前走……

我的教学设计与教学,有一个明显的特点:

非常注重提取、利用课文中的教育教学资源,对学生进行语言教学。比如,《观舞记》教学中的提炼:

学一批字词

比较难读的生字:

颦蹙(cù)　　粲(càn)然

嗔(chēn)视　　叱咤(chì zhà)

解(xiè)数　　雏(chú)凤

蠕(rú)动　　星宿(xiù)

雅致的两字词语:

点染:绘画时点缀风景或着色,也指修饰文字。

粲然:笑容灿烂的样子。

解数:武术的招式。技能;本领。

惊鸿:惊飞的鸿雁,形容美人体态轻盈。

生动的四字短语:

变幻多姿　苗条灵动　本色当行　静穆庄严

离合悲欢　双眉颦蹙　笑颊粲然　低回婉转

张目嗔视　叱咤风云　挺身屹立　浑身解数
细腻妥帖　灵活熟练　疾走惊跃　高视阔步
尽态极妍　息息相通　丰满芬芳　不可限量

精致的五字短语：

柔韧的蠕动　秀丽的面庞　清扬的眉宇　髻上的花朵　绚丽的服装
轻捷的舞步　繁响的铃声　耀眼的红莲　旋舞的孔雀　铮铮的弦响

学一个句式

我应当怎样来形容印度卡拉玛姐妹的舞蹈？

假如我是个诗人，我就要写出一首长诗，来描绘她们的变幻多姿的旋舞。

假如我是个画家，我就要用各种彩色，点染出她们的清扬的眉宇和绚丽的服装。

假如我是个作曲家，我就要用音符来传达出她们轻捷的舞步和细响的铃声。

假如我是个雕刻家，我就要在玉石上模拟出她们的充满了活力的苗条灵动的身形。

然而我什么都不是！我只能用我自己贫乏的文字，来描写这惊人的舞蹈艺术。

学一种段式（学写"欢迎词""欢送词"）

北京的早春，找不到像她们的南印度故乡那样的丰满芬芳的花朵，我们只能学她们的伟大诗人泰戈尔的充满诗意的说法：让我们将我们一颗颗的赞叹感谢的心，像一朵朵的红花似的穿成花串，献给她们挂在胸前，带回到印度人民那里去，感谢他们的友谊和热情，感谢他们把拉克希曼姐妹送来的盛意！

学一个篇式　（赏析语言美、内容美、形式美）

观　舞　记

朋友，在一个难忘的夜晚——

帘幕慢慢地拉开，台中间小桌上供奉着一尊湿婆天的舞像，两旁是燃着的两盏高脚铜灯，舞台上的气氛是静穆庄严的。

卡拉玛·拉克希曼出来了。真是光艳地一闪！

她向观众深深地低头合掌，抬起头来，她亮出她的秀丽的面庞和那能说出万千种话的一对长眉，一双眼睛。

她端凝地站立着。

笛子吹起，小鼓敲起，歌声唱起，卡拉玛开始舞蹈了。

她用她的长眉，妙目，手指，腰肢，用她鬓上的花朵，腰间的褶裙，用她细碎的舞步，繁响的铃声，轻云般慢移，旋风般疾转，舞蹈出诗句里的离合悲欢。

我们虽然不晓得故事的内容，但是我们的情感，却能随着她的动作，起了共鸣！我们看她忽而双眉颦蹙，表现出无限的哀愁；忽而笑颊粲然，表现出无边的喜乐；忽而侧身垂睫，表现出低回婉转的娇羞；忽而张目嗔视，表现出叱咤风云的盛怒；忽而轻柔地点额抚臂，画眼描眉，表演着细腻妥帖的梳妆；忽而挺身屹立，按箭引弓，使人几乎听得见铮铮的弦响！

像湿婆天一样，在舞蹈的狂欢中，她忘怀了观众，也忘怀了自己。她只顾使出浑身解数，用她灵活熟练的四肢五官，来讲说着印度古代的优美的诗歌故事！

我的教学设计与教学，还有一个明显的特点：非常关注利用课文进行学生能力训练活动的设计。

每一篇课文，都蕴含着美妙的教育教学资源；教师无法利用，学生则无法受益。教学中，谁对教材有深刻的研究并善于利用教材的资源组织学生的阅读训练活动，谁的学生就会有更大的收获与进步。

比如，小学语文课文《鲸》中的一段文字，我教过的五年级的学生可以运用思辨的方式多角度地分析语言现象，辨识出其中内含的6种说明方法：

鲸的身子这么大，它们吃什么呢？须鲸主要吃虾和小鱼。它们在海洋里游的时候，张着大嘴，把许多小鱼小虾连同海水一齐吸进嘴里，然后闭上嘴，把海水从须板中间滤出来，把小鱼小虾吞进肚子里，一顿就可以吃两千多公斤。齿鲸主要吃大鱼和海兽。它们遇到大鱼和海兽，就凶猛地扑上去，用锋利的牙齿咬住，很快就吃掉。有一种号称"海中之虎"的虎鲸，常常好几十头结成一群，围住了一头三十多吨重的长须鲸，几个小时就把它吃光了。

比如，初中课文《济南的冬天》中的美段，我可以组织起各类不同的训练活动：

最妙的是下点小雪呀。看吧，山上的矮松越发的青黑，树尖上顶着一髻儿白花，好像日本看护妇。山尖全白了，给蓝天镶上一道银边。山坡上，有的地方雪厚点，有的地方草色还露着；这样，一道儿白，一道儿暗黄，给山们穿上一件带水纹的花衣；看着看着，这件花衣好像被风儿吹动，叫你希望看见一点更美的山的肌肤。等到快日落的时候，微黄的阳光斜射在山腰上，那点薄雪好像忽然害了羞，微微露出点粉色。就是下小雪吧，济南是受不住大雪的，那些小山太秀气！

（1）朗读这一段，体味一下：哪些字词最有助于朗读时表达情感？
（2）对这段文字进行诗意的"画面命名"。
（3）圈出像线索一样贯穿全段的一个字。
（4）"划分"这段文字的层次结构。
（5）这段文字中的动词用得好，试举两例进行说明。
（6）此段文字中的色彩词有什么样的表达作用，试举例阐释。
（7）这段文字中运用了化静为动的手法，试进行分析。
（8）话题写作，根据本段文字完成话题短文的写作：一字传神之妙。
（9）从多角度反复、化静为动、以虚写实、段末点题等四个小话题中任选其一，赏析本段文字的笔法。

（10）情感吟诵、背读这段文字。

比如，高中课文《棋王》的专题欣赏课之一：

请同学们阅读下段文字，结合小说中"我"的描写，专题论析小说中"我"的作用。

我第一次承认象棋也是运动，而且是马拉松，是多一倍的马拉松！我在学校时，参加过长跑，开始后的五百米，确实极累，但过了一个限度，就像不是在用脑子跑，而像一架无人驾驶飞机，又像是一架到了高度的滑翔机，只管滑翔下去。可这象棋，始终是处在一种机敏的运动之中，兜捕对手，逼向死角，不能疏忽。我忽然担心起王一生的身体来。这几天，大家因为钱紧，不敢怎么吃，晚上睡得又晚，谁也没想到会有这么一个场面。看着王一生稳稳地坐在那里，我又替他睹一口气：死顶吧！我们在山上扛木料，两个人一根，不管路不是路，沟不是沟，也得咬牙，死活不能放手。谁若是顶不住软了，自己伤了不说，另一个也得被木头震得吐血。可这回是王一生一个人过沟坎儿，我们帮不上忙。我找了点儿凉水来，悄悄走近他，在他跟前一挡，他抖了一下，眼睛刀子似的看了我一下，一会儿才认出是我，就干干地笑了一下。我指指水碗，他接过去，正要喝，一个局号报了棋步。他把碗高高地平端着，水纹丝儿不动。他看着碗边儿，回报了棋步，就把碗缓缓凑到嘴边儿。这时下一个局号又报了棋步，他把嘴定在碗边儿，半晌，回报了棋步，才咽一口水下去，"咕"的一声儿，声音大得可怕，眼里有了泪花。他把碗递过来，眼睛望望我，有一种说不出的东西在里面游动，嘴角儿缓缓流下一滴水，把下巴和脖子上的土冲开一道沟儿。我又把碗递过去，他竖起手掌止住我，回到他的世界里去了。

……

我用我的大量的课，表现着我的教学个性：

● 板块式；

● 主问题；

● 诗意手法。

我用我的大量的课，表现着我很多年前提出的30个字的优质课设计要领：

● 思路明晰单纯；

● 提问精粹实在；

● 品读细腻深入；

● 学生活动充分；

● 课堂积累丰富。

我用我的大量的课，诠释着我提出的高效课堂教学设计的基本要求：

● 非常讲究"课文研读"；

● 十分重视"教学思路"；

● 关键在于"课堂活动"；

● 精心考虑"教材处理"；

● 特别关注"能力训练"。

我用我的大量的课，显示着我提出的关于"好课"的五个"做到"：

● 集体训练；

● 积累训练；

● 技能训练；

● 当堂训练；

● 动笔训练。

我用我的大量的课，践行着我对于"好课"设计的理性标准：

● 充分有效利用课文，充分设计学生有效活动。

● 让学生真有收获，让学生大有收获。

- 关注语言教学,关注能力训练。
- 得体地教学,得法地教学。
- 着力于思路清晰,着力于提问简洁。
- 内容集中深入,学生集体训练。
- 注重细化角度,注重优化方法。
- 讲求教师素养,讲求教师教学艺术。

我用我的大量的课,表达着我对教学细节设计艺术的探究:
- 侧面入手,正面解读;
- 把握文意,选点突破;
- 捕捉要言,提取信息;
- 语言学用,句段读写;
- 含英咀华,课文集美;
- 词语品析,咀嚼回味;
- 句子品读,各有创意;
- 精段阅读,注重效益;
- 美点寻踪,品位高雅;
- 课中设比,反复研读;
- 双篇比读,见解深刻;
- 变形阅读,别有情趣;
- 变体阅读,带来新意;
- ……

我在大量的教学实践中,终于懂得一些如何真正地进行语文教学的道理:
- 语文阅读教学的最重要的前提是教师个人独立进行的细腻深入的多角度的课文研读。

- 语文教学的极其重要的任务是增加学生的语言积累和语文知识的积累。
- 语文教学的更加重要的任务是形成、提升学生终身受用的阅读与表达能力。
- 语文教学的核心理念是让学生在大量的实践活动中学习运用语文的规律。
- 语文教师要讲究技术，要讲究艺术，要用艺术的教学设计优化自己的教学。

我的课，从数量上看，已经讲到了第220个，其实不止这个数字。

很多年前讲过的《狼》，其8种教学方案早已在网上流传。如今则有更多的创造。

对那些我的早已被人熟知的课，到处被人利用的课，我会果断地把它们"扔掉"，再进行新的创造。比如，《假如生活欺骗了你》的比较经典的教学设计，已经弃之不用，另外换了新的创意。

追求创新，常常更新，每个学期都有一批新课，是我备课与讲课的常态。我的不少课都有不同的"版本"，常常在更新，常常在优化，常常在修改。

比如《说"屏"》，我可以连上4个完全不同的课；比如《孔乙己》，有90分钟的上法，有45分钟的上法，也有20分钟的上法；比如《水调歌头 明月几时有》，我可以与自己"同课异构"；比如《陋室铭》，现在的教学方案已经是第11次的修改版；比如《读报》课，在"语文报"杯的课堂教学大赛开幕式中，8年讲了四次内容完全不同的课，也只是把它算作一个课；比如《中考"概括题"答题指导》，则有"广东版""山东版""云南版""内蒙版"等多种适用于当地的教学方案……

为此，我可以有信心地说，在未来的几十年内，"220个公开课"这个数量，恐怕少有教师个人能够企及，而且，我仍然在不断的创造之中。

我以为，一位语文教师最可贵的品质和能力就是，立志让自己所有的学生都享受到最好的语文学科教育。

这种品质和能力的可贵，是因为需要用毕生的精力和意志来提升我们自己的科研水平、教学能力与治学智慧，并将语文教学的美好阳光播撒到每一位学生的身上。于语文教师而言，能够让自己的学生有着高超的语文能力，便是莫大的幸福。

现在的我，坚持了很多年进行着中小学语文高效课堂教学及其教学艺术的研究并亲自进行无数次的课堂教学实践；现在的我，坚持了很多年探索着培养优秀青年语文教师的途径，并长期深入课堂对语文教师进行面对面、手把手的教学指导。

语文教学的大海里有着无限丰富的珍稀宝藏，多年来，我在这浩瀚的大海边捡拾着美丽的贝壳。我的教育梦想从开始到现在一直都很简单：为让高效的语文课堂教学走进千万个普通语文教师的课堂而勤奋努力。

"因为向往，所以选择了远方；因为无所依靠，所以必须坚强"。我需要继续进行孜孜不倦的探索。

如果有一天，我的公开课讲到了第260个；如果有一天，我的公开课讲到了第300个，我仍然要写我的纪念文章。

余映潮
2015年8月15日于武汉映日斋

目　录

《散步》课堂教学实录及评点／1

《老王》课堂教学实录及评点／13

《假如生活欺骗了你》课堂教学实录及评点／26

《乡愁》课堂教学实录及评点／38

《雨说》课堂教学实录及评点／49

《赫耳墨斯和雕像者》课堂教学实录及评点／62

《社戏》课堂教学实录及评点／75

《最后一课》课堂教学实录及评点／90

《台阶》课堂教学实录及评点／102

《孔乙己》课堂教学实录及评点／113

《谈骨气》课堂教学实录及评点／125

《谈生命》课堂教学实录及评点／137

《说"屏"》课堂教学实录及评点／148

《〈论语〉十二章》课堂教学实录及评点／160

《木兰诗》课堂教学实录及评点／176

《狼》课堂教学实录及评点／189

《记承天寺夜游》课堂教学实录及评点／201

《爱莲说》课堂教学实录及评点／216

《饮酒（其五）》课堂教学实录及评点／233

《江城子　密州出猎》课堂教学实录及评点／247

《曹刿论战》课堂教学实录及评点／262

《蒹葭》课堂教学实录及评点／278

《散步》课堂教学实录及评点

执教：余映潮　　评点：金琴　潘虹

时间：2012 年 12 月 5 日
地点：辽宁大连市 101 中学

一、初读浅说

师：这节课我和同学们一起学习《散步》美文赏读。一起读一下。
（屏幕显示）

阅读赏析　能力训练

让我们一起走进美文《散步》。这里，有南方初春的田野，有铺展着生命的新绿，有阳光下的金色菜花，有水波粼粼的鱼塘……更有相亲相爱一家人的情感涟漪……

师：读得好听。下面请调动你们的思绪，你们就要接着句子说话了，但不能与上面的内容重复。
（屏幕显示）

让我们一起走进美文《散步》。这里，有……

生1：这里有两对母子。
师：前面也是妈妈和儿子，后面也是妈妈和儿子。
生2：这里有孝顺的儿子和慈祥的妈妈。
师：这里有孝顺的大儿子和慈祥的老妈妈。

生3：这里有背上的美好世界。

师：我背着我的妈妈，我的妻子背着我的儿子，我们一起向菜花、桑树和鱼塘走去。

生4：这里有大路和小路。

师：多好啊，我的儿子要走小路，我的妈妈要走大路，但是，奶奶终于说"还是走小路吧"……

生5：这里有责任重大的一位父亲。

师：这里有责任重大的中年人，他是老妈妈的儿子，是小孩子的爸爸。多好啊。我们一起再来读：

（屏幕显示）

让我们一起走进美文《散步》。这里，有春意，亲情，孝敬，关爱，呵护，有温馨瞬间，还有中年人的责任感……

【评点】课始，教师用"让我们一起走进美文《散步》。这里，有南方初春的田野，有铺展着生命的新绿……"这样一段优美的文字将学生自然引入课文的意境之中，并引导学生不重复地用同样的句式续说下去。如此巧妙地让学生在美感之中把握了文意。

二、再读品情

师：我最喜欢的就是四个字"温馨瞬间"，这篇文章就是由很多的温馨瞬间组成的。下面就要动笔了，我们来——"品情"。每位同学都要做这样一件事：

（屏幕显示）

品　　情

品析能力训练之一：写一句

话题：深情渗透在这一句……

师：先给大家举例子。

（屏幕显示）

我们在田野散步：我，我的母亲，我的妻子和儿子。

师：此句话意味深长，不用"三代人散步"，而用这样的表述，表现出了浓浓的亲情。你们就学用这样的形式，每位同学品析一个句子，先写后说，写好再说。好，开始思考，写作。

（学生静读、写句3分钟）

师：好的，大家很会学习呀，"深情渗透在这一句……"，请你来——

生1："我和妻子都是慢慢地，稳稳地，走得很仔细，好像我背上的同她背上的加起来，就是整个世界。"这句话意味深长，"慢慢地，稳稳地"两个叠词，写出了我和妻子的仔细，写出了年轻一代的责任感，他们尊老爱幼，生怕一个不注意，把身上的老年人和小孩子摔倒。

师：深情渗透在"慢慢地，稳稳地"两个短语中，分析得好。

生2：我补充。"我背上的同她背上的加起来，就是整个世界"。"我"的背上，是我的妈妈；"她"的背上，是我的儿子。儿子和妈妈加起来，就是这个中年人的整个世界。这句话用充满诗意的写法，写出了中年人的责任。

师：我很喜欢你刚才分析的"充满诗意的写法"。如果没有诗意，就会直接地说"啊，我的担子多重啊"，但是作者说这是"整个世界"。多么神圣，多么庄严。

生3："我说：'走大路。'但是母亲摸摸孙儿的小脑瓜，变了主意：'还是走小路吧'。"这句话意味深长。"我"说"走大路"体现了我的尊老，"母亲"说"走小路"体现了母亲的爱幼。这就突出了这家人的互相谦让而又深厚的感情。

师：分析得很周全。但我们还可以细化，"母亲摸摸孙儿的小脑瓜"，母亲的手，我的妈妈的手，一定是温柔的，一定是带着慈爱的神情去摸摸他孙儿的小脑瓜，深情就渗透在这个地方。

生4：我选的与其他两位同学一样，我可以给他们补充。"好像我背上的同她背上的加起来，就是整个世界"，这句话还写出了母亲和儿子对"我"的重要性，写出了我尊老爱幼和对母亲的孝顺。

师：母亲的重要和孩子的重要占据我的心灵，这就是"整个世界"。

生5："我的母亲又熬过了一个严冬"，这句话体现了我对母亲身体格外的关注。"熬"字是不可缺少的，"熬"字生动形象地体现出了我对冬的离去、春的到来的急切心情，从侧面体现出我和母亲之间浓浓的亲情，从中也体现出了中华儿女关爱老人的传统美德，也在解释上文"我"为何执意要和母亲一起去散步。

师：好！大家看这样一个地方："春天总算来了"，欣慰呀，"我的母亲又熬过了一个严冬"。"我"终于放心了，深情就渗透在这个地方。

生6：第六自然段"我的母亲老了，她早已习惯听从她强壮的儿子；我的儿子还小，他还习惯听从他高大的父亲"。这两代人都把希望和依靠寄托在中年人身上，"强壮""高大"这两个词写出了这两代人更需要这个中年人，也写出了中年人的强壮和高大。

师：这句话后面一句更有味道，"妻子呢，在外面，她总是听我的"，同样写出了一份深情，也许在家里"我"就得听"她"的了，有味道吧？

生7：第二自然段"她现在很听我的话，就像我小时候很听她的话一样"。这段话表现了母亲对我的依赖和信任之情，为下文我背母亲进行了铺垫。

师：我觉得这句话写了几十年的母子之情，"她现在很听我的话，就像我小时候很听她的话一样"，多么有情味呀。

好，谢谢大家的欣赏，我们一起来看屏幕。

（屏幕显示）

"她现在很听我的话，就像我小时候很听她的话一样"，这句话写母子关系，相映成趣，情意浓浓。

（学生朗读）

师：请在课文上旁批四个字——相映成趣。

（屏幕显示）

"小家伙突然叫起来：'前面也是妈妈和儿子，后面也是妈妈和儿子。'我们都笑了。"这句话充满生活情趣，既表现了小家伙的天真、聪颖，又表现了家庭的幸福温馨。

（学生朗读）

师：又要旁批六个字——充满生活情趣。一家人在散步，一个小孩突然叫了一声，这就是美好，这就是温馨瞬间，所以说充满生活情趣。

（屏幕显示）

"母亲摸摸孙儿的小脑瓜，变了主意：'还是走小路吧。'""摸摸"，慈爱的动作；"变了主意"，关爱的做法；"还是走小路吧"写出了"我的母亲"对孙子的深深疼爱。

（学生朗读）

师：观察这段话，每位同学旁批六个字。哪六个字呢？找规律，找关键词。一起说——

生：慈爱，关爱，疼爱（学生旁批）。

（屏幕显示）

"我和妻子都是慢慢地，稳稳地，走得很仔细，好像我背上的同她背上的加起来，就是整个世界"写出了呵护，写出了温馨，写出了责任感。

（学生朗读）

师：七个字的旁批。

生：呵护，温馨，责任感。

【评点】 课文品读能力训练之一：品情。教师以"深情渗透在这一句"的主问题设计引领起一次深入的品读活动，将学生的品析带到全篇文字的各个角落，去发现蕴含深情的细节。学生抓的都是意味深长、饱含亲情的句子，可谓"一语中的"。

三、深读赏景

师：我们刚才的学习活动是"品情"，我们继续——"赏景"。
（屏幕显示）

赏　景

品析能力训练之二：写一句
话题：景物描写的作用……

师：请大家朗读。
（屏幕显示，学生朗读）
这南方初春的田野，大块小块的新绿随意地铺着，有的浓，有的淡；树上的嫩芽也密了；田里的冬水也咕咕地起着水泡。这一切都使人想着一样东西——生命。

师：好，再来读，这边同学读第一层，那边同学读第二层。先观察语段的结构，每个人心里都要有底。
生：（分层读）"这南方初春的田野，大块小块的新绿随意地铺着，有的浓，有的淡；树上的嫩芽也密了；田里的冬水也咕咕地起着水泡。""这一切都使人想着一样东西——生命。"
师：为什么这是两层？
生：一层是写景的，还有一层是抒情的。
师：描述和议论。我告诉大家，在"这一切"前面画一条竖线，你就看得更清楚了。前面是描述，后面是议论抒情。

《散步》课堂教学实录及评点

好,大家再来写一句分析的话,就在这一段旁边,写"这一段的景物描写真美好啊,它的作用是……"这一段的景物描写的作用在哪里,大家分析一下。

(学生静读、思考、写作2分钟)

师:好的,我先说几个字,大家把它记下来——穿插景物描写。有的文章在写故事的过程中,顺势写到景物上来,这就叫穿插景物描写。我们一起来欣赏穿插景物描写的作用吧,这是读懂这篇文章的最难的一个点。请开始说话。

生1:这一段景物描写的作用是衬托了一家人散步时祥和欢乐的气氛,并且表达了作者对这里的景物喜欢的思想感情。

师:"衬托"可以改成"渲染",渲染了一种很轻快、很快乐的氛围,因为是在美丽的春天里。

生2:这一段还写出了一家人散步时的环境,可以看出环境很好,很适合散步。

师:用美好的环境来表现散步时心情的快乐,用美景写美情。

生3:具有感染力地写出了初春的美,先用景物描写进行渲染,写出了初春的生机勃勃,也同时烘托出我们每个人生命中的想法都应该是向上的,都应该是富有生机的。

师:因为"我们"是在充满生命活力的春天里散步!

生4:景物描写的作用是写出了环境的优美、作者喜悦的心理,与上文"我的母亲熬过了一个严冬"相照应,为下文写一家人散步做了铺垫。

师:好,"照应"一词说得好。大家先看"照应"的第一步,"我们在田野散步","这南方初春的田野",这就是照应。继续看"照应","春天总算来了","这南方初春的田野",又照应了。

生5:在描写景物的同时,写出了生命的焕发。

师:写生命力,用美好的春天,用对盎然的生命力的感受来表现我们在田野上散步的感受。

7

生6：这一段有两个作用，一是说明了上文"我让母亲出去走走"的理由。外面景色这么美，不仅让母亲锻炼锻炼身体，也看一下美景；二是为儿子要走小路做铺垫。

师：你又说到了美妙的地方。第一，表现了我的孝心，我让母亲享受春天。刚才你的第二句话很重要，又点出了"照应"，往后看，"她的眼随小路望去：那里有金色的菜花，两行整齐的桑树，尽头是水波粼粼的鱼塘"，这就和"美丽的田野"照应起来了。这篇文章神秘的地方，是有很多的"照应"啊。

谢谢大家的发言。老师小结一下，大家一起看屏幕。

（屏幕显示）

这里洋溢着春的气息，这是散步的美妙的背景。

新绿，嫩芽，冬水：写生命的复苏，增加了文章的美感。

新绿，嫩芽，活力：映衬着散步时一家人欢愉的心情。

这里巧扣"散步"。

这里照应着前后文。

师：这一段是暗写散步，是在写散步所见到的那么多美好的事物。大块小块的新绿，我们经过它们的旁边；树上的嫩芽密了，我们看到了；田里的冬水咕咕地起着水泡，我们也听到了。这其实就是在写散步。我继续告诉大家，这一段写了色彩之美，新绿，嫩芽；写了声音之美，"田里的冬水也咕咕地起着水泡"。还可以说，新绿是从视觉的角度去写的，"咕咕"是从听觉的角度去写的，多么有意思呀。这么小小的段落，有那么多丰富的语文知识在里边。

【评点】课文品读能力训练之二：赏景。着眼于精彩片段"这南方初春的田野，大块小块的新绿随意地铺着，有的浓，有的淡；树上的嫩芽也密了；田里的冬水也咕咕地起着水泡。这一切都使人想着一样东西——生命"进行了立体式的品读欣赏。最重要的是，顺势讲解景物描写在文中的穿插及其作用，实现了文法知识的自然渗透。

四、美读析意

师：谢谢同学们的努力，我们继续训练——"析意"。即品析某一个地方的意味。

（屏幕显示）

析　意

品析能力训练之三：再写一句

话题：这一段文字的意味在于……

师：读下面一段话。

（屏幕显示，学生读）

这样，我们在阳光下，向着那菜花、桑树和鱼塘走去。到了一处，我蹲下来，背起了母亲，妻子也蹲下来，背起了儿子。我的母亲虽然高大，然而很瘦，自然不算重；儿子虽然很胖，毕竟幼小，自然也轻。但我和妻子都是慢慢地，稳稳地，走得很仔细，好像我背上的同她背上的加起来，就是整个世界。

师：有两个地方要读好。请大家把两个"蹲"字圈起来，要读得重一点，很神圣、很有责任感、很有爱心哪。"到了一处，我蹲下来，背起了母亲，妻子也蹲下来，背起了儿子。"第二个地方，六个字要读好——"慢慢地，稳稳地"，这六个字就是要读得慢慢地，稳稳地。还有一个字读得要抒情，要强调，"走得很仔细"，这个"很"字很有味道。还有四个字，要读得很有表现力——"整个世界"，要读成两个节奏，前响后轻，语重情长。

（学生练习朗读全段文字）

（学生练习朗读"整个世界"一句）

师："世界"两个字要拖长一点，要越读越轻。

（学生再次深情地齐读这段文字）

师：读得好听。这个时候我们又要写一个句子了。对于这一段文字的意味，老师进行了品析。大家看——

（屏幕显示）

意味在于担负责任。

师：请大家拿起笔，也写一个品析其意味的句子。

（学生思考，写作）

师：我们来说吧，一个接一个地说。

生1：意味在于尊老爱幼。

生2：意味在于孝敬。

生3：意味在于呵护。

生4：意味在于中年人的责任。

生5：意味在于家庭和睦。

生6：意味在于温馨和谐。

生7：意味在于缕缕亲情。

生8：意味在于敢于担当。

师：好啊，我们来看看老师的小结。

（屏幕显示）

意味在于担负责任。

意味在于尊老爱幼。

意味在于走向美好。

意味在于一路同行。

意味在于生命的传承。

意味在于作为中年人，母亲和儿子就是自己的整个世界。

意味在于升华了文章的意境。

……

师：这就是文学的表达，而不是口语的表达；是用诗的语言来说话。

（学生做笔记）

【评点】 课文品读能力训练之三：析意。朗读训练与品析训练在这里融为一体。诗意朗读，角度细腻；诗意品析，情意盎然；又读又写，综合训练。思想情感的教育就这样地润物无声。

五、结课

师：在我们就要走出美文《散步》的时候，让我们一起深情地再次吟诵文中结尾这富有意味的一段话吧。

（学生深情齐读，师生同吟）

（屏幕显示）

这样，我们在阳光下，向着那菜花、桑树和鱼塘走去。到了一处，我蹲下来，背起了母亲，妻子也蹲下来，背起了儿子。我的母亲虽然高大，然而很瘦，自然不算重；儿子虽然很胖，毕竟幼小，自然也轻。但我和妻子都是慢慢地，稳稳地，走得很仔细，好像我背上的同她背上的加起来，就是整个世界。

师：谢谢大家，下课。

【评点】 课文教学的收束，简洁明快，自然清新，与开头呼应。课始是"走进……"，课尾是"走出……"，像一篇优美的文章一样，读来细腻温婉，读罢情味悠悠。情致，诗意，满溢于胸。

总评

这是一节注重品析能力训练、设计独具特色的好课。教学板块清晰，线条简明，构思精巧。"品情，赏景，析意"的读析活动相对独立又环环紧扣，从内容到情感层层推进，从语言到立意步步深入。

教学中的美点有：

（1）新颖的课始，别样的铺垫。开课以"这里，有……"的句式引领学生涉猎全文，整体把握内容。这是一个铺垫性小活动，教学构思不落俗套，充满诗意之美。

（2）细腻地品读，深深地领悟。品情，赏景，析意，教师带着学生抓住文中"温馨瞬间"进行品味，细处着眼，用心品析，记录所得。动笔的要求贯串整课的教学，学生的活动丝丝入扣。

（3）教有"形"，学有"法"。每一个活动，教师以例为范，引领学生深入文本。通过个性化的阅读活动，于赏析语言文字中穿插表达方式、写作手法等文法知识的渗透，让学生在轻松自然的阅读活动中习得知识，形成能力。

（4）活动充分，积累丰厚。如写句子、做旁注、诗意表达、深情美读等，每一个板块下的主问题都引领着学生在充分的阅读思考活动中完成自己的学习实践。

正如余老师所言："一切阅读教学艺术手法的运用，都是为了引领学生深深地进入课文之中。"初读浅说—再读品情—深读赏景—美读析意，这样一个活动链上都是学生充分活动的倩影，轻轻地，又深深地将文章读得那样的厚重。只有如此精细的备课，才可能有如此浑然天成的教学过程吧！

《老王》课堂教学实录及评点

执教：余映潮　　评点：方沫

时间：2014年9月16日
地点：内蒙古鄂尔多斯市康巴什新区第二中学

一、介绍背景资料

师：今天我们学习的是很有名的一篇散文《老王》，先了解一下作者。"杨绛"，读。

（屏幕显示，学生齐读）

杨绛，作家，文学翻译家，著名学者钱钟书的夫人。已经过了103岁的生日，仍然在坚持写作，著有《杨绛全集》。

师：《杨绛全集》的时间覆盖面有八十多年，（她）仍然还在坚持写作。
（屏幕显示，学生齐读）
《老王》记叙的生活发生在文化大革命时期。

师：了解一下"文革"，读。
（屏幕显示，学生齐读）
"文革"，全称"无产阶级文化大革命"。指1966年5月至1976年10月给中华民族带来严重灾难的政治运动。

师：一般的说法叫"十年浩劫"，大量的知识分子被赶到农村劳动改造,国家动乱。"干校",读。

(屏幕显示,学生齐读)

"干校",特指"文革"中接收干部和知识分子劳动改造的农场,亦称五七干校。

师:杨绛和他的先生,就曾在干校里面劳动改造,形势好转之后,他们回城时带的是钱钟书先生写的两麻袋书稿。在那样艰苦的环境里,他们天天要放牛,要挨批斗,但还在坚持进行创作。

【评点】开门见山,不多说话。资料助读恰到好处,介绍了作者及创作背景,为文本解读做了必要的铺垫。

二、积累新字词

师:我们接下来认一下字,识一下词。

(屏幕显示,引导学生把重点字词读两遍)

荒僻:huāng pì 荒凉偏僻。

取缔:qǔ dì 明令取消或禁止。

镶嵌:xiāng qiàn 把一物体嵌入另一物体内。

伛:yǔ 弯(腰)曲(背)。

翳:yì 眼角膜病变后留下的疤痕。

攥:zuàn 用手握住。

滞笨:zhì bèn 呆滞笨拙。

愧怍:kuì zuò 惭愧。

师:好,反过来,书空一下字词,写一写。

(学生自由描画)

师:"攥"字在教材里出现过多次,既要会读也要会写。

《老王》课堂教学实录及评点

（学生重复描画）

【评点】字词教学高效务实，读写结合，重难点突出。

三、扣"词"品析

师：这节课我们用一种特别的方法训练大家分析、论析的能力：扣"词"品析。

（屏幕显示）

品析方法

扣"词"品析

散文欣赏

话题研讨　分析论析

1. 紧扣"三轮"二字品析

师："三轮"二字，非同小可。这是第一个话题。请看课文，思考，阐释"三轮"两个字在整篇文章中的重要作用。独立思考3分钟。

（屏幕显示）

话题一

"三轮"二字，非同小可

【评点】教学生如何扣"词"，从阅读实践开始。要求是"独立思考，阐释"，范围是"在整篇文章中"，玄机皆在"深读"二字中。

（学生独立思考3分钟）

师：我们开始交流看法。

生1：我觉得三轮是这篇课文的线索。

师：请阐释。

生1：因为课文开始的第一自然段就说"我常坐老王的三轮"，第四自然段又说"老王正蹬着他那辆三轮进大院去"，第五自然段说"胡同口蹬三轮的我们大多熟识，老王是其中最老实的"，还有后来作者的丈夫去医院，也是通过"三轮"把他送到医院的；他们从干校回来，载客的"三轮"改成了平板的"三轮"。第八自然段作者又回想老王过去蹬"三轮"时的样子。所以我觉得"三轮"是这篇文章的线索。

师：说得多好啊！文中有一个细节，老王的三轮由载客的改成了运货的，折射出时代对他的不公平。请大家做批注，老王的"三轮"就是全文的行文线索，文章就是围绕着一个"三轮"车夫老王和"我们"家的友谊展开的。

生2：我觉得"三轮"是"我"和老王之间沟通的桥梁。第一段写"我常坐老王的三轮。他蹬，我坐，一路上我们说着闲话"。第二段讲了作者从老王的闲谈中了解到老王的背景。

师：你抓的这一句太好了。"我常坐老王的三轮。他蹬，我坐，一路上我们说着闲话。""三轮"二字在这儿是表现人物关系的，"说着闲话"几个字为情节的安排做了重要的点示，很多内容都是由闲话引出来的，所以"闲话"二字也很重要。

生3：我觉得"三轮"还有贯穿全文的作用，因为"三轮"是课文中几件事的线索，是通过"三轮"把它们连接起来的。

师：通过"三轮"来写人物，来表现老王的命运和性格。

生4："三轮"能表现老王的善良，也能反映出老王生活的疾苦。善良体现在老王送钱先生看病不肯拿钱。

师：坚决不肯拿钱。

生5：老王生活的疾苦可以从"一个破破落落的大院，里面有几间塌败的小屋，老王正蹬着他那辆三轮进大院去"的描写中看出来。

师：这位同学刚才品析到的第四段，老王住的地方是"破破落落的大院，里面有几间塌败的小屋"，我们看到的是老王的背影，他蹬着那辆"三轮"进大院去，照应了前面的"闲话"；"问起那里是不是他的家。他说，住那儿多年了"这句话很重要,老王没有直接回答那里是不是他的家,而是说"住那儿多年了",他不愿意说自己没有家,他是一个孤身的老汉。

到底"三轮"二字有什么重要作用?有一个最基本的点,大家没有看出来:那就是他的工作。他是一个踩"三轮"的市民,他是一个没有"组织"的人。"文革"的时候,没有"组织"的人是地位很低的人。

现在我来小结一下。

"三轮"表现出老王低下的地位和卑微的生活;表现了老王的贫困、生活窘迫与生计艰难,以至后来连踩"三轮"都不准了,他被迫给他的"三轮"加上一个薄薄的浅浅的边来运货。

"三轮"表现了老王老实厚道,重感情,讲仁义。自己生活困苦,但因为"我们"一家人对他比较关照,他居然在运客的时候坚决不肯拿钱,一定要给他钱,他还担心"你还有钱吗"。

"三轮"一词最重要的是表现了我们一家与老王的交往以及对老王的关心照顾,或明或暗地表现出我们一家人的善良。"善良"二字,在这篇文章里闪耀着美好的光辉,用课文的编辑给我们写的话就是:有一颗金子般的心。

(屏幕显示)

"三轮"表现了:

老王低下的地位和卑微的身份。

老王的贫困、生活窘迫与生计艰难。

老王老实厚道、重感情、讲仁义的品性。

"我"的一家与老王的交往以及对老王的关心照顾。

【评点】这里是极美妙的切入。思考的深度与力度都很大。和学生的交流紧扣"三轮"二字进行,既有深读基础上的情节梳理,又有由"三轮"延伸出的人物形象分析;既能明确本文行文的线索,又能关注到老王的生存困境,体察到老王与"我"之间的共性——善良。老师的小结是对"扣词评析"的生动诠释,是梳理,也是小结示范,有助于学生触类旁通,进一步开拓思维。

2. 紧扣"病了"二字品析

师：刚才分析得非常好，我们继续分析第二个话题。

（屏幕显示）

话题二

"病了"二字，作用重大

师："老王病了，不知什么病，花钱吃了不知什么药，总不见好。""病了"二字，作用重大，继续思考，把自己的思考所得旁批在课文上。

（学生独立思考并批注。3分钟后）

师：继续论析阐释。请你再来带头。

生1：第七自然段"可是过些时老王病了，不知什么病，花钱吃了不知什么药，总不见好"。第八自然段"开门看见老王直僵僵地镶嵌在门框里"中的"直僵僵"，紧接着"说得可笑些，他简直像棺材里倒出来的，就像我想象里的僵尸，骷髅上绷着一层枯黄的干皮，打上一棍就会散成一堆白骨。我吃惊地说：'啊呀，老王，你好些了吗？'"。从这些语句中可以看出老王在生活艰难之中的不幸。我们一家人关心他，不断地问他的病情。从"开始几个月他还能扶病到我家来，以后只好托他同院的老李来代他传话了"可以看出这两家人的情谊很深厚，也可以看出老王的心里很在乎这一家人对他的关心、牵挂。

师：说得多好，一个"病"字引出了深厚情谊的描述，哪怕是简单的两句话。"扶病到我家来"，还要"托人传话"。这位同学分析的作者对老王病态的描写让我们感到很心疼。"直僵僵""僵尸""白骨"，表现出老王此时病态的惨状。

生2："可是过些时老王病了，不知什么病，花钱吃了不知什么药，总不见好"和后面"他简直像棺材里倒出来的，就像我想象里的僵尸，骷髅上绷着一层枯黄的干皮"，都写出了老王的身体状况以及作者对老王的担忧，也暗示了下文写老王即将离开人世。

《老王》课堂教学实录及评点

师：是啊，他到"我"家来的第二天就去世了。

生3：第七段讲了两件事：第一件事讲老王的载客"三轮"被取缔，有一位老先生坐老王的车；第二件事讲老王生病了。我觉得把这两件事放在一段里，表现出命运对老王的不公。"三轮"被取缔后，本来就没有多少经济来源，又加上重病，更加表现出老王的不幸。

师：分析得太好了，对段意的概括很准确，对段的表达作用也分析得很到位。我们还要想一下，写老王病了到底能够引出什么呢？一个"僵尸"一样的人到"我们"家来了，要看文章后面的内容我们才有更深刻的分析。

生4：我觉得他也想有个家，他没有儿子也没有女儿，而作者的关心让他觉得温暖。

师：他到人家家里来也许能感受到家的温暖。点拨一下，一个僵尸一样的人到"我"家里来干什么？由此才能够体味出老王这个人的善良。

生5：老王是一个感恩的人，前面写他觉得受了钱先生家里人的好处，总也不忘，总觉得欠了他家的人情。去世的前一天还硬撑着拿了香油、鸡蛋上门感谢。

师：最揪心的字眼就是他到"我"家后的第二天就死了。一个临死之人在死之前硬撑着到作者家中来看望。对此我们还要进行细节化的分析。

生6：老王带来了一些香油和鸡蛋。体现出老王最亲的亲人就是"我们"了。

师：好香油，大鸡蛋，在"文革"时期是很难很难弄到的。一个快死的人，一个生活那么窘迫的人，居然弄到了好香油、大鸡蛋，并在临死之前来看望"我"。

生7：从好香油、大鸡蛋这里，我觉得是老王花了一生所有的积蓄来感谢这一家人的，因为他知道自己的时间不多了。

师：对。这个钱是怎么用的，永远是个悬念。但事实就在这里。同样，他一定是抱着生病的身躯去寻觅那些好香油和大鸡蛋的。我们还可以从好香油和大鸡蛋看出老王的细心，他没有买其他东西，买的是生活用品，有

19

营养的用品。

生8：从"我记不清是十个还是二十个，因为在我的记忆里多得数不完"可以看出，"我们"一家人和老王之间的情意。当时老王的生活是那么拮据，买的鸡蛋却让人觉得"多得数不完"。

师：很让人痛心的是，鸡蛋没吃完，老王就死了，所以作者总觉得很抱歉。作者是这样写重病中的老王的，她用了五个"直"字。越是这样写越能表现老王人性的光辉。他是怎么来的，作者不知道；他又是怎么回去的，大家也不知道。

（屏幕显示）

作者写重病之中的老王：

用了五个"直"字：三个"直僵僵"，两个"直着脚"。

师：作者赞叹、感激老王，用了三个很普通但充满情感力度的字"多、好、大"，写出了老王的用心和细心。他买的鸡蛋都是大大的鸡蛋哪。

（屏幕显示）

作者写老王送香油、送鸡蛋：

用了三个表示赞叹的字："多、好、大"。

师："病了"二字的重要作用是，它表示了故事情节的重大转折。作者笔锋一转，故事又开启了一个更重要的层面："病了"。写出了老王心念旧恩，极真实极感人地表现了老王的感恩之心。"病了"之后来看作者，带来礼物，表现了老王淳美的人性，他在临死之前还惦记着曾经有恩于自己的这一家人。

（屏幕显示）

"病了"在全文中的作用：

是故事情节的重要转折。

重病之中、临死之前还心念旧恩，极真实极感人地表现了老王的感恩之心。

表现了老王的纯美人性。

师：作者写自己没有送老王下楼，用了一个含有深深情感的词："抱歉"——等到听不见脚步声，"我"回屋才感到"抱歉"，没有请他进屋坐坐、喝口茶水啊！

（屏幕显示）

作者写自己没有送老王下楼：

用了一个含有深深情感的词："抱歉"。

【评点】再次"扣词分析"，由一个词带出更多词，由一个点到一个面，有水到渠成之感。这一环节进一步明确方法，训练能力，教师激励性的点评又是学生更好地获得能力的助推器。整个过程流畅自然，学生思维活跃，渐入佳境。

3. 紧扣"愧怍"二字品析

师：现在我们换一个角度，现在告诉我，你认为哪些词非常重要。不阐释，就说这个词很重要就行，看大家的发现有没有水平。

【评点】换一个角度，巧妙！是把课堂的主动权交给学生，由教师教到学生学，让学生试水"扣词"。

生1：第八段第一句："有一天，我在家听到打门，开门看见老王直僵僵地镶嵌在门框里。""镶嵌"这个词很重要。

师："镶嵌"一词很重要，多形象啊。

生2："几年过去了，我渐渐明白：那是一个幸运的人对一个不幸者的愧怍。""愧怍"一词很重要。

师："愧怍"这个词很重要，想起来就觉得对不起老王。

生3："但不知为什么，每想起老王，总觉得心上不安。""不安"一词很重要。

师:"不安"这个词很重要,老王死了,"我"怎么想感谢他都不可能了。

生4:"他一手拿着布,一手攥着钱,滞笨地转过身子。""滞笨"一词很重要。

师:"滞笨"这个词很重要,照应着"直僵僵"。

生5:"因为吃了他的香油和鸡蛋?因为他来表示感谢,我却拿钱去侮辱他?都不是。""侮辱"一词很重要。

师:是啊,这是"我"至今想起来都觉得愧怍的事。

生6:"一再追忆老王和我对答的话,捉摸他是否知道我领受他的谢意。"从"捉摸"一词可以看出"我"对老王的愧意。

师:那一个瞬间还在"我"的脑海里回荡,"我"是不是对不起他呢?总在思索之中。

找了这么多,接下来再进行阐释吧。"愧怍"一词含义丰富,请结合送鸡蛋、送香油的描写部分进行阐释。这一部分其实就是阐释"愧怍"的重要源头,很多理由都在这一部分里,我们刚才已经涉及了。

(屏幕显示)

话题三

"愧怍"一词,含义丰富。

请结合"送香油、送鸡蛋"的描写部分进行阐释。

【评点】再次"扣词",扣住本文中极为关键的、含义深厚的词:愧怍。

(学生独立思考3分钟)

师:老王之死来得太快,到作者家第二天就离世了,恐怕这是作者感到非常"愧怍"的一个重要原因。连看都没有看老王一下,说一句安慰的话都没有机会了。好吧,请大家阐释。

生1:这里,幸运的人是"我",不幸的人是老王。在社会上,幸运的人应当有责任去照顾不幸的人。而"我"这个幸运的人却没有给老王太多的关心,所以"我"感到"愧怍"。

师:"幸运",最简单的解释就是活着,"我"还活着,老王却已经死了,这就是"愧怍"。

生2:"过了十多天,我碰见老王同院的老李。我问:'老王怎么了?好些没有?''早埋了。''呀,他什么时候……''什么时候死的?就是到您那儿的第二天。'""我"十分"愧怍",是因为老王临死前还去看望"我",给"我"送去了新鲜的鸡蛋和香油,而"我"却连他什么时候死的都不知道。"我"很愧怍"我"没有去看他,没有看他最后一面。

师:这里的"愧怍"之情太深了!"我"连老王什么时候死的都不知道。"我"的不知道和老王临死前来看"我"并送我鸡蛋和香油形成了巨大的反差、对比,所以"我"很愧怍。这就是心灵中的震荡。

生3:"等到听不见脚步声,我回屋才感到抱歉,没请他坐坐喝口茶水。""我"和老王的最后一面,"我"居然都没请他到屋里坐一坐。

师:是啊,越想这个细节心里越不舒服。我甚至还想到,老王一生连名字都没有告诉过作者,他也是一个没有名字的人,想起这个人与"我们"之间的情义,也许都是愧怍的理由。

生4:"因为吃了他的香油和鸡蛋?因为他来表示感谢,我却拿钱去侮辱他?"从这里看出"我"的羞愧。因为老王送"我"香油和鸡蛋是知恩图报,而"我"却没有把他当作真正的朋友、真正的亲人。

师:"我"给他钱也是一种情义,他太穷了,怎么能拿这么好的礼物来送给"我"呢?所以"我"给他钱也是一种关照,但作者为什么后来又觉得"侮辱"呢?因为"我"没有真正理解到老王的来意:他快要死了,要来感谢"我们"家一下。

生5:"因为老王是回民,埋在什么沟里。我也不懂,没多问。""我"应该去看一看,但也没有多问。

师:这背后也有愧疚的意思。总之,没有看老王最后一眼是愧疚。那个时代或许不允许"我"去看他,但总之"我"没有去看他。很多的遗憾表现在这篇文章里,很多的空白表现在这篇文章里,越分析越有味。

师:这是大家分析的结果。

(屏幕显示)

"我"对自己不曾真正了解老王的心意而"愧怍"。

老王来的时候,我没有"请进",老王离开的时候,我没有送下楼,"我"因此而"愧怍"。

"我"还活着,尽管生活是多么的艰难,但老王却死去了,"我"甚至不知道他是如何死去的,因而"愧怍"。

"我"回想起来,对老王的关爱还很不够,为他做的事太少,所以"愧怍"。

……

师:作者的"愧怍",表现了一个知识分子对待苦难人们的"悲悯情怀",请把这四个字批在课文后面;"彰显了纯美的人性",也要写在课本上,这是本文最富有内涵的意蕴所在,写了两个不同身份的人之间的友谊和他们之间纯美的人性。

【评点】前两个话题的扣"词"品析,是在教师给词的基础之上进行的,是在培养学生深读课文的能力。第三个话题之前"换一个角度",是把主动权还给学生,让他们自己去发现、提炼文章中有价值的词眼。最后落脚于学生提出的"愧怍"一词进行阐释品析,是对学生扣词能力的肯定。本环节,教师强调"不阐释,就说这个词很重要"其实是一种欲擒故纵的方法,事实上,随着教师的引导,学生自觉地由"不阐释"进入到赏析阐释,已经完成了方法的习得和能力的提升,因此这一环节中的个性解读成果斐然。

四、结课

师:今天给大家介绍的是一种扣词品析的方法。扣"词"品析,是一种美妙的研读方法。当然，也可以扣"句"品析，也可以扣"段"品析。给大家布置一个作业：如果你是小老师，能够发现《信客》中让学生"扣"住并进行品析的一两个句子，那就非常了不起。

（屏幕显示）

扣"词"品析，是一种美妙的研读方法。当然，也可以扣"句"品析，扣"段"品析。

如果你是小老师，能够发现《信客》中让学生"扣"住并进行品析的一两个句子，那就非常了不起。

师：这个作业是需要完成的，由你们的老师来批改。
谢谢大家。

【评点】由扣词分析到扣句、扣段分析，举一反三，令人回味。

总评

余老师曾经说过"教学研究中的任何一个点，都可以让我们有无穷尽的发现"。同样，文本阅读中的任何一个点，也可以让我们有无穷尽的发现。扣词分析，就是引导学生选点深读的一种研读方法。

这堂课的"扣词"，首先是站在全篇的角度，对文本进行品读评价。视野的高度决定了文本阅读的高度，学生思考深入细腻，达到了以点带面、见微知著的效果。其次是站在人性的角度，发现小人物的卑微和伟大。最后是站在"我"的角度，以文本解读文本，以善良解读善良，体察人情冷暖，挖掘作品中深刻的意蕴和内涵。这堂课的扣词还体现出这样的层次：由教师教得到学生悟得；由教师引导到学生主导。

整堂课浅入深出，学生思维活动充分，教师的方法引导不着痕迹，真正达到了"不愤不启，不悱不发"，"举一隅而以三隅反"的境界。

《假如生活欺骗了你》课堂教学实录及评点

执教：余映潮　　评点：柳咏梅

时间：2013年7月13日
地点：黑龙江鸡西市树梁中学

一、介绍背景资料

（师生问好）

师：这节课，咱们来学习普希金的《假如生活欺骗了你》。先了解一下背景材料。

（屏幕显示，学生齐读）

普希金，俄国诗人（1799—1837），他的创作对俄国文学和语言的发展影响很大。他一生创作了近800首优秀的抒情诗篇。他的诗歌像太阳一样，照耀了19世纪的文坛，他被誉为"诗歌的太阳"。他的说理诗《假如生活欺骗了你》，成为许多人激励自己的座右铭。

师：有六个字要旁批在书上："说理诗""座右铭"。

（屏幕显示）这节课，我们的任务是：读一读，记一记，写一写，讲一讲。

【评点】开课入题，简明高效，给人清新简洁的美感。提示学生笔记六个字："说理诗"，明确诗歌的大致内容；"座右铭"，揭示诗歌的深远影响。交代学习任务，让学生学有目标，知晓方法。

二、读一读

师:(屏幕显示"吟读")让我们读起来。"假如生活欺骗了你",读——

(学生齐读全诗)

师:读得好。但是我没有听到重音呢!把重音圈出来,我们再读。(教师示范读)"不要悲伤,不要心急",圈出来没有?"相信吧",这三个字,要读得有力,因为是"相信"。还有"而那过去了的,就会成为亲切的怀恋"中的"就会"。好,再来一次。

(学生齐读全诗)

师:好多了。但是"就会"这两个字仍然没有强调。继续读。读出抑扬的旋律,要有旋律的感觉。大家听。(教师示范读)"假如生活欺骗了你,不要悲伤,不要心急!忧郁的日子里需要镇静:相信吧,快乐的日子将会来临。"抑、扬、抑、扬。把第一节试一下,读。

生:(模仿,齐读)"假如生活欺骗了你,不要悲伤,不要心急!"

师:没有扬起来呀,再来。

生:(再读)"假如生活欺骗了你,不要悲伤,不要心急!忧郁的日子里需要镇静:相信吧,快乐的日子将会来临。"

师:这就聪明了。第二节也是的。第一二句是抑,然后就扬起来。(示范读)"心儿永远向往着未来;现在却常是忧郁。"

生:(齐读)"心儿永远向往着未来;现在却常是忧郁。一切都是瞬息,一切都将会过去;而那过去了的,就会成为亲切的怀恋。"

师:有进步。这首诗是普希金在流放的时候,给邻居小女孩的题词。既是劝慰人家,也是表达自己对极端困难生活的信心。所以,有劝慰的语气在里边。它是可以用来说话的。不信,你们就互相地说起来。(示范读)"假如生活欺骗了你,不要悲伤,不要心急!"试一下吧,用说话的方式来读诗。两三个同学之间,说起来。

(学生认真地用说话的方式读诗)

师：同学们的语速太快，不像在劝慰人家。

我们刚才旁批了三个字"座右铭"。这首诗的读者很多，年龄大的人，中年人，都是把它记在心里的，有时候默默地读它，鼓励自己。所以，我们是可以用内心独白的方式来读它的。现在，用极其细微的声音来表示你的内心独白。(示范读)"假如生活欺骗了你，不要悲伤"，就是这么细小的声音。试一下。

(学生低声齐读全诗)

师：啊，真好听！好，观察一下，我们再读。(屏幕显示全诗)我们要演读，像诗朗诵一样地表演式地读。男同学要读出"抑"的旋律，平稳深沉的；女同学要"扬"起来，乐观亮丽的。好，我读课题，你们读诗。《假如生活欺骗了你》，普希金。

(屏幕显示全诗)

假如生活欺骗了你
普希金

假如生活欺骗了你，	（男合：舒缓地）
不要悲伤，不要心急！	（女合：亮丽地）
忧郁的日子里需要镇静：	（男合：沉稳地）
相信吧，快乐的日子将会来临。	（男女合：乐观地）
心儿永远向往着未来；	（男合：平稳深沉地）
现在却常是忧郁。	
一切都是瞬息，	（女合：响亮亲切地）
一切都将会过去；	
而那过去了的，	（男女合：乐观稳重地）
就会成为亲切的怀恋。	

（学生按照提示演读全诗）

师：这就叫读诗，欣赏诗的音乐美。好，谢谢大家。

【评点】以上是第一教学板块：朗读教学。要求十分具体，层次特别分明，手法非常独特，功效相当显著。这节课的朗读，不单单是朗读，还是背景介绍，还是诗意理解，更是情绪感染、情感熏陶。形式的丰富多变与调控手法的灵活运用，使课堂上呈现出活泼多姿的风采。

三、记一记

师：（屏幕显示"笔记"）我们下面的学习活动是：记一记。

老师给大家带来了几首哲理诗的片段。要做笔记。你们做笔记的时候，我就读给你们听；你们做完了笔记后，就读给我们大家听。这些诗歌的片段都是表达对艰困生活的看法的，都是作者的心声。

德国诗人海涅的《我的心，你不要忧郁》。

（屏幕显示）

我的心，

你不要忧郁，

把你的命运担起。

冬天从这里夺去的，

新春将会交还给你。

——海涅

（教师深情诵读，学生做笔记）

师：中国著名诗人汪国真的诗歌《因为向往》片段。

（屏幕显示）

因为向往

所以选择了远方

因为无可依靠
所以必须坚强
　　——汪国真

（教师深情诵读，学生做笔记）

师：这四句诗，马上就可以背下来了，你们觉得是不是这样？一起来，"因为向往"，背。

生：（齐声背）"因为向往，所以选择了远方，因为无可依靠，所以必须坚强。"

师：这就是用文学来滋养我们。再看中国著名诗人邵燕祥的诗歌《假如生活重新开头》节选。

（屏幕显示）

假如生活重新开头，
我的旅伴，我的朋友——
依然是一条风雨的长途，
依然不知疲倦地奔走。
让我们紧紧地拉住手！
　　——邵燕祥

（教师深情诵读，学生做笔记）

师：这三节诗，有外国作家的，有中国作家的。我们常常说"古今中外"，那么我们还可以看一看，伟大的古代诗人是怎么说的。这是李白的《行路难》的节选。

（屏幕显示）

行路难，行路难，
多歧路，今安在？
长风破浪会有时，

直挂云帆济沧海。

——李白

（教师深情诵读，学生做笔记）

师：多困难的道路啊，但是充满了向往。在艰难的生活中，向往未来。好，各自大声地，像老师这样朗读诗歌、背诵诗歌，各自地，自由自在地。

（学生自由地读背诗歌）

师：停下来。我们一起来，让我们所有的老师们听你们略带童稚的青春的声音。

生：（齐背）"我的心，你不要忧郁，把你的命运担起。冬天从这里夺去的，新春将会交还给你。"

师：继续。

生："因为向往，所以选择了远方，因为无可依靠，所以必须坚强。"

师：接着来。

生："假如生活重新开头，我的旅伴，我的朋友——依然是一条风雨的长途，依然不知疲倦地奔走。让我们紧紧地拉住手！"

师生："行路难，行路难，多歧路，今安在？长风破浪会有时，直挂云帆济沧海。"

师：把这些优美的篇章记在心中，能增加我们的文学素养；流淌在你的笔尖，能表现你的文采；从你的嘴里说出来，能让人家觉得你真是一个有素养的人啊！

【评点】以上是第二教学板块：笔记。教室里回荡着教师优美的朗诵声和学生沙沙的笔记声，可谓相映成趣，情味盎然。教师所朗诵的诗歌，是经过精心挑选的，包含着教师独特的匠心。听记这一环节，采用的是诗歌"联读"的方式。四节诗，时间和空间上涉及"古今中外"，具体的形式和表达上也不尽相同，然而诗歌的主旨却是相近的。诗歌联读，丰厚了教学内容，丰富了教学形式，变化了教学节奏。

四、写一写

师：下面该做什么啦？

生：写一写。

师：(屏幕显示"写作")大家看，《假如生活欺骗了你》这首诗，有一个奇特的现象：它的每一句诗都可以作为一个演讲的标题。给你一个标题"假如生活欺骗了你"，给你一个标题"不要悲伤，不要心急"，给你一个标题"忧郁的日子里需要镇静"，给你一个标题"相信吧，快乐的日子将会来临"。是不是马上可以讲话？(生：是的。)太有味了！这就是神秘之处。

(屏幕显示)

任务：请同学们写百字以内的"微型演讲稿"，要求用上《假如生活欺骗了你》中的一个句子。

师：我们这一次的写作，很简单，请同学们写100字以内的演讲稿，表达我们对生活、对艰难、对挫折、对生活欺骗的看法。同样的，用你的小小的微文来表达你的心声。要求很简单，引用《假如生活欺骗了你》里的一个句子。我们来看范文。读一读吧。

(屏幕显示)

例：假如生活欺骗了你，不要忧郁，不要愤慨！面对隆冬里呼号的阴霾，耐心把春光等待。忍受着刺骨的寒风，相信春天就在未来。当春的光辉开始闪耀，回想一下，冬天也非常可爱。

(学生齐读)

师：这是生动的写法。再看直白的朴素的写法。

(屏幕显示)

例：生活严酷的考验，伴随着每个人的一生。生活给我们的磨难与痛苦,也许是我们特有的财富。在失意的时候,不要悲伤,不要心急,让我们拾起勇气,对生活微笑,然后奋勇前行。

(学生齐读)

师:下面就是你们每一个人来写自己的哲理短文了。每位同学写6分钟。我建议你们把刚才上课时读的很多很好的句子选一点,糅合在你们的写作里面。好,开始吧。

(学生写作,教师巡视)

【评点】以上是第三教学板块:写"演讲稿"。利用阅读教学的文本材料,进行角度独特又扎实有效的写作训练,教师必须要有对文本的精深又独到的解读与发现。写微型演讲稿活动的设计其实是把教师的发现设计为学生的活动的一种高妙的教学艺术。学生进行个人写作,教学节奏由笔记后欢悦的齐声背读进入到舒缓的安静写作。课堂氛围也再一次由活跃转为平静,表现出抑扬起伏的旋律美。

五、讲一讲

师:好的,同学们,现在就是你们来演讲了。其实就是吟诵你的微型哲理文。请8位同学讲,赶快举手。(教师点出8位同学)如果有时间,再请你们来。(学生依然举手)好,你的手还在举,9位、10位。(众笑)

(屏幕显示"演讲")请你来。

生1:人生的道路上,会有成功,也会有失败。失败,有时只是因为一个微不足道的小小失误,如果你因一个小小的失误造成了很大的损失,不要悲伤,不要心急,只要不灰心丧气,而是继续努力,成功迟早会属于你。

师:嗯,我们要乐观,要坚强,要大度,要眼光长远。谢谢!

生2:假如生活欺骗了你,不要悲伤,不要心急!人生的旅途中,总要经历风风雨雨。一帆风顺的一生是不充实的,敢于经历磨难也是一种成长。

不平坦的道路，虽然使你磕磕碰碰，但那是最有意义的行走。

师：好。我们多么喜爱阳光，但是我们也不惧怕阴霾。

生3：如果你经历过冬天，刺骨的寒风会在你的身上吻下岁月的痕迹；如果你经历过失败，悲伤的心情会在你的心上碾下流年的车辙。但是，相信吧，快乐的日子将会来临。冬天是春天的信使，失败是成功的前奏，只要你永不懈怠，快乐将离你不再遥远。（全场掌声）

师：生动的表达，句式特别精彩，后半部的哲理很耐人寻味。谢谢！

生4：假如生活欺骗了你，生活的长途，有时宽广平坦，有时艰难崎岖，假如你在艰难崎岖的道路上跌倒，你是会重新爬起，勇敢再闯，还是一蹶不振，庸碌一生？朋友，保持镇静，要记住，我们有一颗火热跳动的心，一颗永远向往未来的心！也许，多年后，你在生活道路的尽头，回首往事，你会感叹一句：真是亲切的怀念！

师：多好啊！（全场掌声）而且，我们每个人都还有一副坚实的肩膀，能够担起生活的重担！

生5：生活如花，姹紫嫣红；生活如歌，美妙动听；生活如酒，芳香清醇；生活如诗，意蕴深长。但是，不是每个人的生活都是一帆风顺，假如生活欺骗了你，不要后悔，不要放弃，我们要铭记：如果你曾经历过冬天，那么你就会有春色；如果你正在付出，那么总有一天，你会拥有花开满园。

师：（全场掌声）每个人的生活道路上，一定有一段崎岖不平的坎坷。有时候，生活会让我们呻吟着、爬着向前走。但是，没有关系，相信未来！

好，请你来。

生6：假如生活欺骗了你，不要悲伤，不要心急！人生是一条单行线，每个人都用自己的所有时光前行。如果你正在经历冬天，那么，请相信，你一定会拥有春色满园。放慢脚步去回想，冬天又何尝不是一处美景。

师：是啊，冬天的阳光也很温暖。

生7：不必对生活中的琐事耿耿于怀，斤斤计较，所有的事，都会是过眼云烟，早晚会被风吹散。一切都是瞬息，一切都将会过去，而那过去了的，就会成为亲切的怀恋。把所有的事看淡一点儿，又有什么不好呢？

师：风雨能够让我们长大。谢谢！

生8：静能生慧，静以养性。以静观动，以不变观万变。一切挫折与困难，又算得了什么呢！没错，一切都是瞬息，一切都将会过去，不要心慌，不要心急，要静下心，冷静思索，与命运抗争！等你用努力、用汗水度过坎坷，再回首，其实，荆棘也有它的美丽！

师：多好啊！（全场掌声）你的诗作，表现了你的心声。淡看世界，重看自己，重看我们每一步的足迹。好，谢谢！

生9：你播撒下希望的种子，开花结果的过程中却历经挫折。但请别放弃，相信吧，快乐的日子将会来临。因为，如果你正在付出，总有一天，你会拥有桃李满园；如果你经过冬天的寒冷，那么春天便不再遥远。

师：小小果实的长大，一定要经过风吹雨打，也一定要经过光晒日射。谢谢！

生10：刺骨的寒风往往摧残了你的肉体，生活的利剑往往刺痛了你的心灵。但请不要因此而放弃生活，信念就是人生靶子上的支柱，它有罗盘，以保我们的帆船乘风破浪，只要我们的心儿永远向往着未来，执着追求，一切终将会过去。

师：好啊！这位同学让我想起了，每个人的生活中，也许还会有黑暗，就像一只蝉，常年生活在黑土里边，但总有一天，它会在高枝上歌唱。

谢谢大家。你们太优秀了！能够在这么短的时间内，写出这么好的有哲理的作品。我们所有的老师都要表扬你们。（全体掌声）

【评点】以上是第四教学板块：演讲，也是课堂的高潮。学生精彩的发言引起全会场多次的热烈掌声。在安静了数分钟后，教学形式和节奏进入又一次的大转变。如果说演讲锻炼了学生的多项能力，那么穿插于这10位学生发言中的教师评点语是即兴演讲，更是即兴诗歌，充满了诗意、哲理和力量。

六、结课

师：好，同学们，让我们轻声地吟读美国诗人蒂斯戴尔的诗歌《像麦禾那样摇曳》节选。读起来。

（屏幕显示）

像麦禾那样摇曳
蒂斯黛尔

像麦禾那样摇曳，
吹倒了又挺起，
我也要如此顽强，
将痛苦抛在一旁。
我也要如此坚毅，
日日夜夜经受磨砺，
我要把我的悲伤，
变成欢乐的歌唱。

（学生齐读）

师：（抒情地）"我要把我的悲伤，变成欢乐的歌唱。"下课。

生：老师再见！客人再见！

师：谢谢同学们！同学们辛苦了！

【评点】"轻声地吟读"小诗，优雅地收束，富有诗意，余音绕梁。本课学习诗歌，从朗读诗歌开始，又以吟读诗歌结束，整堂课就像是一首优美的乐曲。有前奏，有主旋律，有尾声，课堂结构圆润，线条柔和，节奏鲜明。

《假如生活欺骗了你》课堂教学实录及评点

总评

余映潮老师曾经提出过好课的"三得"标准,即得体、得法、得意。也许还有一"得",即得情。

这节《假如生活欺骗了你》诗歌教学课就很好地表现了好课的"四得"特征。

(1) **得体,即得其文体**。诗歌教学要能够借助朗读感受诗歌的旋律之美,利用品读体会诗歌的内涵之美。有了成功的朗读,课上几乎就不需要烦琐的讲解。不惜花大力气训练学生多种方式的朗读,让学生在朗读中感受诗歌的内容和艺术,这是非常得体的诗歌教学。

(2) **得法,即得其方法**。余老师运用的教学方法是传统的,又是高效的。多角色反复朗读,听读并快速笔记,当堂背诵记忆,艺术性地演读,写作微型演讲稿,当众大声演讲,这些丰富多样的方法训练了学生听说读写的综合能力,而且是面对全体学生的集体训练,有着足够的训练的力度和广度。

(3) **得意,即得其文意**。余老师利用诗歌联读的方式进行了教学内容的扩展,穿插于教学之中的五节诗歌,拓宽了学生的学习视野,给课文的阅读教学增加了容量,用主题相关的"增容"法在更广阔的层面上品味作品的主旨意味,使这一篇诗歌在联读的烘托、映衬之中愈加令人回味。

(4) **得情,即得其情感**。一节好课,一定是让师生双方身心都获得舒展和成长的课。文本是培育师生情感的重要凭借。在学习文本的过程中,师生与作者对话,师生相互对话,交流对文本的理解,交流对生活的感悟。在这一节课中,教师的范读,教师对学生演讲的评点,不单单是一种教学手段,更是在巧妙无痕中对学生进行的情感、态度、价值观的濡染。

综合起来看,这是一节充分体现了余老师教学设计思想"学生活动充分,课堂积累丰富"的好课,是"得体""得法""得意""得情"的好课。

《乡愁》课堂教学实录及评点

执教：余映潮　　评点：孙竹青

时间：2012 年 4 月 24 日
地点：山东枣庄市薛城舜耕中学

一、诗歌联读，解说乡愁

师：上课！

生：老师好！

师：同学们好！我和大家一起在这节课里学习、欣赏余光中的《乡愁》。大家看屏幕。齐读。

（屏幕显示，学生齐读）

乡愁：思念家乡的忧伤心情，怀念家乡的不绝情思。

乡愁诗：表达远离故乡的人对家乡思念、对故土眷恋、对亲人怀念的古今诗歌。

师：注意，乡愁不是愁，是忧伤的思绪。乡愁啊，就是怀念家乡的思绪。远离家乡的游子思念家乡的情思就是乡愁。什么是乡愁诗呢？远离故乡、久离故乡，于是思念故乡，用诗歌来表达这种眷恋，这种诗就是乡愁诗。

【评点】这里，教师对乡愁及乡愁诗的解说很有必要。学生因为年龄及阅历等原因，大多对此感到陌生，教师的解说有助于拉近学生与文本的距离。

《乡愁》课堂教学实录及评点

师：让我们来感受一首乡愁诗——席慕蓉的《乡愁》，我们一起来轻轻地吟读。

（屏幕显示）

乡　　愁

席慕蓉

故乡的歌是一支清远的笛
总在有月亮的晚上响起

故乡的面貌却是一种模糊的怅惘
仿佛雾里的挥手别离

别离后
乡愁是一棵没有年轮的树
永不老去

师："故乡的歌是一支清远的笛"，读。
（学生齐读）
师：名言名句："乡愁是一棵没有年轮的树，永不老去。"

【评点】第一次诗歌联读。紧承对乡愁诗的解说，教师以这首席慕蓉的《乡愁》为例，给学生更加感性的认识，也为本课的教学营造了一种深沉幽远的情味。

师：我们一起来看一看余光中的资料。
（屏幕显示，学生齐读）
余光中（1928—），我国台湾诗人，当代著名诗人和评论家。

他是厦门人，至少是广义的厦门人，二十年来，不住在厦门，住在厦门街,算是嘲弄吧,也算是安慰。

——余光中《听听那冷雨》

(教师深情诵读)

当我死时,葬我

在长江与黄河之间

枕我的头颅,白发盖着黑土

在中国,最美最母亲的国度

我便坦然睡去,睡整张大陆

……

——余光中《当我死时》

师:思乡啊,甚至夸张到想象自己死的时候。

(学生齐读《乡愁四韵》)

给我一瓢长江水啊长江水

酒一样的长江水

醉酒的滋味

是乡愁的滋味

给我一瓢长江水啊长江水

——余光中《乡愁四韵》

【评点】资料的选择与使用很见教师的用心。四则资料,既简洁明了,又紧扣乡愁。这是第二次诗歌联读,教师的深情诵读与学生的齐读相映成趣,为课堂营造了浓浓的诗意,奠定了整堂课深厚的思乡情味。

师:人家说余光中就是乡愁诗人,他写了大量的怀念故土、怀念家乡、怀念大陆的诗歌。其中,《乡愁》是最著名、最脍炙人口、流传最为广远的一首诗。这首诗我们这样来学习它——

美读美析：美美地朗读、美美地欣赏。

二、美读

师：开始我们的美读活动。

（屏幕显示）

烧我成灰，我的汉魂唐魄仍然萦绕着那片厚土。——余光中

师：仍然要先酝酿情感。（教师范读）"烧我成灰，我的汉魂唐魄仍然萦绕着那片厚土。"这就是余光中的深情。

请同学们用舒缓的语气，深情地表达《乡愁》中的思乡之情，轻声地读，各自读起来。

（学生各自读诗）

师：我想听你们读一节诗。一起来读给我听一下。

（学生齐读第一节诗）

师：告诉你们两个字——韵味，再告诉你们四个字，你们刚才的朗读，没有韵味。（笑）要小声，舒缓。乡愁之情不是跑马之情，是舒缓的悠远的思绪。

（教师示范朗读第一节）

师：吟诵乡愁要这样吟诵。各自体味一下。

（学生再次试读第一节）

（教师逐节教读，学生跟读）

师：（纠正）nèi 头，不是 nà 头。"那"后面跟的如果是数量词，就读 nèi，而不读 nà。

师：好的，读出韵味，沉静的、悠远的、舒缓的，一起来。

（学生齐读诗歌）

师：好，继续读。大家看屏幕。

(屏幕显示)

用节奏来传达悠远的思绪。

乡　愁

余光中

小时候　乡愁　　是一枚　小小的　邮票

我　在这头　　　母亲　在那头

长大后　乡愁　　是一张　窄窄的　船票

我　在这头　　　新娘　在那头

后来啊　乡愁　　是一方　矮矮的　坟墓

我　在外头　　　母亲　在里头

而现在　乡愁　　是一湾　浅浅的　海峡

我　在这头　　　大陆　在那头

师：每位同学各自看着屏幕练习，轻声读，各读各的。声音还要轻微。读出节奏，读出韵味，用节奏来传达悠远的情绪。

(学生各自练习)

师：老师为什么把字距拉开？就是告诉你，这个时候一定要慢下来。"小时候　乡愁　是一枚　小小的　邮票"，要这样读(教师示范)，我们一起来。

(学生齐读)

师：我终于听出了你们的韵味在哪个地方没有表现好。你们把"我在这头，新娘在那头"再读一遍给我听。

(学生读这一句)

师：这一句没有用感慨的语气读，没有拖，好像齐步走，脚步很果断，这不行。"我"后面、"新娘"后面都要拖一下(教师范读)，想象一下，"新娘在那头"(教师模仿学生刚才的读法，师生笑)。重新来，这个地方要读得很有情味。

《乡愁》课堂教学实录及评点

（学生再次齐读诗歌）

师：最后三个字就读得比较好听。谢谢大家的努力，咱们九年级学生能读成这样，很让老师高兴。

（屏幕显示）

用短暂的停顿来表达意境的升华。

师：一定要把"在那头""大陆在那头"这里读好，用短暂的停顿来表达意境的升华。一定要读得很感慨、很思念。我们一起把最后一节来朗读一下。

（学生齐读最后一节）

师：全诗用背诵的方式来朗读，用朗读的方式来背诵。仍然要注意悠远的思绪，舒缓的节奏。

（学生齐读诗歌）

师：读得美啊。大家看，余光中是怎样阐释他的乡愁的。

（屏幕显示）

诗的前三句思念的都是女性，到最后一句我想到了大陆这个"大母亲"，于是意境和思路便豁然开朗，就有了"乡愁是一湾浅浅的海峡"一句。由此，这"乡愁"其实也是一种"国愁"，所以才有了厚重万分的分量。

——余光中

师：（边和学生看屏幕边解说）小小的邮票、窄窄的船票、矮矮的坟墓，这三句写的都是女性，浅浅的海峡写的是祖国母亲。余光中的这两句话解释了一个重要的表达技巧，就是前三节和后面一节诗的关系。这首诗的最后一节就虚化了，写的是祖国母亲。余光中的这段话利于我们欣赏这首诗歌的表达特点。

【评点】教学活动之一：美读。分三步走：用舒缓的语气，深情地表达诗中的思乡之情；用节奏来传达悠远的思绪；用短暂的停顿来表达意境的升华。这样的朗读三部曲，层次明朗，角度精细，活动充分，形式多变，加之教师调控手法适宜，因而营造了活泼生动的场面。

三、美析

师：我们现在再来看这首诗。请大家先观察一下，观察它的外貌形态，观察它四节诗之间的顺序，观察它的手法，观察它的结构形态之美，观察它的意境升华之美。让我们进入美析的学习。

（屏幕显示）

话题：《乡愁》的表达之美。

活动建议：每位同学写几行文字，集中地欣赏《乡愁》在某个方面的表达之美。

师：每位同学的文字只集中地谈一个观点。好吧，开始啦。

（学生动笔，写作）

师：好了，我们来交流吧。我很高兴地看到大家都写了不少内容。请停笔，酝酿一下，准备交流。请举手发言。

生1：这首诗把乡愁比作一枚小小的邮票，一张窄窄的船票，一方矮矮的坟墓，一弯浅浅的海峡，将乡愁具体化，更加深化作者的思乡情绪，也更可以让读者深刻地体会到那惆怅幽深的情绪。

师：说得多好啊！概括这位同学分析的《乡愁》笔法，四个字：反复渲染。

生2：作者先写邮票、船票、坟墓，进而到海峡，逐步递进，由对家人的思念到对祖国的思念，思念感情的强烈程度得到了升华，由此，作者的乡愁之深、思念之切表达了出来。

师：层层深入，逐步递进。如果还要加上一句的话，那就是以时间为线索。"小时候""长大后""后来啊""而现在"。

《乡愁》课堂教学实录及评点

生3："邮票"表达了"我"对母亲的亲切思念，"船票"表达了"我"对新娘的无限思念，"浅浅的海峡"表达了"我"对祖国大陆的亲切怀念、对祖国大陆的无限留恋。

师：这位同学分析的是"空间"。小小的邮票，窄窄的船票，矮矮的坟墓，浅浅的海峡，时间的线索里有广阔的空间距离，表达出浓浓的思乡之情。

生4：修饰语用的是"小小的""窄窄的""矮矮的""浅浅的"，看起来程度很浅，实际上反衬了作者浓浓的思乡情。

师：很好，而且由于"小小的""窄窄的""矮矮的""浅浅的"反复出现，就使朗读表达出一种音乐之美。这种音乐之美来自何处？来自叠词："小小""窄窄""矮矮""浅浅"。

生5：诗中"小时候""长大后""后来啊""而现在"的紧密结合，使感情的抒发顺理成章，由单纯的思乡之情上升到对祖国母亲的思念，感情层层递进，层层深化。

师：既有诗意又有严密的逻辑层次。好，继续。

生6："小时候""长大后""后来啊""而现在"，写出了四个不同的时段。作者小时候还没完全涉入世事，只知道对母亲的思念；长大后是对新娘的思念；现在随着知识的增长、对世事的不断了解，就有了对祖国大陆的无限思念。

师：由对亲人的情思逐步升华到对祖国母亲大陆的思念。好，继续说话。

生7："乡愁是一弯浅浅的海峡"，不仅仅表达了对祖国大陆的无限思念，"浅浅的"，表现了台湾和祖国大陆距离之近，体现了作者对大陆和台湾和平统一的愿望。

师：这位同学集中分析的是最后一节。辽阔深远的海峡，但作者说是"浅浅的"，为什么？表达一种遗憾与悲哀，那海峡在现代人看来完全是没有阻碍的，但就是它把大陆和台湾分开了。

好的，老师再来给你们讲一讲欣赏这首诗的重要角度。请同学们做好学习笔记。

（屏幕显示，教师讲析，学生做笔记）

题材之美：它以深情动人的美好题材"乡愁"及鲜明主题到处传扬，走进人们的心灵，拨动着人们的心弦。

复沓之美：全诗回旋往复、一唱三叹的旋律美，恰到好处地表现了跌宕起伏的乡愁深情。

纯朴之美：《乡愁》纯用口语表现情感，用简练而浅近的文字，表现了深邃浓郁的思乡之愁。

画面之美：第一幅写幼年求学，母子分离；第二幅写成年之后，离乡背井；第三幅写母亲去世，生离死别；第四幅写隔于海水，"家"不能归。

时空之美：全诗时序分明，写出了人生中大半个世纪的乡愁！每一节诗都在轻轻叙说着一个久久思念、苦苦思念、深深思念的故事。

音乐之美：全诗生动地形成了一种反复咏叹的韵律；诗句的长短形成了停顿、节奏、语气与语调的变化，便于表达思念的深情；叠词的选用起着舒缓节奏、深化情感的作用；"头"字多次出现，组成了诗中的又一旋律。

虚实之美：诗的前三节中的"我"是具体的"我"，诗的第四节升华了全诗的意境。"乡愁"，更可以说是无数海外华夏儿女共同的感受与心声。

意蕴之美：《乡愁》表现的是一个"隔"字，这已经成为整整一个历史时代的海外华人普遍感情的准确而生动的概括。

师：短短的一首诗，我们能读出这么多精深美好的意味意境，原来读诗就是这样的美读美析啊。

【评点】教学活动之二：美析。教师建议每位同学写几行文字，集中地欣赏《乡愁》在某一个方面的表达之美。这样的要求降低了学生的操作难度。全体学生的集体参与，动笔之"静"与前面的朗读之"动"相得益彰。最令人叫绝的是教师的精讲精析，让学生真有收获，令人叹服！

四、再读诗歌，收束本课

师：我们再来看我国另外一位台湾诗人的乡愁诗。

（屏幕显示）

醉　汉

非马

把短短的巷子

走成一条曲折回荡的

万里愁肠

左一脚　十年

右一脚　十年

母亲啊　我正努力

向您　走来……

（教师深情范读）

（学生齐读）

师：同样的是，乡愁之情荡漾在字里行间。

【评点】 第三次诗歌联读。这里，教师又一次引用我国台湾诗人的乡愁诗，以此作为课的收束，使整节课首尾相连、浑然一体，自始至终充满着挥之不去的淡淡的又是浓浓的乡愁滋味。

师：好的，同学们，这节课我们用美读美析的方式，欣赏了余光中的诗，联读了其他作家的诗歌。谢谢大家。下课。

生：老师再见。

师：同学们再见。

总评

这是一堂诗意盎然、目中有人、指导得法的实实在在的语文课。

（1）语文活动充分。在教师的指导下，学生在课堂上进行了形式和内容都很丰富的学习语言、习得技巧、发展智能、训练思维的语文实践活动。教师抓住诗歌特点，围绕"美读""美析"展开张弛有度、动静结合的集体训练活动。美读，既是语感的、技能的，又是审美的、思维的。美析，促使学生深入课文，注重培养学生思维的创造性、多向性和严谨性。

（2）语文知识有用。字词教学，虚实意蕴等手法，反复咏叹的韵律，停顿、节奏、语气语调，叠词的选用等，无一不是有用的语文知识学习。

（3）学生的语文学习习惯得到进一步巩固。关于作者的资料中，有两则是学生已经学过的，这样的选择符合温故知新、前后勾连的认知规律。教师多次提醒学生动笔，养成记笔记的好习惯。学生善于品味的阅读习惯也在本课的学习中得以培养。

这样的课，学生的课堂积累是丰富的，语文学习潜能得到了发掘，语文素养得到了提升。

《雨说》课堂教学实录及评点

执教：余映潮　　评点：张旭

时间：2014 年 11 月 15 日
地点：广东广州市南武实验学校

一、介绍背景资料

师：同学们，我们开始欣赏诗歌《雨说》，一起来读一读背景材料。

（屏幕显示，学生齐读）

作者简介：郑愁予，现代诗人，我国台湾著名诗人，他的诗温柔华美，富有抒情韵味。其成名作《错误》被誉为"现代抒情诗的绝唱"。

师：到了高中你们就要学习名作《错误》，请大家把8个字批注到课本上：温柔华美、抒情韵味，这是我们学习诗歌要用到的评价语。再来了解一下诗歌的创作背景。

（屏幕显示，学生齐读）

"文革"，全称"无产阶级文化大革命"。指1966年5月至1976年10月给中华民族带来严重灾难的政治运动。

师："文革"给我们青少年留下的印象，可能就是"批斗"两个字。所以，作者在诗歌的开头就描述了一幅荒寒的景象。下面再来了解。

（屏幕显示，学生齐读）

《雨说》写于十年"文革"的严冬刚刚过去两年的时候，所以诗的开头向读者展示了万物在严寒冬天的肃杀景象。

师：所以作者说他是春的使者，要给中国的孩子们送来温暖的祝福。
（屏幕显示，学生齐读）
文化大革命是中国20世纪极为特殊的岁月。生活环境的压抑、禁锢，严重摧残扭曲了孩子自由活泼的天性。

师：所以作者把抒情的对象放在孩子们身上，孩子们有了希望，这个国家就有了希望。

【评点】直接进入诗歌的教学，出示作者资料、创作背景，学生齐读，教师阐述，有助于学生理解诗歌的主旨和情感，课堂教学的起始就显得厚重、简洁、明快。

二、积累新字词

师：来读一读有关的字词。
（屏幕显示，学生齐读）

田圃 pǔ　禁锢 gù　留滞 zhì　喑 yīn 哑

丝缕 lǚ　喧 xuān 嚷　蓑 suō 衣　襁 qiǎng 褓 bǎo

师：这些词语都是一般的词语，字意、词意都比较好理解。
再读一读词语的理解。
（屏幕显示，学生齐读）

田圃：田地和园圃

禁锢：束缚，强力限制

留滞：停留，不流通

喑哑：嗓子干涩，难以发出声音

丝缕：丝线

襁褓：包裹婴儿的布或被

温声细语：用温和的声音轻轻地说话

润如油膏：形容土地肥沃；细腻光滑得像油，像脂肪涂抹过一般

师：注意"温声细语"四个字，它是这一首诗歌朗读的基调，不是大声激情地朗读，而是温声细语地表白它对孩子们的爱。大家要做一次特别的积累——"洗礼"的含义。第一个含义的注释在课本上有，指的是一种宗教仪式，同学们接着把二三四五的含义注释批注在旁边。这是一个运用广泛的高雅的词。

（屏幕显示）

（1）基督教接受入教者举行的一种宗教仪式。主持者把水滴在受洗人的额上，或让受洗人身体浸在水里，表示洗净过去的罪恶。

（2）比喻教育和熏陶。如：一次深刻的精神洗礼。

（3）比喻锻炼和考验。如：经受战火的洗礼。

（4）浸润，滋养。如：我是四月的客人带来的春的洗礼。这个时候就是春的浸润，春的滋养。

（5）净化，震动。如：心灵的洗礼。就是心灵的净化。

【评点】教师实实在在地引导着学生学习语言，积累语言，从读音到词义，从一般词义理解到重难点词义的讲解，提炼精致，层层推进。特别值得注意的是：第一，如何选择出像"洗礼"这样"运用广泛""高雅"的词语，这需要语文人的眼光；第二，对词语的理解不仅仅停留在课本上的注释，而要巧妙适当地延伸拓展，丰富学生词语的积累；第三，不脱离语境，比如理解"温声细语"一词后，教师还特别指出它就是这首诗朗读的基调，这是多么自然高妙的朗读指导，有助于学生对诗歌情感的整体把握。

三、理解课文文意

师：我们这节课有两个大的环节：第一，文意理解；第二，美段品析。下面我们进入第一次品读训练活动：课文文意理解。

首先要读一读这首诗。老师刚才告诉你们朗读的基调是温声细语，我们还要关注这首诗的内容是表达爱心。四月的客人带来的春的洗礼，给中国的孩子们送来的是祝福的心意，朗读的时候要带着这种情感进入这种意境。请同学们把握基调，各自朗读。

（学生各自朗读）

师：好，谢谢大家温声细语的朗读，这叫作以声传情。下面请大家动笔写，通过写来了解诗歌的意思，这就叫文意理解。写的角度，是雨的形象描述。告诉大家美妙的方法：用诗写诗，利用课文的诗句有所改动、有所添加、有所引用。每个人写四句诗，描绘雨的形象。我给大家举个例子。

（屏幕显示）

文意理解活动：写

"雨"的形象描述

方法：用诗写"诗"

例：

我来了，

走得很轻，

温声细语，

我的爱心像丝缕那样把天地织在一起。

（全班学生人人动手"用诗写诗"）

【评点】教师巧妙地设计了全新的"用诗写诗"的"文意理解"活动，学

《雨说》课堂教学实录及评点

生先读后写,有方法指导,有例子参考,把学生引入课文,同时激发其学习的兴趣。

师:让我们来倾听大家的美妙创作。

生1:我来了,带着春的洗礼。泥土润如油膏,远方的新苗渐露头角。你们为什么不放下你们手中的伞,扬起你们的小脸让我亲一亲。

师:写了两个画面:我来了,土地开始滋润;我来了,孩子们要亲近我呀!

生2:无声无息地,我走近了你们,献上了我的吻,吻在了田土上、牧场上、泥土里、小溪上。渐渐地,我爱上了这里。

师:谢谢春雨的滋润啊,孩子们都感受到了春天的爱心。

生3:我来了,带着甜蜜的祝福。我要教你们两件事,勇敢地笑与勇敢地笑,在快乐与祝福中,成为大地的希望。

师:有了孩子们的笑,天地就充满了光明。

生4:我带着祝福的心意,探访四月的大地。我轻柔地呼唤着孩子们的乳名,我亲切地亲吻着大家的双眼,我要教会孩子们勇敢地去欢笑。

师:爱心荡漾,这就是一首祝福的诗。

生5:我是四月的客人,带来春的洗礼。让我亲一亲你们的脸,让我留在这里,不再离去。

师:雨来了,待孩子们笑起来,雨就安息,不再归去。

生6:我来了,来的地方很遥远。那儿山峰耸立,白云满天。我也曾是孩子,和你们一样爱玩。但我是幸运的,因为我在白云的襁褓中笑着长大。

师:白云就是自由,孩子们在一起玩就是快乐,中国的孩子们要自由,要快乐。

好,我们一起再来欣赏。

(屏幕显示,学生齐读)

我来了,走得很轻

温声细语

我的爱心像丝缕那样

把天地织在一起……

我是春天

带给大地的洗礼

点点滴滴,淅淅沥沥

温情地融入萌发的生命

我来了

我来了就不再回去

当孩子们自由地笑了

我就快乐地安息……

师:谢谢同学们充满爱心的创作,我们一起来感受雨的形象。

(屏幕显示,学生齐读)

雨,被赋予了生命的灵性,是温柔亲切的春之使者。

雨,在幸运的笑中长大;静悄悄地走来,是充满爱心的爱之使者。

雨是美好气象的象征,她是布施仁爱的美之使者。

当孩子们自由地笑了,雨就快乐地安息。她是自由之使者。

师:把"四个使者"的形象批注在课本上:春之使者、爱之使者、美之使者、自由之使者。

(屏幕显示)

《雨说》,一首祝福之歌。

【评点】课堂写作与对话的环节生动、美好。学生的"写"与"读"充满情味,教师的"评"与之相映成趣;评点简洁精美,角度丰富,语言机智,情趣盎然,这无疑是余氏课堂教学技能高超的体现。教师的小结,字字珠玑。诗句清新

《雨说》课堂教学实录及评点

优美,诗意凝练抒情。特别是四个使者的形象,精美的提炼让人印象深刻。

师:让我们再来进行一次知识的特别积累:代言。
(屏幕显示)
特别积累:代言
诗中运用了文学作品中用于整体艺术形象塑造的拟人手法,这种巧妙地折射出作者心声的写法,有人称之为"代言"。

师:请大家做好笔记。诗中运用了文学作品中用于整体艺术形象塑造的拟人手法。这种拟人手法与我们平时的修辞手法不同,整篇拟人就是一种创作手法,而且特别巧妙的是,让"雨"来说话。这种巧妙地折射出作者心声的写法,有人称之为"代言"。用"雨"的形象来代表作者的心声,运用一个中心形象"雨"来抒情。这种手法,在八年级已经见过,纪伯伦的《雨之歌》曾记否?
(屏幕显示,学生齐读)
我是根根晶亮的银线,神把我从天穹撒下人间,于是大自然拿我去把千山万壑装点。
我哭,山河却在欢乐;我掉落下来,花草却昂起了头,挺起了腰,绽开了笑脸。

师:《雨说》《雨之歌》,中外作品一样的手法,都是用雨来作为抒情主人公,表达作者的情感。

【评点】余老师说:"我们不要怕给学生讲授知识。如果老师不讲,学生可能永远不会。"在这里,余老师教给了学生一种创作手法——代言,而且横向联系了《雨之歌》的创作手法,教学的内容在这里由"一课"走向了"一类",教学的视野顿然开阔。

55

四、品析精美诗节

师：好，进入我们第二次品读训练活动：精美诗节品析。
（屏幕显示）
语言赏析活动：品
精美诗节品析

师：我们重点品析两节诗，首先还是来朗读，温声细语，但是要亮丽。这是诗歌的高潮部分，"第一样事，我要教你们勇敢地笑啊"要亮丽，好，一起来朗读这两节诗。

（屏幕显示，学生齐读）
第一样事，我要教你们勇敢地笑啊
君不见，柳条儿见了我笑弯了腰啊
石狮子见了我笑出了泪啊
小燕子见了我笑斜了翅膀啊

第二样事，我还要教你们勇敢地笑
那旗子见了我笑得哗啦啦地响
只要旗子笑，春天的声音就有了
只要你们笑，大地的希望就有了

师：读得好听，再来一遍，还要亮丽一点。边读边观察，你眼中的意象、画面、动作的描写以及两节诗所表现出的手法，读。
（学生齐读这两节诗）
师：给大家一个话题：这两节诗的美点赏析。同样的，需要动笔，在这两节诗的旁边写上你的欣赏文字，每位同学集中欣赏一个点。

【评点】 余老师在谈到"主问题"设计时说过:"挈领而顿,百毛皆顺。"有了话题,就有了思考探究,有了课堂交流,有了课中对话。教师在这里设计的主问题就是:对这两节诗进行美点赏析,它有着"一问能抵许多问"的牵引力,引领着学生从多个角度品析语言、欣赏语言。

(学生写作)

师:好的,让我们来倾听大家优美的分析。

生1:请大家看第一句:"第一样事,我要教你们勇敢地笑啊。"我觉得这里春雨要教孩子们勇敢地笑,不仅是表情上的,而且这种笑是代表快乐幸福、乐观向上的生活态度,意思是要让孩子们懂得,面对生活中的困难和挫折时,都要保持一种积极乐观的态度,笑着去面对一切。

师:"勇敢地"三个字用得特别好,因为那个时候的政治气候对人们的压抑太重,孩子们一定受到了影响,所以,孩子们勇敢地笑起来吧。

生2:请大家看第二段:"只要旗子笑,春天的声音就有了;只要你们笑,大地的希望就有了。"这两句诗里写到春天的声音和大地的希望,是作者对祖国未来的希望。作者认为,孩子们就是祖国的未来,让孩子们勇敢地笑就是让祖国未来充满希望,十年"文革"刚过,经济萧条,需要孩子们自信勇敢地去为祖国的发展而实现自己的理想。

师:我们还要更具体地品析。"春天来了",春天就是象征;"那旗子见了我笑得哗啦啦地响",旗子就是象征,这个旗子指的就是方向,它是正确的方向,哗啦啦地响,多么欢快啊,这种欢快就象征着人们思想的解放。所以,只要旗子笑,春天的声音就有了;只要孩子们笑,大地的希望就有了。

生3:"那旗子见了我笑得哗啦啦地响"。我觉得"哗啦啦"用了拟声词,写出了旗子欢笑祝福的情态,整段也就表达了一种积极乐观的态度。

师:分析得好。"哗啦啦"三个字用得好,拟声词,还加一点,从听觉的角度来写,你看作者笔调的变化,前面是从视觉的角度写,这里从听觉的角度写,然后就是感觉,"只要你们笑,大地的希望就有了"。

生4：请大家看第一段："柳条儿见了我笑弯了腰啊，石狮子见了我笑出了泪啊，小燕子见了我笑斜了翅膀啊。"这三句用了拟人的手法，这里写雨落之景，把柳条摇动、石狮子被淋湿、燕子斜着抖雨转化成了"笑弯了腰、笑出了泪、笑斜了翅膀"，这里就是转化成了各种意象的欢笑，生动形象，画面感很强。

师：好，还要进一步观察。柳条，欣欣的柳条绽放了嫩枝；石狮，冰冷的事物，也有了温度；小燕子，自由快乐的象征。这叫作多角度意象抒情，不是写一个意象，而是写多种意象，那么第二节诗就到"旗子"这个意象上来了。

生5：请大家看第一段，这里不仅用了拟人的手法，而且通过加入语气词"笑弯了腰啊、笑出了泪啊、笑斜了翅膀啊"，读起来亲切感人，有抒情韵味。

师：还有音韵之美，这个"啊"字变音读起来更好听，"我要教你们勇敢地笑啊""柳条儿见了我笑弯了腰啊""石狮子见了我笑出了泪啊"。一变音，音韵就更美，四个"啊"不就是反复吗？连感叹词的运用都在抒情。

生6：请大家看第一段二三四句："君不见，柳条儿见了我笑弯了腰啊，石狮子见了我笑出了泪啊，小燕子见了我笑斜了翅膀啊。"这三句诗表达了作者对孩子们的希望，希望在"文革"时期被扼杀掉活泼天性的孩子们，能活泼开朗起来，勇敢地面对生活，以积极阳光的态度去生活。

师：很好，积极、阳光、自由、快乐，充满生命的力量，充满活力。诗歌往往只可意会不可言传，但是我们一定要欣赏它意境的美、手法的美，以及用词造句的美。第一节诗："柳条儿见了我笑弯了腰啊，石狮子见了我笑出了泪啊，小燕子见了我笑斜了翅膀啊。"（"弯""出""斜"重读）这就叫诗歌的炼字，把字眼用得生动，把字眼用得富有感染力。

请大家一起来欣赏，听讲，做笔记。

（屏幕显示）

线索之美

《雨说》课堂教学实录及评点

反复之美

意象之美

化用之美

象征之美

情意之美

师：这两节诗，有线索之美。"雨说"这两个字是全文的线索；在这两节诗里，"笑"就是这两节诗的线索，每节诗都围绕笑展开。这两节诗，有反复之美。反复能强化意境，反复能强化抒情，反复往往就是强调，两节诗用反复的手法来表达作者心中的爱意。这两节诗，有意象之美。《雨说》这首诗，"雨"是中心意象，雨的形象折射着作者的形象。在这两节诗里面，柳条、石狮、小燕子、旗子都是美好的意象。这两节诗，有化用之美。这就是高妙的手法，郑愁予的诗往往有古典之美，大家看出来了吗？"君不见"三个字从哪里来的？"君不见黄河之水天上来"，李白诗歌里的句子。"小燕子见了我笑斜了翅膀啊"，"细雨鱼儿出，微风燕子斜"，杜甫的诗句。化用是多么美妙的手法。这两节诗，有象征之美。整首诗都运用了象征手法，这两节诗无疑句句都有象征的意味。这两节诗，还有情意之美。为什么要写诗？就是为了抒情。温情、柔情、深深的爱意、美好的企盼、衷心的祝愿，都在这首诗歌里面。那么多的美啊，我们读这两节诗都能有丰富的感受，更何况整首诗。

【评点】这里是本课学习过程中关键对话的内容——"美点寻踪"式阅读教学，它是品位高雅的阅读欣赏活动。此环节有三美。第一，美在教师的教学技法，先提升朗读要求让学生读书，再让学生动笔写，写下来就是一种思想的沉淀，写下来就是一次超越了感性上升到理性的欣赏活动；第二，美在学生说出的成段赏析的话，在"说"中训练学生的阐释能力，表现学生的赏析能力；第三，美在教师的讲析小结，教师的讲，讲得实在，讲得生动，讲得细腻，讲得精美，使得学生在共同的语文活动中，学习到了诗歌赏析的方法，提高诗歌赏析的能力，拓展了语文视野，提升了语文素养。

（屏幕显示）
《雨说》，一首自由之歌。

师：请同学们继续积累，再来一次特别积累：象征。
（屏幕显示）
诗中的象征手法，是通过具体的形象暗示、寄寓某种特定意蕴的一种表现手法。

五、结课

师：这首诗，通过春的使者的形象，寄寓了对中国大地复苏、春回大地、生机勃勃、万物欣欣向荣等美好前景的祝愿。让我们美美地朗读吧。
（屏幕显示，学生齐读）
《雨说》中的雨，
　　是甜甜地叫着孩子乳名的甜雨；
　　是充满"温声细语""爱心"满满的暖雨；
　　是滋润大地、让万物欣欣向荣的喜雨，
　　是带来笑声与希望的春雨……

师：谢谢同学们，让美丽的雨滴浸润我们的心灵。

【评点】这一部分是课堂教学的收束部分，教师的小结与课始用诗写"诗"环节照应，节奏明快、言简意赅、诗意盎然、别具情趣。学生在教师的讲析中开阔了视野，增加了知识。这样的收束，意境高雅，让整堂课荡漾着浓浓的语文味，意味犹存，余味悠长。

《雨说》课堂教学实录及评点

总评

前苏联教育家苏霍姆林斯基说:"没有一条寓有诗意的、感情的和审美的清泉,就不可能有学生智力的发展。"余老师的课就像一条清泉:一路吟着小诗、哼着小曲,欢乐地跑着跳着,最后流入学生和听者的心里。

这一路诗情画意、惊喜不断,这一路收获满满、回味无穷。

这堂课完美地诠释了余老师所说的"好课"的观点——好课是思路清晰、过程灵动、训练到位的课,是学生活动充分、课堂积累丰富的课,是能够当堂让学生真有收获、大有收获的课。

纵观整个课堂,第一,读写贯穿有始有终,学生在不停朗读、思考、批注、写作表达的活动之中,教学内容也渐行渐深。第二,板块式教学思路清晰:文意理解—美段赏析,它们着眼于学生的语言实践活动和方法指导,循序渐进,有序延展。第三,主问题的设置,激活了学生的阅读期待,为整堂课创设了一种积极向上的探究、品读、体验的情境,为学生进一步深入阅读提供了动力。第四,教师在教学中注重"举一而反三,闻一而知十",做到了少讲、精讲,课堂语言惜字如金,决不芜杂,而对于学生诗歌学习方法的指导与学习内容的品析,却泼墨似水,决不含糊。

套用中学语文特级教师蔡明老师的"课堂境界"说,余老师的课实在是达到了第四重境界,那是诗的境界,是创新有效、精致美好的诗的境界。

《赫耳墨斯和雕像者》课堂教学实录及评点

执教：余映潮　　评点：李丽

时间：2014年12月1日
地点：安徽合肥市第四十六中学

一、介绍背景资料

师：这节课我们来品读一则寓言《赫耳墨斯和雕像者》。

【评点】开门见山式的课始，大道至简，省时高效，朴实无华。

师：一起把资料读一读。
寓言是文学作品的一种体裁，用具有讽刺性或哲理性的假托的故事来说明道理，给人以启示。
《伊索寓言》：伊索，公元前6世纪的古希腊寓言作家。《伊索寓言》实际上是古希腊流传于民间的讽喻故事，共三百多篇。

师：同学们动笔，在课题的旁边进行知识批注。文学作品有：寓言、童话、神话、诗歌、小说、散文等。
还要写三个字：讽刺性；还要记三个字：哲理性。
继续，了解人物之间的关系。
（屏幕显示，学生齐读）
宙斯：古希腊神话中的众神之王。

《赫耳墨斯和雕像者》课堂教学实录及评点

赫拉：古希腊神话中的天后，宙斯的妻子，妇女的保护神。

赫耳墨斯：古希腊神话中掌管旅行和商业的神，众神的使者，宙斯的儿子。

师：这则材料很重要。赫耳墨斯是下一辈的人，他的官职比他的父母要小得多。但是，在这则寓言中，他的表现与他的身份却是不同的。因此，在人物关系上我们就可以看出文章的讽刺性。

二、积累基础语言知识

师：学习课文，首先要注意积累的就是课文语言卡片。

（屏幕显示）

"雕像"不要写成"雕象"。

"象"，指的是天然的、未经加工的事物，比如"天象""大象"；而"像"是经过人工雕琢、制作的事物，比如"雕像""塑像"。

师：很多人都会把这两个字写错，包括电视屏幕上也偶有此种错误出现。

再看两个词。

（屏幕显示）

神使：给众神传令的使者。

庇 bì 护：保护，使之不受损害与侵犯。

师：再看一则语言卡片，这是文章开头的一句话。

（屏幕显示）

赫耳墨斯想知道他在人间受到多大的尊重，就化作凡人，来到一个雕像者的店里。

师：同学们思考一下，这一句话在文章中有什么作用？略作思考，就可以回答。

生1：赫耳墨斯想知道自己在人间受到多大的尊重，就要化作凡人，他不可能以神使的身份出现在雕像店里。所以他只能化身凡人，才能实现自己的心愿。

师：你只是解说句意而已，没有阐释它的作用。

生2：我认为它的作用是引起下文，把这篇文章的中心事件引出来了。

师："引起下文"这四个字倒是有道理。

生3：我觉得这是事件的起因。因为赫耳墨斯想知道他在人间受到多大的尊重，所以才化身凡人出现在雕像者的店里的。

师：好，这位同学的阐释就比较有道理了。

难道除了起因之外，我们就没看到后面的内容吗？

生4：这句话还交代了赫耳墨斯的身份。

师：嗯，首先交代了人物，然后还交代了故事的起因、人物的心理，以及故事发生的地点。一个短短的句子就包含了众多的知识内容。

只有这样的表述才能证明你的语文是体现在"能力"两个字上的。我还要告诉大家的是，这样的开头方式，是记叙文（故事）常用的开头方法。记叙文的开头常常是点出人物、事件、场景。于是，像这位同学所说，故事就开始了。比如，你们七年级学的第一篇课文《散步》："我们在田野散步：我，我的母亲，我的妻子和儿子。"就是这样的开头。比如，《我的老师》的开头也有这样的性质。

这就叫作举一反三。

【评点】课前的基础积累资料以知识卡片的形式呈现。首先，助读资料丰厚，渐次引出文章的文学体裁、作家作品、人物关系的介绍，为理解文章内容做好铺垫。其次，字词的遴选，与众不同，讲解透彻，关注细节。再次，开头的作用，举一反三，融会贯通，横向联合《散步》《我的老师》的开头，开阔学

《赫耳墨斯和雕像者》课堂教学实录及评点

生视野，拓宽课堂的维度，增加知识的厚度。这是思维的训练，是阅读与写作的结合，不着痕迹，润物无声。

三、把故事读懂

师：下面我们开始观察课文结构。故事，再加上一句议论的话，这是一种基本的结构形式。好，开始对大家的训练：把故事读懂。

首先听听大家的朗读。朗读要注意两个地方。"赫耳墨斯想知道"，这个"想"要读得重一点；"心想他身为神使"，这个"想"要拖得长一些。注意语速不要太快，用讲故事的语调读。"赫耳墨斯想知道"，读。

（学生齐读课文）

（屏幕显示）

赫耳墨斯和雕像者

赫耳墨斯想知道他在人间受到多大的尊重，就化作凡人，来到一个雕像者的店里。他看见宙斯的雕像，问道："值多少钱？"雕像者说："一个银元。"赫耳墨斯又笑着问道："赫拉的雕像值多少钱？"雕像者说："还要贵一点。"后来，赫耳墨斯看见自己的雕像，心想他身为神使，又是商人的庇护神，人们对他会更尊重些，于是问道："这个值多少钱？"雕像者回答说："假如你买了那两个，这个算添头，白送。"

师：嗯，读得好听！现在任务来了，怎么读懂故事呢？有办法。

（屏幕显示）

请你写一两个成语或四字短语评价故事中的赫耳墨斯。

师：评价得当，你就读懂了这则寓言，懂得了"赫耳墨斯是一个怎样的人"。好的，写吧，我来观察大家。你的表述应该是一个完整的句子。

（学生写句，然后发言）

生1：我认为赫耳墨斯是一个爱慕虚荣、狂妄自大的人。

生2：我认为赫耳墨斯是一个自命不凡、傲慢自满的人。

生3：我认为赫耳墨斯是一个自高自大、玩世不恭的人。

师："玩世不恭"用得好！管商业的神不管商业、不问物价，跑到人间去问这问那。

生4：我认为赫耳墨斯是一个妄自尊大、目空一切的人。

师：他以为自己的雕像会卖得很贵很贵，结果一文不值。多好的评价！

生5：我认为赫耳墨斯是一个骄傲、妄自尊大、爱慕虚荣的人。

师：可去掉"骄傲"二字，后面的两个词语足以说明他的骄傲了。

生6：我认为赫耳墨斯是一个骄傲自大、以下犯上的人。

师：以下犯上？他还没有以下犯上，他只是在心里暗暗想：我比他们两个老的要贵一些吧。这里多有趣呀！

好，最后说一下。

生7：我认为赫耳墨斯是一个自命不凡、自视甚高的人。

师：总之，这个人物就是一个带有"自"字的人。好，要不要做笔记呢？

（屏幕显示）

爱慕虚荣　自视甚高

自命不凡　骄傲自大

妄自尊大　自讨没趣

师：赫耳墨斯是一个爱慕虚荣的人物形象。赫耳墨斯是一个自视甚高的人物形象。赫耳墨斯是一个自命不凡的人物形象。赫耳墨斯是一个骄傲自大的人物形象。赫耳墨斯是一个妄自尊大的人物形象。赫耳墨斯是一个自讨没趣的人物形象。

请做笔记：用短语评价人物形象，是一种高雅的评说人物的方法。

多篇文章中的人物，我们都可以学用这种方法来评价。当然，这只是评价人物的方法之一。

《赫耳墨斯和雕像者》课堂教学实录及评点

【评点】读懂,这种能力是真的要进行训练的。一句话人物形象评析、用四字短语评价人物形象,就是在引领学生进行文意把握。这里,一石激起千层浪,训练力度极大,可谓匠心独运、角度新颖、内容丰厚、手法高妙、恰到好处。

四、把故事读深

师:继续训练。这次训练:把故事读深。先再来一次朗读。这次的朗读,要把一个地方读好。赫耳墨斯又笑着问道:"赫拉的雕像值多少钱?"这次朗读就要把"笑"字读好。

(学生齐读课文)

师:他看见宙斯的雕像,问道:"值多少钱?"请同学们圈出一个字,"问"字。继续向下看,赫耳墨斯问了三问。雕像者回答了三次。这就叫"三问三答"。寓言、童话往往用这种方式推进故事。

(屏幕显示)

品一品课文中三问三答的作用。

师:请思考,写批注。

(学生集体静读课文)

师:好了,请简短地、简单地说话。

生1:一问,问宙斯雕像的价格。我觉得他很好奇,想了解万神之王的价格。他又笑着问道:"赫拉的雕像值多少钱?"我觉得此处的"笑",体现了赫耳墨斯觉得宙斯的雕像只值那么点小钱,有点嘲笑他的意思,还有点讥讽赫拉的雕像不值钱的意思,更有点为自己感到高兴的意思。最后再问自己雕像的价格。这时候,赫耳墨斯觉得已经胜券在握了,觉得自己雕像的价格肯定要比宙斯和赫拉的高,但没想到雕像者的回答令他十分失望。

师:赫耳墨斯当时问自己雕像价格的时候可能是很自傲的:"这个值多少钱?"没想到雕像者的回答却令他很尴尬。这位同学分析得好,但要注意分析三问三答在文中的作用。

67

生2：我想说第三问。赫耳墨斯的第三问体现了他的骄傲自大，表现出不把别人放在眼里的样子。

师：有一个关键句很重要——"人们对他会更尊重些"。所以他问的语气一定不同，这里既有心理的表现又有语气的表达。

生3：赫耳墨斯在第一次问的时候就知道了宙斯的雕像不值钱，后来知道赫拉的雕像也不怎么值钱的时候，已经很自信了，应该很自信了，在心里自我暗示，自己的雕像是最值钱的了，于是他非常有把握地问了。

师：几位同学的回答都很流畅。但是我要给你们指出的是，你们没有扣住"作用"两个字来分析，而是在阐释语句的含义。"三问三答"究竟有什么作用呢？这是一个奇妙的问题。

生4：三问三答使得文章略有不同，它们使文章富有变化，有起有伏。

师：哦，说得多好，三问三答形成文章的波澜。这才是作用。故事一定要有波澜，没有波澜，怎么能好看呢？

生5：我觉得三问三答写出了赫耳墨斯的狂妄自大和爱慕虚荣，也讽刺了社会上那些自以为自己了不起然而在别人眼里却无用的人。

师：在反复之中表现一个人的性格特点。为什么老是在问呢？一定是想知道他的雕像是最值钱的。这就是在语言描写中表现一个人的性格特点。

生6：我觉得三问三答还表现了赫耳墨斯的心理变化。特别是第三次问的时候，他表现出狂妄自大、盛气凌人、胜券在握的感觉。

师：嗯，这个答案好！这就是在品析"作用"。三问三答中，体现了人物心理的微妙变化。

生7：这三问三答为下文做了铺垫。因为赫耳墨斯三问里对自我的期待值在逐渐升高加大，然而这与雕像者最后的回答形成了巨大的反差。这就形成了故事的讽刺性。

师：回答得多好啊！居然还用了"反差"两个字。反差在哪呢？他对自己的期望期许值很高，然而人家说他一文不值，所以他就很尴尬地静静

地站在那里了。到现在还站在那里。（学生笑）

生8：我觉得三问三答很形象地体现了赫耳墨斯这个人的特点。第一次问，他问宙斯雕像的价钱。我们知道，宙斯是赫耳墨斯的父亲，而且宙斯是古希腊传说中地位最高的神，他问宙斯雕像的价钱，其实在心里就有与宙斯一比高下的意思，体现出他的狂妄自大。（师：回答得太巧妙了！）第二次问，他问赫拉的雕像值多少钱。这个"问"字前面有一个"笑"字。我觉得这个"笑"字，体现了赫耳墨斯的不务正业。因为宙斯是地位最高的神，他在人间却不受尊重，才卖一个银元，可见雕像者的生意很惨淡，他没有对其产生同情或去帮助，反而笑着问道。（学生的掌声、笑声）第三次问，这个值多少钱，仍然体现了他的自高自大，自以为了不起，觉得自己的价钱比宙斯和赫拉的都高。我觉得三问三答生动地体现了人物的特点。

师：回答得妙啊！不过你对"笑"字分析得有点勉强。这个"笑"字，是他听说宙斯的雕像值一个银元，就暗自高兴了，心中就轻松了。原来有点紧张，不知道宙斯的雕像值多少钱，心里没底；现在知道了，心里觉得自己的雕像要更值钱了，所以就笑了。这个"笑"字倒没有嘲笑雕像者的意思。

好，谢谢大家，都说得好！又要做笔记了吧？

（屏幕显示）

①推进故事情节

②显现故事细节

③刻画人物性格

④形成奇妙的波澜

师：三问三答在这则寓言中的作用，简单地说，就是——

（屏幕显示）

①推进故事情节

②显现故事细节

③刻画人物性格当然也包括暗写人物心理

④形成奇妙的波澜

师：那位同学分析的反差，就是波澜之一；故事向前推进，突然出现一个大的转折，就是波澜。你们学会了分析对话描写，三问三答就是对话描写；你们学会了欣赏对话描写，而且能阐释它的作用。你们的语文水平马上就会表现出来。欣赏任何对话描写，基本上都可以从老师讲的这几个角度出发。

课文《羚羊木雕》大家学了吧？大家看看这一段。

（屏幕显示）

"那只羚羊哪儿去啦？"妈妈突然问我。

"爸爸不是说给我了吗？"我小声地说。

"我知道给你了，可是现在它在哪儿？"妈妈的目光紧紧地盯着我。我发现事情不像我想的那么简单。

"我把它收起来了。"

"放在哪儿了？拿来我看看。"妈妈好像看出我在撒谎。

"要说实话……是不是拿出去卖啦？"妈妈变得十分严厉。

"没有卖……我送人了。"我觉得自己的声音有些发抖。

"送给谁了？告诉我。"妈妈把手搭在我的肩膀上。

"送给万芳了，她是我最好的朋友。"

"你现在就去把它要回来！"妈妈坚定地说，"那么贵重的东西怎么能随便送人呢？要不我和你一起去！"

"不！"我哭着喊了起来。

师：大家可以学着从这四个方面入手分析：①推进故事情节；②显现故事细节；③刻画人物性格；④形成奇妙的波澜。同学们是不是领会到高妙的学习方法的重要作用了？

《赫耳墨斯和雕像者》课堂教学实录及评点

好,再批注一句:从四五个角度品析对话描写的作用,这就是方法。

【评点】 读深,针对性的朗读指导,引领学生再读课文,以剖析"三问三答在文中的作用"为主问题引导学生进入课文,深入细部,研读品析。第二次横向联系,学练结合,把《羚羊木雕》精彩对话恰到好处地穿插进来,创意丰美。尤其值得钦佩的是教师的点拨,四两拨千斤,点石为金,具有化腐朽为神奇的力量,为学生进入更深一层的学习打下了基础。

五、把故事读美

师:继续我们的学习,这次训练大家:把故事读美。首先,再朗读一次,把雕像者的话读好。雕像者回答说:"假如你买了那两个,这个算添头,白送。""白送"一词要读好,读出味道。

(学生齐读课文)

师:"白送"两个字,同学们读得秀气了些,再读一遍。

生:(齐读)雕像者回答说:"假如你买了那两个,这个算添头,白送。"

师:这回就读得有味道了吧。那么,这则寓言从文学的角度看,有什么表达技巧呢?

(屏幕显示)

试析这则寓言的表达技巧。

师:比如,对话描写就是表达技巧;比如,课文导语里写的拟人化的动植物,拟人化就是一种表达技巧。你还能悟出这则寓言什么样的表达技巧?略作思考后,我们来交流。

生1:我想说的是三次回答。前两次回答正好符合赫耳墨斯的心理,第三次回答却大出赫耳墨斯的意料。第三次回答与前两次回答形成了鲜明的对比。

师:好,对比的表达方式。运用对比手法推进故事。一种技巧出来了。

生2：运用了心理描写。赫耳墨斯看见自己的雕像，心想他身为神使，又是商人的庇护神，人们对他会更尊重些。

师：好，用直接和间接的方法写心理活动。"想知道他在人间受到多大的尊重"，就是直接描写，"笑"就是间接的表现。

生3：课文中写的三问三答，我觉得具有反复的作用。

师：用反复、对话的方式推进故事的发展。

生4：这里还运用了神态描写。"赫耳墨斯又笑着问道"，"笑"字体现了赫耳墨斯的狂妄自大。

师："笑"字好像引出了一幅画面，又似乎让我们看到了赫耳墨斯的笑容。

生5：这个结尾，也很值得我们品析，戛然而止，让人想象，是一个开放性的结尾。

师：用小说的语言来说就是"陡转"。这叫"意外结尾构思法"。

生6：这里的三问三答，对话描写很简短，却深刻地刻画出赫耳墨斯的自视甚高、自命不凡的人物性格，而且刻画得非常巧妙。

师：很精练地运用了对话描写。好，这都是表达技巧。

生7：文章的开头，开门见山地写了故事的人物、地点、事件。这也是一种表达方法。

师：开门见山的开头，戛然而止的结尾，又是两种表达技巧。好吧，请大家一起做笔记。这则寓言的表达手法是很高妙的。

（屏幕显示）

以神喻人

对话展开

心理刻画

白描手法

留下空白

叙议结合

《赫耳墨斯和雕像者》课堂教学实录及评点

师：以神喻人。这就是构思角度的美妙。寓言可以用动物做主人公，用植物做主人公，但是这则寓言却是用神做主人公。所以它的手法是以神写人。寓言其实就是用来讽刺人的，讽刺我们自己。

对话展开。这又是表达技巧、表达手法。

心理刻画。美妙的心理描写渗透在字里行间。

白描手法。并不是把故事写得很详细，把细节写得很细腻，而是简明地勾勒。

留下空白。赫耳墨斯听到他的雕像不值钱，只是算添头的时候，故事就没有了。这就让我们展开丰富的想象，他是该尴尬地站着呢，发火呢，骂人呢，还是该灰溜溜地走开呢？都留给我们来想象，这就是空白的美妙。

叙议结合。最有意思的是，这个寓言是由两个部分组成的，前面一段话是叙，后面一段话是议，叙议结合，先叙后议。如果老师再给大家上课的话，就会让你们重写一个议论段，那就更难了。

好，这个要记下来——

（屏幕显示）

最高妙的手法是：
蓄势于前，急转于后
戛然而止，余味悠长

师：最高妙的手法是：前面进行铺垫，然后一个急转弯。这就叫作蓄势于前，急转于后。这个故事在第三次答的时候来个急转弯，来个陡转，于是戛然而止，余味悠长。

【评点】读美，精要的朗读指导，引领学生第三次朗读课文，接着抛出"试析这则寓言的表达技巧"的主问题，引领学生进入欣赏美点、多视角评价文学作品的高雅之境。学生因得益于上一环节的能力训练，这一环节的分析水到渠成、妙语迭出。一节课中，学生的语文水平、语文能力就有长足的进步，

73

教学有法具有很大的力量，受益的是学生。

六、结课

师：这节课大家学得真带劲，今天的作业真的就是把课文中的议论段去掉，重写一个议论段，写在课文的后面。好不好？

同学们一起读一读我们的学习小结吧。

（屏幕显示）

学习小结

在读与练中学语文，懂道理，练能力。

师：谢谢大家，下课！

总评

在《赫耳墨斯和雕像者》的教学中，余老师的板块式教学思路明晰，资料助读后是循序渐进的三个板块：读懂—读深—读美，创意与审美兼具。

在教学过程中，注重对学生活动的设计，注重对学生学习习惯的培养，注重对学生学习方法的指导和思维、能力的训练，注重对语文知识、规律的总结与讲析。

在教学艺术上，运用了朗读为线、整体反复、问题引领、巧妙穿插、横向联合、读写结合等方法。

余老师用自己的教学实践躬亲践行他对"教学创意"的研究：简、实、丰、活、美、趣。

听来如歌如画，似梦似幻。

《社戏》课堂教学实录及评点

执教：余映潮　　评点：柳咏梅

时间：2011 年 4 月 12 日
地点：江苏南京市竹山中学

一、介绍背景资料

师：今天我们一起学习一篇小说——《社戏》，鲁迅先生描写童年生活的小说。现在我们把作者简介读一下。

【评点】开课即直入教学内容，将课堂时间充分用于学生的学习活动上，这是尊重学生、尊重课堂，真正高效教学的表现。

（屏幕显示，学生读）
作者简介
鲁迅（1881—1936），浙江绍兴人，原名周树人。伟大的文学家、思想家、革命家，被人民称为"民族魂"。

师：我们继续看作品简介。第一则，请大家读起来。
（屏幕显示，学生读）
作品简介
《社戏》描写、表现了"我"幼时一段看社戏的往事，表达了对童年美好生活的回忆和留恋。

有人说,《社戏》通过"我"的眼睛表现了浓浓的乡情,真真的友情,美美的山水情,深厚的母子情。

师:注意,"我",打的是引号,为什么要打引号呢?指的是作者吗?同学们,这是一篇小说,在"社戏"旁边标上"小说"两个字。小说是塑造人物的,是表现生活的,那么这个"我"就是小说中的一个人物。我们可以说,也许这个生活是鲁迅先生经历过的,但由于他写的是小说,那么这个"我"可能就不是实实在在的鲁迅先生,而是小说中的一个人物。继续看第二则:"有人说,《社戏》通过'我'的眼睛表现了浓浓的乡情,真真的友情,美美的山水情,深厚的母子情。"注意"眼睛"两个字!《社戏》的故事是通过人物"我"的眼睛看到的。那么,眼睛就是作品写作的视角,把"视角"这两个字旁批在"社戏"的标题上,前面加上"儿童"两个字。哦,这个故事是通过儿童的眼睛写出来的。我们学过的外国文学作品中有《最后一课》,它的视角也是儿童视角。好,继续读。

(屏幕显示,学生读)

也有人说,《社戏》以其故乡美、童年美、人性美、情感美而使文章充满诗情画意,给人以人间挚爱的感受。

还有人说,《社戏》的主题乃是怀念那永不复返的童年审美体验,怀念那永远逝去的童年的纯净的美。

师:所有的课文简介,关键词就是童年的生活美。《社戏》通过看戏这个故事的叙述表现了童年生活的美好。好,再看一下老师的教学设想简介。关键词是课文细读。

【评点】课文简介,从不同的角度呈现课文,包括课文的所叙之事、所用视角、所抒之情,以及课文所表现出的艺术效果。开课初起,即让学生对课文有总体的美好感受和对学习课文的期盼。在对课文简介进行解说的过程中,顺势渗透文体知识及学法指导，同时，强化学生的文体意识，注重对学生听讲和记笔记习惯的培养。

（屏幕显示）

教学设想简介
课文细读
第一课时：看戏前
第二课时：去看戏
第三课时：看戏后

二、明确学习内容，强调学习方法

师：应该用3个课时读《社戏》。第一课时：社戏前，第二课时：去看戏，第三课时：看戏后。我们今天就上第一个课时：看戏前的故事。请同学们把第4—10段再标记一下，这就是今天学习的内容。

（屏幕显示）

第一课时：看戏前的故事
在这节课上，请同学们细读课文第4—10自然段。

师：我们可以把这7个自然段看成一篇完整的短文。第4段开始写要去看戏，第10段写"我们"终于能出发了。因此，这7段文字写的是一个荡漾着轻波微澜的童年故事。

我们要细读两个内容：第一，这部分写出了什么，表现了什么；第二，这部分最后一段，也就是第10段的语言之美、表达之美。

（屏幕显示）

品读内容
①这一部分写出了什么，表现了什么。
②这一部分最后一段的语言之美、表达之美。

师：这是两个重要的品读任务。下面开始进行第一个学习活动。品读细节，说一说这一部分，第4—10段，各个细节写出了什么和表现了什么。这就是品味细节。看老师的示例。

（屏幕显示）

提示：写"找不到船"，在小说中起着多方面的作用……

提示：写"找到了船"，在小说中同样起着多方面的作用……

师：这个示例是启发一下大家，并不是完整地告诉你答案。你看提示"找不到船"，找不到船的描写在小说中有多方面的作用。因为找不到船，祖母就生气了，妈妈又担心；我生气了，惹得祖母不高兴，妈妈又劝慰我，表现了妈妈；找不到船，朋友们就来了，又表现了朋友。有多方面的作用。同样的，"找到了船"在小说中也起到多方面的作用。下面各自读书，品味细节，说明它写出了什么，又表现了什么。要求是，拿起笔，勾画一个地方，写上一点评点的文字。开始吧。

【评点】明确学习内容：第4—10段；强调学习方法：细读。在布置完任务后，教师提供示例，让学生学有参考，能够快速进入学习活动。辅之以教师的讲解，更好地表现出仅仅是"启示一下大家，并不是完整地告诉你答案"。教师只是提供"品读"的一个内容，但是并不在具体形式上限制学生，给学生更多的思维空间。

三、品读细节，揭示小说艺术手法

（学生思考，教师巡视）

师：好的。表扬大家，有很好的读书习惯，都在专心致志地思考。下面我们就要交流了，根据话题各抒已见。请举手。（学生举手）谢谢！

生1：第5段中有一句："外祖母很气恼，怪家里的人不早定，絮叨起来。"从这里可以看出，外祖母对"我"十分关心。

师：说得好。因为没有船了，"外祖母很气恼，怪家里的人不早定"，于是就"絮叨起来"。外祖母很生气，于是说个不停，表现了外祖母的心情，对"我"的关心。这就是细读了吧？好，继续。

生2：第7段的第一句话："这一天我不钓虾，东西也少吃。""东西也少吃"，说明"我"没有去看戏，表现"我"心情的郁闷。

师："不钓虾"，就坐在那儿了；"东西也少吃"，一点都不快乐。注意啊，这既写出了心情不好，同时，大家在"钓虾"两个字旁边批上：照应。这篇小说很讲究照应，前面写了钓虾，这里才有不钓虾的照应。继续。

生3：第5段中："母亲便宽慰伊。""母亲却竭力的嘱咐我，说万不能装模装样。"写出了母亲的无奈。

师：是啊，写出了母亲的细心。为什么呢？因为把外祖母气着了呀。于是"竭力的嘱咐我"，"竭力"，使劲、仔细地，整个长时间地，嘱咐"我"，叫"我"不要生气、不要乱说。

生4：第10段的最后一句："飞一般径向赵庄前进了。"写出了"我们"急切的心情。

师：写出了快乐的心情啊。找到了船，于是驾着船飞快地前进啊。

生5：第9段："外祖母和母亲也相信，便不再驳回，都微笑了。"这里是对外祖母和母亲的描写，写出了她们为"我"能去看戏而高兴。

师：是啊，这里写外祖母和母亲，与前面写外祖母和母亲形成了照应。先是有点担心、有点生气，现在高兴了。

生6：第7段："双喜可又看出底细来了，便又大声的说道，'我写包票！'"从这里可以看出双喜很聪明。

师：好！你品析的这个地方很重要。双喜大声地说话了，而且说话有理有据："我写包票"，总说一句；第一层道理，"船又大"；第二层道理，"迅哥儿向来不乱跑"；第三层道理，"我们又都是识水性的"。于是才有了外祖母和母亲的微笑。

生7：第8段第一个词"诚然"后面有个感叹号，这个感叹号表现了"我"

可以去看戏的高兴。

师：是啊，他太赞同了："诚然！"

生8：第5段："平桥村只有一只早出晚归的航船是大船，决没有留用的道理。"找不到船写出了"我"非常渴望去看戏，突出"我"因为不能坐船去看戏心里的沮丧之情，为后面能去看戏做铺垫。第10段："我的很重的心忽而轻松了，身体也似乎舒展到说不出的大。"心忽然轻松了，突出了儿童的天真，与前文找不到船而生气相呼应。

师：多好啊！从找不到船到找到了船，这就是故事的波澜。批上两个字："波澜"。外祖母生气，妈妈怕外祖母生气，外祖母和妈妈都高兴了，这也是波澜。"我"郁闷、"我"沮丧到"我"快乐了，这也是波澜。轻波微澜啊。好，继续来。

生9：第6段："我似乎听到锣鼓的声音，而且知道他们在戏台下买豆浆喝。"写出了渴望看戏的心理。

师：这里是心理描写的细节，表现自己对看戏的渴望啊。

生10：第5段："只有我急得要哭。"说明了"我"看戏的急切的心理。第4段："至于我在那里所第一盼望的，却在到赵庄去看戏。"体现了"我"十分喜欢去赵庄看戏，也体现了儿时的"我"的玩性。

师：分析得真好。注意，还有一个关键词："第一"。由于是"第一盼望"，所以后面就有急切的盼望，也体现"我"身体舒展到非常大的那种快乐的感觉。"第一"这两个字很重要呀。

生11：第7段："看过戏的少年们也都聚拢来了，高高兴兴的来讲戏。只有我不开口。"写出了"我"没有看到戏的失落，为下文一同去看戏做铺垫。

师：真好啊，讲了这么多的好细节。还可以继续分析，"看过戏的少年们也都聚拢来了"，肯定有意义。为什么写他们呢？一定有作用的！

生12：第10段："有说笑的，有嚷的，夹着潺潺的船头激水的声音，在左右都是碧绿的豆麦田地的河流中，飞一般径向赵庄前进了。"这是景物

《社戏》课堂教学实录及评点

描写，写出"我们"能坐船去看戏的开心的心情，突出了儿童的天真爱玩。

师：用美丽的景色写美好的心情。有的同学很聪明，立刻拿笔记录了。

生13：第10段："母亲送出来吩咐'要小心'的时候……"说明了母亲很不放心，为后文写母亲半夜了还在等"我们"做铺垫。

师：这个同学的能力很强。他读得真好！"母亲送出来吩咐'要小心'的时候"，我们已经开船了。大家往后看，当"我们"看完戏、偷了豆吃完豆回到平桥村的时候，谁在那里等"我们"啊？（学生答："母亲。"）这就叫照应。要旁批上！这里与后面写母亲等"我们"遥相呼应。

生14：第10段："夹着潺潺的船头激水的声音，在左右都是碧绿的豆麦田地的河流中……"环境描写，也是景物描写，渲染了轻松美好的气氛，烘托了"我"快乐的心情。

师：这也是氛围的描写，也是心情的描写，烘托心情的美好，把"烘托"两个字旁批上。谢谢大家的发言。下面我把大家品析的内容小结一下，并且讲析更重要的内容。请做笔记。

（屏幕显示；教师讲解，学生记录）
①写出了"我"的心情的抑扬。
②增加了故事情节的起伏波澜。
③表现了外祖母、妈妈的关爱和乡亲的友善。

师：这一个部分写出了"我"的心情的抑扬。这一部分把去看社戏的过程，在一开始就写得有困难，找不到船又找到了船，着急又高兴，于是就增加了故事情节的起伏波澜。这一部分表现了外祖母、妈妈的关爱和乡亲的友善。大家刚才没有注意到一个美好的细节：乡亲的友善。如果不从小孩的角度看，看谁？你来说说看。

生15：第7段："只有我不开口。他们都叹息而且表同情。"说明了朋友们都重情重义，写出了乡亲们的友善。

师：我刚才说的是"如果不从小朋友的角度看，看谁"。

生16：我觉得在第10段："双喜拔前篙，阿发拔后篙，年幼的都陪我坐在舱中，较大的聚在船尾。"写出了大家对"我"的热情和关心。

师：哦，你还是从小朋友的角度看的。

生17：我觉得是第7段的船："八叔的航船不是回来了么？"最后还是坐的那条船去看戏的，说明不用特地跟八叔打招呼。

师：很好的发现！大家看，另外一个相照应的地方，第5段："平桥村只有一只早出晚归的航船是大船，决没有留用的道理。"这就是八叔的航船。这就是侧面表现乡亲们的友善，唯一的大船，因为"我"，因为迅哥儿，人家就让用。在"八叔的航船"旁边写上"侧面表现友善"。

老师继续往下讲，这句话很关键。因为找不到船，大家都来关心"我"，第一次让少年朋友们集体出现，没有这样一个细节就没有社戏的故事。所以，从某种程度上讲，读懂了这个部分，就读懂了全文。

（屏幕显示）

④第一次让少年朋友们集体出现。

师：如果还要加一句的话，更有意思。"双喜出场了"。一个智慧的少年双喜出场，故事就真正开始了。双喜说了两句话。第一句话："八叔的航船不是回来了么？"好主意啊！又在后一句话里用充足的道理说服了大人。不然迅哥儿怎么说他是"最聪明的双喜"呢？因为有了双喜，故事就顺利地展开了。

（屏幕显示）

⑤表现友谊，为月下航行与月下偷豆进行美妙的铺垫。

⑥将少年朋友们巧妙地集聚到"航船"之上，从而在"航船"这个"场景"上塑造了一群美好少年的形象。

师：表现了少年们的友谊啊，为月下航行与月下偷豆进行美妙的铺垫。还有一点至关重要，将少年朋友们巧妙地集聚到"航船"之上，从而在"航船"这个"场景"上塑造了一群美好少年的形象。在"航船"旁边批上两个大大的字:"场景"。没有航船也就没有了这个故事。同学们看小说就要看人物是在什么样的场景里活动的,没有场景,人物不能相遇,相互的关系不能产生,故事情节就不能够发生。巧妙啊,把少年朋友聚集在一个大船上,故事就一层一层地书写下去!

【评点】这是学生活动的第一大板块的内容:品读"写出了什么","表现了什么"。学生通过细节的品读,走进文本深处与细部,品味小说轻波微澜的情节特点以及小说编织文字所采用的艺术手法。在评点学生的发言时,教师顺势点拨和提升学生的发言。"照应""波澜""心理描写""景物描写""烘托""铺垫""场景"等小说艺术手法自然又巧妙地一个个被揭示。这些文体知识不是教师死板的预设,而是基于学生品析的基础上的即兴生成,因而更易被学生掌握。有了前面充分的分析,教师随后的小结也就顺理成章了。

四、品味语言之美、表达之美

(屏幕显示)

品析:这一部分最后一段的语言之美、表达之美。

师:我们继续。品析这个部分最后一段的语言之美、表达之美。第10段,一起来轻松地读一下。

(学生齐读第10段)

师:这样的朗读没有抒情的味道,各自朗读吧。你看(范读),"一出门,便望见月下的平桥内泊着一只白篷的航船,大家跳下船,双喜拔前篙,阿发拔后篙"。慢慢地读,读出它的味道来。各自开始读吧。

(学生各自读)

师:继续安静地思考。读这一段,品味它的语言之美,在相关的地方写出你的品析。这一段,每一句都好啊。

（学生思考，教师巡视）

师：好的，每两个人为一个小组，先互相讲一讲，热身一下，然后再起来讲。

（学生同桌相互交流，教师巡视）

师：好吧，开始。（对一学生）你已经发言两次了，过一会儿我再第三次喊你。（对另一学生）请你来。

生1：第一句话，是心情的描写，讲述的是"我"的心情变得很愉快、很轻松了，就是与前面"我"东西少吃形成对比，更加突出了"我"感觉很高兴。

师：第一句啊，写出了心情瞬间的变化。你看，"很重的心"啊，"忽而轻松了"。然后继续用一个句子描写这种轻松，怎样的轻松呢？"身体也似乎舒展到说不出的大"，所以，这后面的句子是写轻松的。好，请你来。

生2：最后一句："夹着潺潺的船头激水的声音，在左右都是碧绿的豆麦田地的河流中，飞一般径向赵庄前进了。"这句话是环境描写，渲染了轻松的气氛，烘托了"我"心情的愉快。

师：好！你还应该这样说，"飞一般"这三个字用得好啊！这就是细读。

生3："一出门，便望见月下的平桥内泊着一只白篷的航船"，一直到"年幼的都陪我坐在舱中，较大的聚在船尾"。这句话是景物和动作描写，渲染了当时宁静的气氛，烘托了"我"可以去看戏的兴奋心情，"月下"写出当时的时间很晚了。

师："月下"不仅仅是写时间的，这"月下"的"月"，统管全文啊！你看后面的活动都需要月亮啊，把这个"月"字也打个大大的圈。月下偷豆、月下航行都离不开"月"，所以这个"月"字在全文的景物描写中极其关键。

生4：第10段中"母亲送出来吩咐'要小心'的时候，我们已经点开船，在桥石上一磕，退后几尺，即又上前出了桥"和后面的"有说笑的，有嚷的，夹着潺潺的船头激水的声音，在左右都是碧绿的豆麦田地的河流中，飞一般径向赵庄前进了",应该是一个照应,因为这样写出了他们驾船技术的高超,也从而写出了他们欢快的心情。

师:我觉得细读要读到什么程度呢,要读到能够品析每个词都用得好。你看,"年幼的都陪我坐在舱中",这个"陪"字用得好吧?你们再看,后面偷豆,豆子偷来了大家在一起剥豆的时候,又写道"年幼的和我都剥豆",这里又照应起来了。"年幼的都陪我坐在舱中",还说明了什么呢?说明了年龄大的双喜他们对我的关心照顾是细致入微的啊。

生5:第10段:"有说笑的,有嚷的,夹着潺潺的船头激水的声音,在左右都是碧绿的豆麦田地的河流中,飞一般径向赵庄前进了。"我觉得,"有说笑的,有嚷的,夹着"——"夹"是一种伴随,"潺潺的","激水"的"激",还有"碧绿的豆麦"中"碧绿的","飞一般",从视觉和听觉的角度,写出了"我们"想去赵庄看戏的急切。这也是一种环境描写,渲染了在月下美丽的湖泊上一群美好少年在航行的快乐。

师:你还应该说,这个"激水的声音"的"激"字写得多么好啊,写出了船的速度很快。请你来,第三次发言!

生6:第10段:"便望见月下的平桥内泊着一只白篷的航船,大家跳下船。"从"月下"可以看出,尽管是在晚上,但也阻止不了"我们"去看戏的这种心情。还有"大家都跳下船",我们平时都是慢慢地进入船中,而"大家"都是"跳下船",写出了"我们"急着去看戏,又突出了"我们"心里的喜悦之情。

师:你应该说,这个"跳"字很有表现力啊!

生7:"一出门,便望见月下的平桥内泊着一只白篷的航船。"从"泊""月下",可以看出天色晚了,有一种宁静的气氛。

师:这是静物的描写,这与后面的船开起来了、大家摇桨划船的速度之快形成了对比,由静到动。

生8:"夹着潺潺的船头激水的声音,在左右都是碧绿的豆麦田地的河流中"这句话,给人一种诗情画意之感,将社戏在仙境般的景致中呈给读者，表现出"我"急于看到社戏的急切心情和快乐心情。

师：分析得好！景物之美，环境之美，氛围之美，少年朋友们在一起的快乐之美。童年啊，多么美好的一幕，多么美好的瞬间。好，同学们，还有很重要的地方你们没有读出来。还有什么很重要呢？我说这样几个字，你们去解释它们为什么重要："双喜拔前篙，阿发拔后篙"，就这10个字，不知道有多重要！

（学生思考）

师：难住了吧？我再启发一下。对于这10个字，你们体会到了什么？

生9："双喜拔前篙，阿发拔后篙"，注重的是谁在前谁在后。

（学生笑）

师：他们两个认识路是吧，那肯定是无疑的啦。他们都是平桥村的，能不认识路？

生10：双喜和阿发相互协作，很和谐。

生11：双喜和阿发都在后文中出现，为后文做了铺垫作用，也写出他们对划船十分熟悉。

师：且听我来慢慢分析。请大家做笔记。

【评点】这一部分为学生活动的第二大板块的内容：品味语言之美，表达之美。学生多能抓住语言来品析，但正如教师在后面总结时所言，"说的都是比较大的话"。因此，教师在评点学生的发言时，除了做提升以外，还多次强调了评点语言的句式："这个'××'词用得好"，意在培养学生养成严密的思维习惯和良好的表达句式：先表态、概述，再分析、阐释。

（屏幕显示；教师讲解，学生做笔记）

①美在对"快速行动"的描写。

师：这一部分，美在对"快速行动"的描写。这里的"快速"和前面的找船艰难形成非常鲜明的对比，母亲出来"盼咐'要小心'的时候，我们已经点开船"，你看多快乐啊。快速行动，也是写心情，也是写友谊，写美好的故事的开端。

（屏幕显示；教师讲解，学生做笔记）
②美在对"心情"的直接与间接的抒写。

师：美在对"心情"的直接与间接的抒写，直接写心情宽松起来，间接地用环境的描写烘托快乐的心情。

（屏幕显示；教师讲解，学生做笔记）
③美在动词、色彩词的运用。

师：美在动词、色彩词的运用。刚才同学们的发言有一个弱点，没有说动词用得好。请看动词、色彩词用得多漂亮啊："聚"在船尾，"点"开船，一"磕"，"架"起橹，"夹"着，"激"水的声音，我重读的都是单音节的动词。

（屏幕显示；教师讲解，学生做笔记）
④美在暗写了平桥村孩子的懂事。

师：美在暗写了平桥村孩子的懂事，就是年幼的陪"我"坐在舱中，较大的都聚在船尾那个语段。孩子们很懂事啊，反复地写了这个细节。

（屏幕显示；教师讲解，学生做笔记）
⑤美在再写双喜，并引出了阿发。

师：美在再写双喜，更重要的是引出了阿发。你们对阿发的作用以及阿发在这儿出场的作用还没有完全了解到。因为在后面的故事情节中，阿发说了一句很美好的话："偷我们的罢，我们的大得多呢。"如果这里阿发不出场，后面你是不是觉得很突然？这就是这一部分最重要的作用：让阿发出场，为后面的故事情节埋下伏笔。把这个批在"阿发"的旁边，后面是照应,这里是伏笔。

(屏幕显示,教师讲解,学生做笔记)

⑥美在景物描写的伏笔与照应作用。

师:这里又出现了伏笔啊。"夹着潺潺的船头激水的声音,在左右都是碧绿的豆麦田地的河流中,飞一般径向赵庄前进了。"伏笔在哪里呢?请你来阐释一下。

生12:在"碧绿的豆麦田地",因为他们要在月下偷豆,"碧绿"反映出豆麦长得很有生机的样子,让人家很有食欲。(学生笑)

师:哈哈,很有食欲就可以不说啦,但是她的发现的确是正确的,"碧绿的豆麦田地",就是为偷豆埋下了伏笔。那么照应呢?"碧绿的豆麦田地"和课文开始夏天的"夏"相照应,写的是夏天啊,所以有豆麦的田地。

同学们,告诉你们这样几个字,你们在《社戏》的课题旁边记下:"由一篇知一类"(板书)。今天这节课的学习就是告诉大家读小说的时候怎样读出人物出场,怎样读出小说的环境,怎样读出小说的场景、伏笔、照应、波澜,这就是知识,也更是方法。

【评点】这是第二教学板块的一个重要组成部分:教师讲解,学生听讲并做笔记。学生已经进行了充分的品析与交流,教师通过提炼、提升学生的发言,进一步丰富学生的认识,并以讲析的方式归纳出这节课重要的学习目标——"由一篇知一类",培养学生的文体意识,尤其是在传授文体知识的同时,教给学生阅读小说的基本方法。至此,本节课的课型清晰地彰显出来——小说阅读启蒙课。

五、结课

(屏幕显示)

小结

《社戏》第一课时

故事情节的表达作用欣赏

小说细节的表达之美欣赏

师：这节课，我们对故事情节的表达作用进行了欣赏，我们对小说细节表达之美进行了欣赏。谢谢同学们！下课。

总评

余老师一贯重视对教材的处理。他曾经强调，要根据篇章特色、文体特征、内容特色等来处理课文教学，要艺术地、科学地对教学内容进行分析与整合，以更好地实现课文价值的最大化。

《社戏》这篇课文，在教材中有着特殊的位置，是学生进入初中后接触到的第一篇小说，因而将《社戏》定位为小说阅读启蒙课，是非常必要和准确的。小说的教学当然与一般的记叙文的教学不同，从余老师的这节课上，我们可以清晰地感受到"依体而教"的特点。

在一线的教学中，很多小说的教学课没有点出小说的文体特点，学生的文学滋养匮乏。这节课非常成功地展示了小说教学的基本特色和要求。整节课形式简洁而内容丰厚，利用两个板块的活动，让学生带着任务进入文本，品词析句，充分交流，在师生平等对话中提升学生的发言质量并随机渗透小说的文体知识及艺术手法知识，学生在一节课里积累了一批小说阅读的专门术语。这样的课堂是高效的，这样的教法是语文的。整节课非常有力地表现了余老师教学的一贯作风："用教材教"，"授之以渔"，保证了"学生活动充分"，"课堂积累丰富"。

《最后一课》课堂教学实录及评点

执教：余映潮　　评点：赵军红　刘少鸾

时间：2014年4月19日
地点：浙江大学继续教育学院

一、直接入课，引入背景资料

师：这节课我们一起学习短篇小说《最后一课》。请大家把背景材料读一读。

（屏幕显示）

都德（1840—1897），法国作家。1870—1871年，法国与普鲁士王国之间爆发战争，法国战败，被迫割让阿尔萨斯和洛林。这就是《最后一课》的故事背景。

师：我们可以感觉到，《最后一课》是关于战争的故事，是关于战败国的故事，是关于学习祖国语言的故事。

【评点】开课伊始，直接入课，让学生明确本课学习内容，然后顺势引入作家及作品背景介绍。这是余老师常用的开课方法，简洁直白，不浪费课堂一分一秒的时间。

二、介绍创作技巧，积累新字词

师：现在，我们就来了解一项重要的知识。大家做笔记。

（屏幕显示）

《最后一课》的创作技巧：宏大背景，微小场景；平凡人物，崇高主题。

师：《最后一课》的创作技巧：宏大的背景，那就是战争，那就是侵略和被侵略。微小的场景，那是战争的气息，我们很难感觉到，没有炮声，没有硝烟，故事是在学校里展开的，在教室里展开的。这微小的场景，平凡的人物，大家都知道了，崇高的主题，那也是一读文章就能够感受到的。

【评点】简洁开课后，教师仅用16字就清楚明晰地表达了他的教学创意：宏大背景，微小场景；平凡人物，崇高主题。从而引导学生多角度感受、欣赏《最后一课》的表达艺术，这种教学创意来源于教师课前对教材的精准研读，对重点内容的把握以及对学生阅读能力训练的要求。

师：同学们，我们把这几个词读一下吧。

（屏幕显示）

宛转　皱边　郝叟　祈祷　懊悔　哽住

师：好，把"郝叟"两个字写一下。"郝"字一定要认识，中国人有一个姓氏，就是姓"郝"，郝叟，一个姓郝的老头儿，这个翻译就很有味道了，就是音译，但是一下子把人物的年龄给"翻译"出来了。注意"祈祷"两个字的写法，偏旁不要写错。还要注意"懊悔"的"懊"下面不要封口，不要多写一横。

三、课文细读,明确写作方法

师:同学们,这一节课,我们的学习方法就是课文细读。我们要品析,还要欣赏。细读的内容是:我的教室,我的课,我的老师。

(屏幕显示)

课文细读

我的教室

我的课

我的老师

【评点】所谓课文细读,即在整体把握文意的前提下,选取课文的关键处、精美处、深刻处等"有嚼头"的地方进行深入的品读教学,以达到利用精段品析训练学生阅读理解能力或者深透理解课文某一方面特点的目的。就本课而言,如何阅读这篇小说,教师选取了三个点来细读,即我的教室、我的课、我的老师。余老师给了我们非常好的示范。

1.细读"我的教室"

师:现在让我们把关注的目光投向"我的教室"。第10自然段。

小弗郎士来到了教室,看到他的老师穿上了礼服,看见镇上的很多老百姓已经在教室里坐着了。请大家思考:这一个片段在《最后一课》这篇小说里有什么作用?安静地读书,3分钟。把你的感觉、你的分析旁批在这一段的空白处。好,开始读书,思考。

(学生读书,思考,旁批;时间3分钟)

【评点】这里,教师明确了学习任务,说明了学习方法,给了3分钟自读学习的时间,全班学生各自独立地读书、思考。这样可以培养学生静静读书、思考的好习惯。

师：好的，谢谢大家的思考。我们来交流看法。

生1：韩麦尔老师，他十分庄重，而且教室里多了一些小镇上的居民，这都和平常上课时完全不同。我觉得这是一种暗示，暗示这一天是不同寻常的一天，特殊的一天。

师：哦，这位同学，他告诉我们，这一处场景，这个教室，弥漫的是不同寻常的气氛。请大家注意这样一句话："整个教室有一种不平常的严肃的气氛。"这就是关键句子。

生2：作用是渲染一种特别紧张而又迷惑的气氛，为小弗郎士后来恍然大悟做铺垫。

师：分析得好啊。这位同学仍然说，这个场景渲染了一种氛围，他觉得作用是和小弗郎士对世界的观察起着照应的作用。这个"照应"一词很重要，你们看郝叟，这个老头儿，后面没有照应吗？郝叟把破了边儿的书翻开，摊在膝头上，书上横放着大眼镜，这就是照应。这一段的重要作用是让故事中的人物都出现，并且与后面故事情节的发展形成照应。

生3：我觉得，"我们的老师今天穿上了他那件挺漂亮的绿色礼服"这句话是对老师的外貌描写，也让我们感觉到了他是为纪念这最后一课而穿这件漂亮的礼服的。

师：分析得好。我告诉大家一项知识，写老师的衣服，从小说的角度来讲，叫服饰描写。请记住。衣服的服，装饰的饰。这里的服饰描写，同样是表现三个字：此课的"不平凡"。

生4：我从后面几排一向空着的板凳上坐着好些镇上的人的描写，看出了今天的气氛也不同寻常。

师：今天镇上好多人都来了，特别写了郝叟。又抓了一个关键词"不寻常"。好的，我们来感受这一段的重要作用。告诉大家这样八个字：设置场景，人物出场。

（屏幕显示）

设置场景　人物出场

师：设置场景，这是什么意思呢？小说要塑造人物，就得安排人物活动的地方，这就是设置场景，请做好笔记。读短篇小说，要观察短篇小说的场景在哪里，这就叫有了阅读能力。你不知道场景，你还读什么小说呢？小学的时候，你们学过《刷子李》没有？《刷子李》表现刷子李的场景在哪里？

生5：（小声）就是那个刷墙的房里。

师：对，刷墙的房间，于是故事就在刷墙的房间里展开。那个房间就是场景，表现刷墙人的故事。再看《卖火柴的小女孩》，一篇童话，它是在什么场景里表现小姑娘的？

生6：在寒冷的街上。

师：寒冷的大街上，还有一个具体的场景是哪里？

生7：在寒冷大街上的一个墙角。

师：对，墙角。那么大的街上，那么欢乐的节日，她却只有一个小小的墙角，呆在那里，最后这个小姑娘冻死在那个墙角里了。所以，了解人物，要了解场景。这个很重要。

这一段的另一作用就是让人物出场："我"，小弗郎士出场；老师出场；镇上的人们出场。于是，故事就开始了。现在我们回过头来，回忆《卖火柴的小女孩》。在寒冷的冬夜，圣诞节的晚上，一个金色头发的小姑娘在街上走着，人物出场。这是老师要告诉你们的，懂了吗？好，再把你们的分析加进去，又有四个字：渲染氛围。

【评点】以上完成课文教学的第一项重点内容：明确"我的教室"部分在文中的作用。教师利用"横联"的方法，阐释了《刷子李》《卖火柴的小女孩》中设置场景的作用。这种手法非常巧妙，增添了教学内容，增加了课文厚度，由"一课"走向了"一类"，使学生的视野豁然开阔。

2．细读"我的课"

师：很好，大家都很用心，继续我们的学习："我的课"，这是课文的第21段。"语法课上完了，我们又上习字课……"如果"最后一课"不写课，不写老师，那就不叫"最后一课"了。请大家继续静静地读，思考一个问题：哪个地方的细节写得好？请继续思考，旁批，待会儿我们再来交流。

（学生静静地思考，写作；时间5分钟）

师："我的课"的描写，每一个细节都有它的重要意义。我们来分析吧。请说。

生1：请看第17段。"天啊，如果我能把那条出名难学的分词用法从头到尾说出来，声音响亮，口齿清楚，又没有一点儿错误，那么任何代价我都愿意拿出来的。可是开头几个词我就弄糊涂了，我只好站在那里摇摇晃晃，心里挺难受，头也不敢抬起来。"最后描写的那几个动作，说明小弗郎士已经追悔莫及了。

师：这里，"分词"为什么要特意点一下？

生2：因为他上的是语法课。

师：太好了。继续往前看，作者在小弗郎士的学习过程描写中已经埋下了伏笔，他一开始就说，"心里很怕韩麦尔先生骂我，况且他说过要问我们分词"。在这里就是照应。好，我们要品析的是第21段的内容。

生3："屋顶上鸽子咕咕咕咕地低声叫着，我心里想：'他们该不会强迫这些鸽子也用德国话唱歌吧。'"这句话有很浓的讽刺意味，写出了侵略者强迫法国人学习德语，也是最后一课想要表达的不能放弃自己国家语言的主题。

师：对，"强迫"一词用得好，强迫我们学习德语，我们就不能学习祖国的语言了；这个"强迫"一词其实就是表现小弗郎士懂事了，也表现韩麦尔先生的一席话给了他深刻的教育。这里的手法是借写心理活动来议论、抒情。

生4："有时候一些金甲虫飞进来，但是谁都不注意，连最小的孩子也不分心，他们正在专心画'杠子'，好像那也算是法国字。"这里是细节描写，因为在平常，这些会分散孩子们的课堂注意力，可是现在谁都不受影响，写出孩子们对祖国文字的热爱。

师：抓紧时间学习，大家都专心。补充一下，"连最小的孩子也不分心"，写出最后一课的神圣严肃以及大家心中的不舍。

生5："个个都那么专心，教室里那么安静！只听见钢笔在纸上沙沙地响。"写出了教室里的安静，连钢笔在纸上沙沙响也听得见，写出了孩子们的专心，也写出了教室的安静。

师：这里是静态描写。"沙沙地响"，以声写静，以声音来写安静，这是一种技法，既表现了氛围，表现了人物，也表现了笔法。

生6："这些字帖挂在我们课桌的铁杆上，就好像许多面小国旗在教室里飘扬。"这里写看到字帖就好像看到了自己国家的国旗，表现出强烈的爱国意识和对祖国的热爱。

师："小国旗"三个字是从谁的心里发出来的？是从小弗郎士心里发出来的。这不简单啊，一个贪玩的小孩儿，在这最后一课的濡染之下，竟然觉得字帖就像国旗一样，多么有力地表现出最后一课的神圣！你们能不能品析一下字帖呢？字帖有什么作用？"那一天，韩麦尔先生发给我们新的字帖，帖上都是美丽的圆体字：'法兰西''阿尔萨斯''法兰西''阿尔萨斯'。"

生7：我觉得这个美丽的圆体字写出小弗郎士对自己祖国文字的热爱。因为平常上课他感觉是无趣的，但是现在他在习字课上觉得圆体字都是很美丽的。

师：法兰西的字是多美啊。大家想一下，这个美丽的圆体字是谁写的？把这个道理分析出来才有味。

生8："法兰西""阿尔萨斯""法兰西""阿尔萨斯"。韩麦尔先生写这些是希望大家记住这些字。因为这是最后一课了，将来没有机会学了。

《最后一课》课堂教学实录及评点

师：多美妙的字帖，字帖是韩麦尔先生写的，韩麦尔先生一定整夜都没有睡觉，给班上每一个学生都写了字帖，这是暗写韩麦尔先生的精心制作，表现他对最后一课的眷念和对祖国文字的热爱，他希望孩子们永远记住自己的祖国和家乡。这一读，我们就读出了那么多的味道，那这一段的作用也是八个字：抒写细节，渲染氛围。

（屏幕显示）

抒写细节　渲染氛围

师：这些细节描写，表现出孩子们是多么懂事啊；通过细节描写，也让我们看出了韩麦尔先生的心是多么沉重啊。

【评点】引导学生重点赏析"我的课"中细节描写的作用。通过对重点段中的细节分析，感受最后一课中肃穆且沉重的气氛，视点独到，引导有方，效果良好。以上解决课文教学的第二个重点内容。

3．细读"我的老师"

师：下面我们看对韩麦尔先生的语言描写。第24段到课文最后一段。大家一起来朗读。"忽然教堂的钟敲了十二下"，起。

（学生齐读课文第24段到最后一段的内容）

师：嗯，读得好。这里的每一句都有其深刻的表达作用。

（屏幕显示）

话题：每一句都有其深刻的表达作用。

师：我给大家再读一遍。读完了，大家开始发言，说说每一句都有哪些表达作用。

（教师范读课文第24段到最后一段的内容）

师：我们一起来欣赏。

生1：第27自然段。"他转身朝着黑板，拿起一支粉笔，使出全身的力量，写了两个大字。"这里，"全身"两个字，写出韩麦尔先生内心的痛苦，也写出他对敌人的愤恨和对祖国的热爱。

师：内心的情感通过"使出全身的力量"这个动作表达了出来。

生2：第24自然段。"忽然教堂的钟敲了十二下。祈祷的钟声也响了。窗外又传来普鲁士士兵的号声——他们已经收操了。韩麦尔先生站起来，脸色惨白，我觉得他从来没有这么高大。""脸色惨白"一词写出韩麦尔先生对以后不能教学的遗憾、对祖国的热爱以及对普鲁士士兵感到愤怒。

师："脸色惨白"写出内心的伤痛。脸色的描写，实际上是写心理活动。"我觉得他从来没有这么高大"，这是从小弗郎士的角度对人物进行侧面衬托。大家还要在"普鲁士士兵的号声"这几个字的下面画上横线，它更有意义。

生3：我找的是第24自然段的开头部分："忽然教堂的钟敲了十二下。祈祷的钟声也响了。"我觉得，这里的"忽然""也"体现老师和学生紧紧盯着时刻的来临，写出他们对祖国文字的留恋和热爱。

师："忽然"写出钟声敲响的急迫。我觉得还有一个词要赏析，"十二下"，表示时间已到了中午十二点，最后一课结束了，表明"我们"再也没有法语课了。这"十二下"有深刻的表现力，人们还在祈祷，但是我们再也享受不到法语课了。

生4："然后他呆在那儿，头靠着墙壁，话也不说。"我觉得老师呆在那儿，一言不发，是因为怕学生看到他的失态。然后，他后面那句话："放学了，——你们走吧。"中间有个破折号的停顿，是他语句的停顿，写出他内心极度的悲伤以及不能上法语课的遗憾。

师：嗯，头靠在墙壁上，说明老师已经悲伤到没有力气站立，或者上课太投入了，已经精疲力尽。还要扣住"话也不说"来品析。他没有说话，他向我们做了一个手势，这个手势是什么？为什么还用一个破折号呢？这是小弗郎士从老师的手势里感觉出的哀痛。这里写出了雕塑般的韩麦尔先生，将他定格在那里。这就是定格描写，特写镜头，此时无声胜有声。

同学们，你们没有分析这样一句极深刻的话："窗外又传来普鲁士士兵的号声。"哪位同学来分析一下？

生5：我觉得，这里是照应前文，与"钟声敲了十二下"一样，表示课要结束了。

师：还没有到深度。为什么说普鲁士士兵呢？

生6：这是在表现小弗朗士爱国。

师：普鲁士士兵天天在这里操练。对此深意，我们还没有品析出来。

生7：写普鲁士士兵，写见到他们在自己的国土上操练，表现他们入侵了我们的国家，小弗郎士和所有的法国人民对此感到非常愤恨。

师：同学们，普鲁士士兵就是侵略者啊。这就是写战争！普鲁士士兵侵略了我们的国家，我们的最后一课就是在侵略者的眼皮底下上的啊。这就是典型的重大事件，宏大的背景。这不是平常的课，是在侵略者的眼皮底下上的最后一课！只有这样，我们才能把最后一课读懂了。谢谢大家，做笔记吧。

（屏幕显示，学生记笔记）

暗写时间　点示背景　照应伏笔
脸色描写　声音描写　表现心理
全身力量　几个大字　抒发真情
定格描写　渲染悲情　余味悠长
　　　　　爱国之情

师："钟敲了十二下"是暗写下课的时间到了，"普鲁士士兵的号声"是点示背景，同时照应伏笔。如果前面不写普鲁士士兵出操，这里写收操不是很突然吗？声音的描写、脸色的描写、动作神态的描写都在表现韩麦尔先生悲伤愤懑的心理活动。"全身的力量""几个大字"，抒发的是韩麦尔先生的真情。还有，定格描写渲染的是悲情，对韩麦尔先生最后一个动作的描写显得余味悠长。这一切的描写，都表现了四个字：爱国之情。法国人民的爱国情感就是通过韩麦尔先生这个人物表达出来的。下面请大家读一下。

（屏幕显示，学生读）

当韩麦尔先生奋笔写下"法兰西万岁"时，作者实际上就已经完成了对这个人物形象的塑造，使他真正成为了一个爱国志士。

四、结课

师：今天我们阅读的是小说，小说通过塑造人物形象来表现社会生活。同学们，这堂课的学习会增加我们阅读的经验。大家照此去读书，就会事半功倍，大家读起来吧。

（屏幕显示，学生读）

小说中细节性的环境描写、人物描写（动作、语言、神情、心理……），甚至标点的运用，都是为表现人物服务的。

师：文中的每一笔都是为表现人物的，不管是正面的还是侧面的，包括写郝叟先生等，都是为表现韩麦尔先生、为表现爱国主义主题服务的。谢谢同学们，你们学得真好。

这节课，我们通过课文细读，增加了知识；我们通过课文细读，训练了能力。

（屏幕显示）

学 习 小 结
课文细读，增加知识
课文细读，训练能力

师：下课！同学们再见！谢谢大家！

【评点】在这一部分的教学中,教师不是用"碎问"的方式而是用"对话"的方式推进教学过程。通过品词析句,体会人物情感,领会小说崇高的主题,让学生在阅读中受到了深刻的爱国主义教育,掀起了课堂教学的高潮。

总评

(1)"板块式"教学思路清晰。细读的内容"我的教室""我的课""我的老师"依次进行。整个学习活动层次明晰,衔接过渡巧妙自然。

(2)"活动充分,知识积累丰富"的教学理念在这一堂课中得以充分的展现。每个学习部分的内容,都依托课文文本进行,学生学习的针对性强,教师精选的段落有代表性。而且每部分的学习,都是以主问题来带动,侧重点都不一样:"我的教室",了解小说中设置场景的重要作用;"我的课",欣赏细节描写的表达效果;"我的老师",学习表现人物的手法,体会小说是如何通过人物所表现出来的思想情感来表现社会生活的。

(3)教学中的"横联",运用巧妙。看似信手拈来,实是精心的教学构思。其作用,其效果,其深度,都值得我们品味。

(4)教师点评准确得体,机智巧妙,既肯定了学生的理解,又弥补了学生认识上的不足,还引导学生向纵深思考,推进课堂教学。整节课遵循学生的认知规律、阅读心理,顺学而教,环环相扣。学生热情高,思维活,收获丰。

(5)纵观整堂课,教师对学生的阅读能力训练点了然于胸,都能在课文教学中进行,突显出对学生知识积累和能力训练的重视。这就是真语文,真正达到了高效阅读训练的境界。

《台阶》课堂教学实录及评点

执教：余映潮　　评点：苏丽

时间：2013年9月11日
地点：内蒙古鄂尔多斯市伊克昭中学

一、介绍背景资料及教学重点

师：同学们好！

生：老师好！

师：这节课我们学习一篇小说，一篇讲父亲的小说。大家先把作者简介读一读。

（屏幕显示）

李森祥，浙江人。当代作家，浙江省作家协会的专业作家。

（学生齐读）

师：再读作品简介。

（屏幕显示）

《台阶》以"农民的儿子"作为故事的叙述者，叙述了"父亲"为盖新屋而拼命苦干的一生，表现农民艰难困苦的生存状态和他们为改变现状而不懈努力的精神。作品兼有崇敬和怜悯双重感情色彩。

（学生齐读）

师：请做三个字的笔记——"叙述者"，大家记在书上。读小说，就要看它的叙述者是谁，为什么呢？因为我们要学习作者构思的技巧。比如说，我们学过的《最后一课》的叙述者是一个小孩儿，他是从儿童的角度来观察世界的。而这篇文章的叙述者，是"我"，从"我"的角度来观察"我"的父亲。好，这节课，我们来欣赏两个重点。

（屏幕显示）

人物　细节

【评点】简洁的导入，直奔教学内容，为后面的学习做了很好的铺垫。同时，强调学生做笔记——"叙述者"，渗透了小说的文体知识。余老师的课，从上课的第一分钟就在学语文。

二、品析人物

师：我们先开始第一个学习活动——品析人物。

（屏幕显示）

用一句话概说"父亲"是个什么样的人，句中要用上一个四字短语。

师：想挑战难度的同学，也可用上两个四字短语。给大家3分钟时间，开始吧！

（提醒）用你们手中的笔，随时把你们的思考所得变成文字。

（学生读书、思考）

师：好了，咱们开始说话。为什么要用含有四字短语的句子说话呢？有两个目的：第一，训练概括能力；第二，让大家学用语言。

生1：父亲是一个执着追求、吃苦耐劳、坚韧不拔、坚持不懈的人。

师：一口气用了四个，核心关键词是吃苦耐劳，为他的新屋准备了大半辈子。

生2：父亲是一个老实厚道的人。

师：是啊，父亲低眉顺眼了一辈子。

生3：父亲是一个不辞辛劳、不甘落后的人。

师：对，因为不甘落后，因为想自己家的台阶高一点，因为要自尊，所以不辞辛劳。

生4：父亲是一个忠厚老实、热爱劳动的人。

师：是啊，好像一辈子都没休息过啊。文中有这样的描写："一年中他七个月种田，四个月去山里砍柴，半个月在大溪滩上捡屋基卵石，剩下半个月用来过年、编草鞋。"多辛苦的父亲啊！

生5：父亲过得非常困苦艰难，即使在这样的生活条件下，父亲仍是一个忠厚老实、任劳任怨的人。

师：对，终于用无声的行动，为这个家盖起了新屋。

生6：我觉得父亲是一个有理想、有自尊，为生活勤奋刻苦的人。

师：是啊，像牛一样地工作，直到老去。

生7：我认为父亲是一个有恒心、有毅力的勤俭持家的人。

师：他捡鹅卵石捡了大半辈子，终于要把修新屋的鹅卵石堆得像山一样的高了。

好，一起来看一看，我们眼中的父亲，是一个怎样的父亲？

（屏幕显示）

一位体壮如牛、吃苦耐劳、要自立于受人尊重行列的父亲。

（学生齐读）

师：这样一位父亲，想受到人家的尊重，他常说"我们家的台阶低啊"。升高台阶，是这位农民的理想。

（屏幕显示）

一位老实厚道、低眉顺眼、含辛茹苦一辈子的父亲。

（学生齐读）

师：请大家把"含辛茹苦"四个字批在文中的这个地方——"父亲老

实厚道低眉顺眼累了一辈子。""含""茹"都是吃的意思,"含辛茹苦"就是吃苦。

（屏幕显示）

一位俭朴谦卑、沉默寡言、不怕千辛万苦的父亲。

（学生齐读）

师：注意，这篇小说没有具体描写父亲的语言，所以是沉默寡言，作者专写他的行动，这就是构思的技巧。

（屏幕显示）

一位在漫长的准备之中积铢累寸，终于如愿以偿的父亲。

师："积铢累寸"这四个字，旁批在"父亲就这样准备了大半辈子"这里。它形容什么东西都要一点一点地收起来，积攒起来。我们再来回顾一下，齐读。

（屏幕显示）

一位体壮如牛、吃苦耐劳、要自立于受人尊重行列的父亲。
一位老实厚道、低眉顺眼、含辛茹苦一辈子的父亲。
一位俭朴谦卑、沉默寡言、不怕千辛万苦的父亲。
一位在漫长的准备之中积铢累寸，终于如愿以偿的父亲。
一位不甘低人一等、在坚忍不拔的奋斗中老去的父亲。

（学生齐读）

师：小说写了这样一位让我们很尊敬、又很让人心疼的父亲。好，对父亲的形象概括就到这里。

【评点】这是本节课的第一个教学板块——品析人物。教师运用了主问题设计手法。这一精当的主问题代替了课堂上众多的碎问碎答，既训练了学生的概括能力,也让学生积累了描写人物的四字词组。师生对话精致,教师讲析精彩,真是简洁而高效的课堂活动设计。

师:我们下面还要认一认字,大家读一下。
(屏幕显示,学生朗读)
一颗颗硬币大的小凹凼
我流着一大串涎水
沟里嵌着沙子和泥土
烟枪的铜盏对着青石板嘎嘎地敲一敲
身上淌着一片大汗,顾不得揩一把
黏性很强的黄泥掺上一些石灰水
他就憋住了不磕
硌了一硌

师:硌了一硌(gè),硬的物品对人的身体造成的疼痛就叫作硌,比如牙齿被沙子硌了一下。这里面有个字的笔画很难,"他就憋住了不磕"中"憋"字怎样写?(教师和学生一起边说笔画边写)

【评点】这里插入一笔——学习生字词,既夯实了学生的基础,也调整了课堂的节奏。在具体的句子里识字,强调"硌"的意思和用法、"憋"的笔顺。原来,枯燥的字词教学也可以具有精细之美。

三、赏析细节

师:我们再进行第二个学习活动——赏析细节。
一起研读课文第9—16段,赏析细节描写的表现力,赏析小说表现人物的技巧和手法。这一部分写父亲为盖新屋进行的准备工作,大家看哪些细节写得特别感人,在读的过程中做好批注。比如,"一个冬天下来,破草鞋堆得超过了台阶"。大家觉得这一句的表现力在哪里呢？这就是品析。请大家开始读书。

（学生安静地读书、批注）

师：我们来交流看法吧。

生1："于是，一年中他七个月种田，四个月去山里砍柴，半个月在大溪滩上捡屋基卵石，剩下半个月用来过年、编草鞋。"这里用了具体的数字，给人留下更深刻的印象，一年12个月都不得空，从侧面写出了父亲的含辛茹苦和吃苦耐劳。

师：对，不仅是侧面的，也是正面的。所谓侧面描写，就是没有一个字写他多么的辛劳啊。这位同学说的是数字，也就是与时间有关的数字，用时间的力量来表现人物。大家看，七个月种田，四个月砍柴，半个月捡卵石，剩下的半个月编草鞋，写出了父亲的辛劳和坚持。

生2："大热天父亲挑一担谷子回来，身上淌着一片大汗，顾不得揩一把，就往门口的台阶上一坐。""大热天""淌""揩""坐"四个词生动形象地写出了父亲不管在多么恶劣的环境中也在为生活而奔忙，也在含辛茹苦地日夜操劳。

师：很好。他太累了，顾不得把汗揩上一把就往台阶上一坐。我再给你加一个词语"大汗淋漓"。同学们注意，这一段的表达很有技巧，先看前半段，写的什么啊？一年四季吧，接着就写什么季节？

生3：夏季。

师："大热天"，大家再找一下，与大热天相照应的，是哪一句话，用笔画出来。

生4：冬天。

师：对，文章的层次感就出来了：一年里父亲是怎样辛劳的，大致地写一下，再用"大热天"和"冬天"这两个最让人劳累的季节来写父亲。

生5：第10段。"父亲的准备是十分漫长的。他今天从地里捡回一块砖，明天可能又捡进一片瓦，再就是往一个黑瓦罐里塞角票。虽然这些都很微不足道,但他做得很认真。"这段话写出了父亲辛苦劳作的过程,又从正面体现出了父亲有毅力。

师:是啊,每一句话都写了一个漫长的过程,"今天从地里捡回一块砖",以后的每一天有没有捡呢?肯定有。大家继续看这一段,它的结构极其精致。第一层:"父亲的准备是十分漫长的。"写漫长的有几句话呢?"今天""明天",把"漫长"具体化了。最妙的还是最后一句话:"虽然这些都很微不足道,但他做得很认真。"这叫议论、评议,有叙述有评议。这段,先概写一下,再细写,还有评议,这是一个很美的段落。

生6:我找的是第15段。冬天,父亲还穿着草鞋,写出了父亲吃苦耐劳的精神。

师:是啊,我们现在冬天穿着什么?棉鞋。生活对于他来说没有什么温暖。请继续往下看,砍柴这个细节写得同样含义深刻。

生7:第13自然段。"父亲坐在绿阴里,能看见别人家高高的台阶,那里栽着几棵柳树,柳树枝老是摇来摇去,却摇不散父亲那专注的目光。这时,一片片旱烟雾在父亲头上飘来飘去。"运用了拟人的修辞手法,写出了父亲对高台阶的向往和羡慕。

师:是啊,他盯着人家的台阶,人家的台阶多高啊。这里写了专注的目光,还用烟雾来表现父亲的沉思,写得很好。

生8:课文中写道,父亲习惯在旧屋的台阶上敲烟灰,而在新屋的台阶上准备敲烟灰时却犹豫了一下,可见他对新屋台阶特别小心翼翼地维护着。

师:是啊,新屋盖好后怎么舍得敲啊。这就叫照应,前后呼应起来,就能表现一个人物的思想情感。

生9:第15自然段。"那时我不知道山有多远,只知道鸡叫三遍时父亲出发,黄昏贴近家门口时归来,把柴靠在墙根上,很疲倦地坐在台阶上,把已经磨穿了底的草鞋脱下来,垒在门墙边。""鸡叫"和"黄昏"从时间上体现了父亲早出晚归、含辛茹苦。

师：是啊，没有直接说几个小时，这就是生动的表述。鸡叫三遍时父亲出发，黄昏贴近家门的时候才归来，同样用时间的力量来表现父亲。多辛苦的父亲啊！还有这里的又一个"坐"字，父亲非常劳累的时候才坐一下。

生10："匆忙"一词写出了父亲不愿浪费一丝一毫的时间，挤出了时间去工作就是为了尽早盖新房。高高的台阶是父亲人生的动力，让他舍不得浪费一丝一毫的时间。

师：分析得太好了，"匆忙"二字，仿佛让我们看到了父亲的背影，听到了父亲的脚步声。

生11：第11自然段。这一段说明父亲把时间安排得满满的，没有给自己留一点儿时间去闲聊、休息，他非常辛苦。

师：是啊，劳动生活安排得满满的，时间安排得紧紧的。

生12：第16段和前面第11段编草鞋是照应的，从侧面体现出了父亲对这件事很执着、很专注。

师：一个冬天下来，破草鞋堆得那么高，这就从侧面写出了父亲的劳累辛苦。

生13：第15自然段与第10自然段照应，写出了父亲盖新房的准备工作即将完成，一个含辛茹苦、吃苦耐劳的人，而且没有任何抱怨。

师：是啊，大家把这两个自然段中的"准备"二字圈下来。父亲的准备工作是漫长的，准备了大半辈子。"他日夜盼着"，大家看第16自然段里面与之照应的词是——"终于觉得"（学生齐答）。

你们还有一个地方没有品到，我来告诉你们，就是写父亲砍柴的片段。砍的柴是一元一担，父亲每天砍一担半，为什么？大家想想"一担半"有什么含义？

生14：一担半可换回一元五毛钱，可能是一元为了家用，剩下的五毛是为了存起来准备盖新屋。

师：是啊，为了多五毛钱。这里写像牛一样的父亲，人家只能砍一担，他非要砍一担半,这个细节让做儿女的感觉心里很酸很酸,本来只需完成正常的劳动量,可他非要加重,就为了多赚五毛钱。

最后我来小结一下课文这个部分细节描写的表现力。

(屏幕显示)

一线串珠

概写细写

巧用数字

以景衬人

以形写神

侧面烘托

妙用照应

情在文中

师:这个片段用一个词串起了整个故事,哪个词,大家一起说。

生:(齐)准备。

师:好,请做笔记。一线串珠:围绕"准备"这个词来写父亲的劳累、写父亲的奋斗。第10段也是这样,"漫长"一词,串起了很多细节。概写细写:刚才讲到写一年是概写,写大热天和冬天就是细写,重点写两个季节,把最能够表现父亲的典型材料集中到这里来,没有写一年四季,没有平均用力。巧用数字:"一年四季"是明用数字,"一元五角"也是明用数字,破草鞋垒得多高就是暗用数字。以景衬人:大家分析过的写柳树的一段便是。为什么要写柳树呢?因为那是家,这一笔写景,表现了农村的生活,增加了文章的美,同时也是人物活动的背景。以形写神:这四个字很重要,写这个人一个动作或者静止的状貌来写人物的心情。"柳树枝老是摇来摇去,却摇不散父亲那专注的目光",这是形,还有"匆忙地下田去"也是形,表面上是写动作,实际上是写内心的心理活动。这个片段乃至全文都有一个特点,那就是情在文中,哪怕是一个字眼,也能让我们感受到叙述者内心的情感。

【评点】 这是本节课的第二个教学板块——赏析细节。具体品味细节描写的表现力,这是非常高雅的文学欣赏活动。余老师就像一位放风筝的人,他手里始终有一根长长的线,不断通过点评来调整学生的发言。从师生对话来看,学生的表述越来越精彩,越来越有深度。在众说纷纭之后,余老师再进行小结,大大方方地讲语文知识,在关键之处显山露水,绽放火花。

四、结课

师:最后,我们来读一下。

(屏幕显示)

小说就这样塑造了一位让人觉得凄楚辛酸又让人感到豪迈壮烈的父亲。

(学生齐读)

师:下课。

总评

这是一节简明、高效的文学欣赏课。在余老师的引领下,学生进行着有深度、有情味的语言实践活动。概说人物,从整体赏析的角度理解课文内容,训练学生的归纳概括能力;品味细节,从写作手法的角度研读课文,训练学生的品词论句能力。

从余老师的这节课,我们可以获得以下启示:

(1) **学生课堂活动充分。** 余老师通过两个"主话题"来组织课堂的两次活动。这两个主话题,让学生深入文本,进行高雅的文学欣赏活动。因为摒弃了碎问碎答,从而保证了学生读书、思考、批注的时间,课堂生成丰富、精彩。这两个主话题的设计，体现了余老师研读教材的功力，只有深入研读教材，才能提炼出"牵一发而动全身"的关键问题，才能让学生的思维触角深入课文的每一处，让语文课堂真正成为训练学生语言、培养学生文学欣赏能力的主阵地。

(2) *学生课堂积累丰富*。重视积累，是余老师上课一贯的风格。导入环节，学生积累作家作品知识，不走过场。第一板块，要求学生用"四字词组"来归纳人物特点，训练学生使用雅词、积累雅词。第二板块，通过充分的师生对话和精妙的小结，让学生积累到了"一线串珠""概写细写""巧用数字""以景衬人""以形写神""侧面烘托""妙用照应""情在文中"等多种阅读知识。此外，精细的字词教学巧妙穿插其中，字词积累扎实。这让我们感叹，如果学生的每一节语文课都有这样丰富的积累，那么学生的语言该有多么丰富，学生的语文知识该有多么丰厚。

《孔乙己》课堂教学实录及评点

执教：余映潮　　评点：王丹阳　吴慧玲

时间：2013年5月29日
地点：四川成都市新都区升庵中学

一、介绍背景资料，切入课文教学

师：这节课和大家一起学习鲁迅的小说《孔乙己》，我们先了解一下背景材料：孔乙己，读——

（屏幕显示，全班齐读）

《孔乙己》选自鲁迅的短篇小说结集《呐喊》。

故事发生的时间，是清朝末年。

《孔乙己》是鲁迅自己最满意的一篇小说。它旨在"描写社会对于苦人的凉薄"，是20世纪中国文学史上的经典短篇小说之一。

师：小说描写了社会对于苦人的凉薄，这几个字要旁批在课题上；这是解读《孔乙己》这篇课文的钥匙，继续读——

《孔乙己》运用"儿童视角"编织故事、塑造人物。小说以咸亨酒店小伙计的口吻，讲述他眼中的孔乙己的凄惨遭遇。

师：这一段话里面有一个重要的知识点，四个字。

生："儿童视角"。

师：对，聪明，我们要把新的知识落实到记忆里。什么是"儿童视角"？就是从儿童观察事物的角度来写故事，你们学过儿童视角的作品吗？七年级的小说？

生：《从百草园到三味书屋》。

师：《从百草园到三味书屋》是散文，《最后一课》才是小说，它从小弗朗士的观察角度来写故事——儿童视角。还有鲁迅先生的小说《社戏》，也是儿童视角。继续，读起来——

《孔乙己》巧妙地进行"场景设置"，在"咸亨酒店"让孔乙己"出场"和"退场"，在这个场景里表现人物，叙说故事。

师：又是四个字："场景设置"。大家把"出场"两个字旁批到第4段那里，把"退场"两个字旁批在你们觉得应该旁批的地方。

（学生认真做批注）

师：孔乙己用他那双沾满泥土的手撑着自己的身体离开了咸亨酒店，是第11段的描写吧。看小说应该要看场景是怎么设置的，要看人物是怎么出场、怎么退场的，还要看故事是怎样一步步走向高潮的。你们读的八年级的教材中有篇小说《泥人张》，学了没有啊？

生：学了。

师：场景在哪里？

生：酒楼里。

师：对，酒楼就是表现人物的场景。《最后一课》场景在哪里？

生：教室。

师：《社戏》的场景在哪里？

生：（思考）船上。

师：船就是场景，所有的孩子都坐在船上，故事都在船上发生：看戏，偷豆……

【评点】开课简洁导入，引入课文教学，进行作家作品简介，自然而又平

《孔乙己》课堂教学实录及评点

实。接下来的点拨由学生学过的作品入手,潜移默化地过渡到本课学习的切入点。短短的课始,视野开阔,容量巨大。

二、概说人物

师:好,同学们,开始我们的第一个学习环节——概说人物。我们根据课文内容,用"一句话概说"的形式,说说孔乙己这个人物形象,用一句话来说明孔乙己是个什么样的人。

(屏幕显示)

话题:根据课文内容,用"一句话概说"的方式,说说孔乙己这个人物形象。

(学生思考,动笔)

师:同学们可以发言了。

生1:孔乙己是一个迂腐的人。

师:"迂腐",概说了孔乙己性格的一个侧面。你对人物有了一点自己的理解。

生2:我认为孔乙己是一个穷困潦倒的读书人。

师:身份是读书人,因为常常没有钱,偶然做些偷窃的事。

生3:我认为他是一个好喝、懒惰的人。

师:喝酒是他的最爱,于是在没有钱的时候想方设法地弄到钱。

生4:孔乙己是一个死要面子的人。

师:他很要面子,但"死"字可以换一种说法,要说得有分寸一点。

我们可以从不同的角度来观察这个人物形象。孔乙己是一个没有名字的人。孔乙己是大家的笑料。"笑"字是全文的线索,直到他离开咸亨酒店的那一刻,人们仍然在笑他;他生命的意义仅仅是人们的笑料。

正像这位同学说的,他是一个很爱面子的人。他的可悲之处在于身份的边缘性,他是穿长衫而站着喝酒的唯一的人,没有任何朋友,连小孩子

115

都瞧不起他。他是一个没有谋生能力的孤独无助的读书人。鲁迅用孔乙己的故事深刻表现了封建社会中国知识分子的生存状况、命运际遇。鲁迅先生笔下的孔乙己极具代表性。你们还要学到《故乡》，中年的闰土是苦难农民的典型代表；到了高中，你们还要学到《祝福》，祥林嫂是中国封建社会里命运最惨苦的妇女形象。鲁迅先生的小说塑造了许多经典的人物形象。

【评点】这里通过对人物的评说来达到"文意把握"的教学目标。"一句话概说"的活动匠心独具，训练了学生的概说能力和品读能力。教师在教学过程中同样注重了纵横联系，扩大了容量。

师：现在让我们来观察一个细节，孔乙己用最大的努力来抵抗人们对他"偷"的嘲笑，但是人们往往毫不留情地摧毁他的这条防线。你们现在看第4段，看人们怎么打他？出现在你们眼中的第一句话是："皱纹间时常夹些伤痕。"继续往下看，短衣帮怎么笑他的？"所有喝酒的人便都看着他笑，有的叫道，'孔乙己，你脸上又添上新伤疤了！'"同学们，在这个"脸"字上画上一个大大的圆圈吧，哪位同学帮我们分析一下这个"脸"字的重要作用？

生5：我觉得"脸"字说明了人们都不给他面子，专门打他的脸。

师：说得太好了。打人不打脸啊，但人们专打他的脸，打破他的脸，破他的面子。鲁迅先生的文章往往在细微之处显现出深刻的表现力。想一想，孔乙己在人们嘲笑他时，都要极力地争辩；他是一个读书人，爱面子，但人们却常常把他的脸打破，有"伤痕"也有"伤疤"，这就是社会对于苦人的凉薄。鲁迅先生其实不是怀着很恶意的心情来写孔乙己的，文中有一个修饰语"偶然"——"偶然"做些偷窃的事，不是常常偷人家的东西，而且只是偷人家书之类的物品卖。最值得思考的是，小说中只写了读书人打他，短衣帮从来不打他，这又是深刻的表现力。

《孔乙己》课堂教学实录及评点

（众生顿悟并认真做笔记）

【评点】这里顺势对文本理解、人物命运的理解进行美妙的深化。教师选取了一处看似平淡的描写，用讲析的方式让学生深深感受到鲁迅先生作品的表现力。

三、比读训练

师：下面开始我们的第二个学习环节——进行比读训练。比读什么？鲁迅先生的文章有不少可以进行课中比读的。

（屏幕显示）

鲁迅先生的文章，有不少是可以用"课中比读"的方法来进行品读欣赏的。如《从百草园到三味书屋》《雪》《故乡》等。《孔乙己》同样能够这样。

师：《雪》，南方的雪、朔方的雪各三段进行对比，前三段写了什么，后三段写了什么，每位同学都可以说出很多可以用来进行比较的内容。《故乡》，最明显的是少年闰土与中年闰土的比较。《孔乙己》同样能够这样。请大家看《孔乙己》的第4段，再看《孔乙己》的第11段，这里面有非常多的对比的点，能够让我们感受到孔乙己这个人物的心理变化、外貌神态的变化，特别是命运的巨大变化。

（屏幕显示）

活动内容：在第4段与第11段中寻找对比点，感受这两个段落在这篇小说中的重要作用，感受细腻的对比中表现出来的孔乙己命运的变化。

师：请同学们在第4段和第11段中寻找对比点，感受这两个段落在这篇文章中的重要作用，感受在细腻的描写中表现出来的孔乙己的各个方面的变化。现在，我把最典型的两个地方点一下。第4段中写孔乙己买酒喝，

117

"排出九文大钱";请把这个"排"字圈下来。什么是"排"啊?一个一个、一枚一枚地放在柜台上,表现一种有点卖弄的样子,甚至是表现出一种神秘的样子。再看第11段,"摸出四文大钱"。这一"排"一"摸"的两个细节就表现出孔乙己命运里某一个方面的微妙变化。大家就用老师这样举例子的角度,去寻找细节上的对比点,每位同学读书5分钟。反复比较,然后交流,手上的笔一刻也不能放下。

(学生品读,勾画,做笔记)

【评点】"课中比读"——教师先引领学生从熟悉的课文中找到前后的对比点,点示思考的规律,导入本课"比读"的内容,然后举例说明学习的方法,快速进入课文重点段落的比读。教学过程明快简练。

师:好的,让我们来倾听你的见解,举手示意,请你来帮我们分析。

生1:前面写到脸色是青白色,后文有写到脸上黑而瘦,从中我们可以看出孔乙己过得并不好。

师:不仅仅是过得不好,他被丁举人打坏了,他的腿被丁举人打折了,他的脸黑而瘦,像鬼一样。脸色的变化表现人物命运的变化。

生2:前一个自然段,"孔乙己便涨红了脸,额上的青筋条条绽出,争辩道'窃书不能算偷……'";后一个自然段,他的脸色很像在恳求掌柜,说明没有之前的那种"狂气"了。

师:对,一点自尊都没有了。他的脸色很像在恳求人家不要再提他偷东西的事了,他没有力气来回答人们对他的挖苦和嘲笑。多可怜啊,一个原来曾经睁大眼睛和别人争辩的人,已经是一点气力都没有了,但他仍然维护着自己的面子。

生3:我觉得第4自然段写站着喝酒和后文的写盘着两腿形成了鲜明的对比,表明了孔乙己不再有以前的生活状况了。

师:这是让人感觉最悲苦的对比。一个高大身材的人,一个没有谋生能力偶尔做些偷窃事情的人被另外一个考取功名的读书人打折了腿，匍匐在地上。高大的身材已经变成了残缺的身躯！

生4：前面写孔乙己经常穿的是长衫，后面写他穿的是一件破夹袄，这就形成了鲜明的对比。

师：孔乙己的长衫永远被人剥落了，他的身份和价值也永远地没有了。

生5：第4自然段的"你一定又偷了人家的东西了"和第11自然段的"你又偷了东西了"相互照应，突出了孔乙己好喝懒做的性格。

师：对，你还应该讲，人们说他偷东西时他的表现如何，这也是一种对比。一种是争辩，一种是没有力气争辩，这种对比同样写出了孔乙己的巨大变化。

生6：第4自然段的"孔乙己睁大眼睛说，'你怎么这样凭空污人清白……'"和第11自然段的"但他这回却不十分分辩，单说了一句'不要取笑！'"。开始孔乙己是睁大眼睛地争辩，后来只单说了一句"不要取笑"，这里也是对比。

师：是啊，同样表现出他恳求人家的那种神态。我补充一下，在第4自然段，人们说他偷了人家东西的时候，他争辩道："窃书不能算偷……"这时孔乙己说的是真话。在第11自然段，他说的是："跌断，跌，跌……"这时说的是假话。真话和假话的对比能够微妙地表现出孔乙己心理的变化。不管是真话还是假话，都是为了维护他的面子，仍然是那一份读书人的自尊。

生7：前文写孔乙己出场时人们笑话他，后文写他退场时人们还是笑话他，突出了孔乙己生来就是人们的笑料。

师：所有的细节都有变化，但是这个"笑"字没有变化，发现得太好了。

（屏幕显示）

此中没有变的，就是人们的"笑"。

师：我现在想把我们的讨论再引深一点，第11段段首的文字，写的是

"中秋过后，秋风是一天凉比一天……也须穿上棉袄了"，写这些话有什么用啊？前面怎么没有季节气候的描写，这一段为什么有呢？它有什么样的表达作用呢？

（学生纷纷举手）

生8：这句话是运用环境描写突出了孔乙己悲惨的结局。

师：为什么环境描写就能突显他的悲惨结局呢？

生8：因为这种环境是很悲凉、很恶劣的。

师：啊，用一种很悲苦的环境描写来表现一个人的命运之悲啊。写气候写秋风，好像是自然景物的描写，其实是一种象征，孔乙己生活的世界是多么地悲凉。你们还要分析，孔乙己这个时候穿的"破夹袄"。

生9：这也是运用环境描写来表现他命运的不幸，"破夹袄"表现的意义很深刻。

师：他穿的是一件破夹袄，在瑟瑟的秋风中；没有长衫为他遮风挡雨了。他的长衫哪里去了？这是永远的悬念；他是怎样被丁举人打折腿的，我们永远不知道。这里，我要给大家提示一句很重要的话，孔乙己所有的挨打描写都是虚写。何家的人打他，丁家的人打他，很多人打他，都是用"伤痕"和"新伤疤"来表现的。还要告诉大家，"伤痕"二字为孔乙己的挨打描写埋下了伏笔，所有的"挨打"都是从"伤痕"开始的。先写"伤痕"，接着就有"孔乙己，你脸上又添上新伤疤了"，接着就有何家的人"吊着打"，接着就有丁举人打他。所以，"伤痕"就暗示着他的挨打，后面就有不断的照应。

【评点】这里是本节课学习过程中的关键。师生的对话环节张弛有度，教师因势利导，紧扣课文内容品析，和学生一起细细品味、咀嚼文中的每一处对比点。品析的内容深入细腻，学生思维的触觉真正深入到了课文的字里行间。不仅如此，文学知识的讲析更是顺势而行而又与前面的教学内容密切呼应。

师：我们现在来回顾一下这两段中的对比，请大家做好课堂读书笔记。

（屏幕显示）

出场与退场

正常与残疾

师：这两段文字写了孔乙己的出场和退场，在细节上完善了一个人物的活动过程。一个"出"、一个"退"就是对比；高大身材的孔乙己被人打成了一个残疾的人，命运的变化中突显着巨大的对比。

（屏幕显示）

伤痕与断腿

长衫与夹袄

青白与黑色

眼睛与眼神

师：第4段中的伤痕描写埋下了伏笔，照应着被打断了腿的描写。孔乙己的长衫永远地被剥落了，那件破夹袄伴随着他走向不知道什么地方。他青白的脸色成了像鬼一样的脸色——黑色。"黑色"这两个字能够让我们感受到孔乙己曾经受过多么大的苦难。争辩时他那睁得大大的眼睛和他恳求人家的眼神，在细节上形成对比，表现出他卑微的心理活动，这也是极其重要的一笔。

（屏幕显示）

伤痕与断腿

长衫与夹袄

青白与黑色

眼睛与眼神

文言与白话

争辩与说谎

师：孔乙己，这个满口"之乎者也"的人，在他被打折了双腿之后，就再也没有说过"之""乎""者""也"字，他的语言习惯已经被有的人、被社会彻底摧毁了。故事中的孔乙己与酒客们争辩过，但也明显地说过谎话，他至死都不承认自己的腿是被人打断的，而说是自己跌断的。

（屏幕显示，教师讲析）

故事中有着表现人物的丰富细腻的线条：时令，语气，动作，形貌，神态，酒量，钱数，手的用途……这些对比，把精神和肉体受到巨大摧残的孔乙己的形象鲜明地呈现在读者面前，激起人们深深的思索。

四、结课

师：最后，请你们探讨一个比较深奥的问题。我们读读课文的开头，课文的开头为全文埋下了一个重要的伏笔，那就是：花四文铜钱买一碗酒，多花一文买一碟茴香豆。大家看到了吧？请你们分析一下这样一处细节描写，第11段中写孔乙己摸出四文大钱买了一碗酒，"四文大钱"到底有什么深刻的表达作用？难道仅仅是动作描写吗？可以同桌之间互相商量一下。

（学生同桌互相交流）

师：看有什么新的发现？

生1：摸出四文大钱，表现他的钱已经所剩无几了，没有多少钱了。

师：你的发言没有注意到前面我给大家的提示。

生2：孔乙己再也没有多余的一文钱买茴香豆了。

生3：表明他连多买一碟茴香豆的钱都没有了。

师：说得好！这两位同学的见解是对的。一个好喝酒的人，为了喝酒而不惜挨打的人，在他生命的最后时刻里的最后一碗酒，连下酒菜都没有了，这就是鲁迅先生表现人物悲苦的高妙笔法。大家看，故事中写茴香豆写了多长的篇幅呀，写了孔乙己喜欢吃而唯一能吃的、和人家交往的都是茴香豆。但是他最后一刻可怜到只能喝一碗没有任何下酒菜的"酒"就消失在人们的视线之中了。

好,注意你们的作业,掌柜说"孔乙己还欠十九个钱呢",这句话唠叨了两年了。大家思考一下这"十九个钱"到底是喝了多少次酒欠下的,这是极其美妙的悬念,但一定有答案。

对于《孔乙己》的欣赏,我们就进行到这里。下课,同学们再见,谢谢同学们!

【评点】这是本课的教学小结。教师深度引领,独辟蹊径,精细讲析,开阔了学生的视野,增加了学生对课文的理解深度,学习过程中的批注和笔记增加了学生知识积累的厚度。有意思的是,这个课到了最后,还"探讨"了"一个比较深奥的问题"。

总评

叶圣陶先生曾说:"语文教材无非是个例子,凭这个例子要使学生能够举一而反三,练成阅读和作文的熟练技能。"余老师《孔乙己》的教学设计无疑是对这句话的美好印证。

太多的美点让人惊叹。其中,最亮丽的或者最值得我们语文老师注意的有两个,一是"充分利用教材"的意识,二是"学生能力训练"的意识。

本课的教学主要由三个教学板块构成:①课始导入,背景铺垫。简洁规范,内容丰厚,既有作品介绍,更有依托课文的小说相关知识介绍。②概说人物。重在整体把握文意,妙在以一个主问题,牵动学生对课文整篇的研读品析和对人物多角度的理解。③对比阅读。重在选点精读,妙在以一种比读的方式,引导学生通过前后勾连课文,对比阅读感受人物命运的巨大变化,从而对主题有了更为深刻的理解。全课的教学点面结合,立足于理解课文的基础上将学生深深带入课文。

三个板块的活动安排,层层推进,循序渐进,每一个板块都特别讲究

余映潮中学语文精品阅读课教学实录

"教材资源"巧妙而充分地运用。甚至在开课导入这个环节，教师也能利用提炼出来的知识点顺势就将"儿童视角""场景设置"等小说阅读分析与欣赏的"术语"引入课堂，潜移默化地对学生进行文学知识的熏陶，继而由此及彼，在《孔乙己》的教学之中横向联系《最后一课》《社戏》《泥人张》等小说的观察视角及场景设置等知识。同样的横向联系还表现在板块二的活动中，教师由孔乙己这一人物形象引入了鲁迅先生诸多小说中塑造的诸多经典人物介绍；也表现在板块三的活动中，教师横向联系到其他同样可以运用对比阅读的鲁迅先生的其他作品。这样的知识渗透让学生既有感性的认识，又有理性的分析，其作用，其效果，其深度，都值得我们品味。教学的内容由"一课"走向了"一类"，教学内容的视野同样顿然开阔。

纵观整个教学过程，教师始终关注文本，突出文本的教学价值，而教师精心设计的每一个活动都着眼于能力训练，着眼于学生深层次的思考，引导学生独立思考，让学生集体经受课堂训练的历练。"概说人物"，既能引导学生读懂课文，又能对学生进行概括能力的训练；"课中比读"，能够带动学生反复研读，增加理解的深度和广度，对学生信息搜索、比较品析、提炼概括、阐释表达等多方面的能力进行了高强度的训练，这无疑能极大地提升学生文学作品欣赏品位和审美情趣。"能力训练"是语文阅读教学最最重要的任务，提高学生的阅读能力，让学生经过训练后能读会写，能说能赏，形成终身受用的语文能力，这应该就是"教材"的最重要的作用和意义吧。

余老师《孔乙己》的教学设计真正做到了"利用课文增加学生知识，利用课文训练学生能力"，而我们自己的语文课离这样的标准还有多远呢？

《谈骨气》课堂教学实录及评点

执教：余映潮　　评点：方仁艳

时间：2014 年 4 月 22 日
地点：河北邯郸市馆陶县陶山中学

一、介绍相关知识背景

师：同学们，我们开始上课。一起来学习《谈骨气》。这节课老师会很轻松，同学们将很累，因此要做好思想准备。

请大家读起来。"知识卡片（1），议论文的基本类型"，读——

（屏幕显示）

知识卡片（1）

议论文的基本类型

论——表达、阐释某个观点或主张，用举例子、说道理的方法议论。

议——就事、人、物、现象等发出议论，是我们常说的"一事一议"。

感——表达读后、观后、听后的感受、联想、深思。

评——对书、文、歌、剧、人、事、物、言论……进行评说、评论。

驳——针对谬论、误论发表看法，进行批驳，确立自己的看法。

（全班齐读）

师：好！旁批五个字："论""议""感""评""驳"，就批注在书上。这是议论文的五种基本类型。我们今天学的就是"论"，《谈骨气》就是"论骨气"。

（屏幕显示）

知识卡片（2）

论，就是立论。通俗地讲，就是"观点＋例子＋论述"。它重在明确地"树立"一个鲜明的观点。

写好立论性的议论文，需要立好论点、用好论据、写好论证过程。

师：大家做笔记：论，就是立论。立论，就是表达自己的一个观点，或者几个观点。它的基本写法就是亮观点，举例子，然后论述。所以，一般的立论文的要素是：论点，作者的观点；论据，就是作者用来证明观点的例子；它们组合在一起就形成论证的过程。这就是议论文的基本知识，特别是立论的基本知识。立论、论点、论据、论证，观点＋例子＋论述，这都是议论文的基本知识。

知识卡片（3）是作者简介。大家读一读。

（屏幕显示）

知识卡片（3）

吴晗（1909—1969），中国历史学家，教授，现代作家。在"文革"中被迫害致死。

（全班齐读）

师：他在"文革"期间被迫害致死，也是一个很有骨气的人。

接着读，对课文中一个重要句子的诠释。

（屏幕显示）

知识卡片（4）

富贵不能淫："富贵"，旧指有钱财、有地位；"淫"，使……扰乱。指金钱和地位不能使之扰乱心意。

贫贱不能移："移"，使……改变，动摇。贫穷卑贱不能使之改变，形容意志坚定。

《谈骨气》课堂教学实录及评点

威武不能屈："威武"，威胁、暴力；"屈"，使……屈服。不屈从于威势的镇慑之下，形容不畏强暴。

（全班齐读）

师：我们现在来看课文的第2段，看看作者是如何引用这一语例的。旁批两个字："语例"。语言的"语"，事例的"例"。例子，有语例，有事例。这篇文章里面既有语例，又有事例。"战国时代的孟子，有几句很好的话"，就是"语例"。我们读起来。

战国时代的孟子，有几句很好的话："富贵不能淫，贫贱不能移，威武不能屈，此之谓大丈夫。"意思是说，高官厚禄收买不了，贫穷困苦折磨不了，强暴武力威胁不了，这就是所谓大丈夫。大丈夫的这种种行为，表现出了英雄气概，我们今天就叫作有骨气。

（全班齐读）

师：好！这样我们就把"骨气"的含义基本上弄懂了。还有一张知识卡片需要读。什么是"嗟来之食"，请读起来。

（屏幕显示）

知识卡片（5）

嗟来之食：春秋时齐国闹饥荒，黔敖在路旁施舍食物，对一个饥民说："嗟！来食。"饥民说，我正是因为不吃"嗟来之食"，才饿成这个样子。后用"嗟来之食"指带有侮辱性的施舍。

（学生齐读）

【评点】极有创意的课的起始：厚重的知识教育。五份知识卡片各有妙用。有了这些知识积累作为背景，后面环节的学习，学生就能学以致用了。此教学环节，开阔学生视野，丰富学生知识，是基础，是起点。

二、一课两写

师：开始我们的训练过程：一课两写。

（屏幕显示）

一课两写
一写课文简析文
二写微型议论文

1. 写课文简析文

师：开始我们的"第一写"。

（屏幕显示）

一写课文简析文
话题：《谈骨气》是结构严密、论证充分的议论文。

师：一写课文的简析文。你要简析：《谈骨气》是结构严密、论证充分的议论文。我先告诉大家第一句话：《谈骨气》起笔就提出论点。你们就接着写：然后怎样，最后怎样，所以说《谈骨气》是结构严密、论证充分的议论文。这就是写作的思路。开始写吧，在课文的最后有空白的地方。我来观察大家的写作，过一会儿，请你们起来读自己写的内容。

（全体学生静静写作）

师：好的，老师非常高兴地看到每一位同学都在奋笔疾书。来，现在交流，读一读你写的课文分析简文。

生1：《谈骨气》开门见山，开头提出本文的论点"我们中国人是有骨气的"。作者为了证明论点，不仅引用了孟子的话揭示骨气的内涵，还通过三个典型的事例进行论证，最后向我们展示了现在的有骨气的内涵，结构清晰，浑然一体。所以，我们说《谈骨气》是结构严谨、论证充分的。

师：哦，多好啊！让我惊讶！（掌声）如果你的速度快一点，再把三个

《谈骨气》课堂教学实录及评点

例子点一下,第一个例子支撑什么,第二个例子支撑哪句话,那就更美了!

生2:本文的中心论点是"我们中国人是有骨气的",然后通过举例论证来充分有力地证明论点。这三次举例分别是,第一个是文天祥宁死不屈,第二个是古代的穷人不食嗟来之食,第三个是闻一多横眉怒对国民党的手枪,宁可倒下也不屈服。这三个例子证明了论点。

师:哦,然后得出结论——

生2:我们共产党人是有骨气的。

师:好啊!这位同学同样分析了《谈骨气》结构严密、论证充分。还有没有同学要说?

生3:《谈骨气》首先提出"我们中国人是有骨气的"这一论点,然后展开论述——运用孟子的话揭示"骨气"的含义;通过三个典型的事例进行论证,鼓励人们要学习先人勤劳智慧勇敢的美德,做有骨气的人,克服困难,奋勇前进。由此可以说《谈骨气》是结构严谨、论证充分的议论文。

师:好!这三位同学的发言各有特点。第一位同学全面地论述;第二位同学把例子说清楚了;第三位同学说了很不容易说清楚的地方,她说是引用孟子的话来诠释中心论点的含义。太美妙了!

请大家看老师的分析。做好笔记。

(屏幕显示)

知识卡片(6)

证明技巧:提出论点,运用论据直接证明。

师:《谈骨气》的证明技巧是,提出论点,运用论据直接证明。这是从全文的写法来说的。提出了一个论点,然后运用了三个论据进行证明。

(屏幕显示)

知识卡片(6)

证明技巧:提出论点,运用论据直接证明。

展开技巧:诠释论点,巧妙设置论说角度。

师：《谈骨气》的展开技巧是，第2段很重要，诠释论点，巧妙设置论说角度；没有第2段就难以展开三个论据。"富贵不能淫，贫贱不能移，威武不能屈。"有了这三句话，三个论据就能扣住这三句话，于是就有序地展开了论证的过程。这是展开技巧。

（屏幕显示）

知识卡片（6）

证明技巧：提出论点，运用论据直接证明。

展开技巧：诠释论点，巧妙设置论说角度。

用例技巧：并列用例，运用详例证明论点。

师：《谈骨气》的用例技巧是，并列用例。三个例子有差不多长度的篇幅，都是运用详例来证明论点。说一下，跟详例相对的是略例。有时候，证明一个论点会有非常多的事例出来，一句话就是一个事例，那样的例子就是略例。《谈骨气》用详例来证明，就把文章写得生动，把故事写得感人，同样有重要的作用。

（屏幕显示）

知识卡片（6）

证明技巧：提出论点，运用论据直接证明。

展开技巧：诠释论点，巧妙设置论说角度。

用例技巧：并列用例，运用详例证明论点。

结构技巧：总起分说，边叙边议严密照应。

师：《谈骨气》的结构技巧是，总起分说，边叙边议严密照应。注意这一次的分析也很重要。边叙边议，严密照应。大家把第6段看一看，是不是叙后之议？"孟子说的几句话，在文天祥身上都表现出来了"，这是照应全文。再看第8段，"不食嗟来之食，表现了中国人的骨气"，又是照应全文，

《谈骨气》课堂教学实录及评点

并且照应论点的方式。第9段似乎没有照应,但是把毛泽东的话另起一行,又是议论啊,又照应了全局。所以总起分说,边叙边议,结构严密,多精彩的论证过程啊!

(屏幕显示)

知识卡片(6)

证明技巧:提出论点,运用论据直接证明。

展开技巧:诠释论点,巧妙设置论说角度。

用例技巧:并列用例,运用详例证明论点。

结构技巧:总起分说,边叙边议严密照应。

深化技巧:呼应开头,结合现实点示意义。

师:《谈骨气》的深化技巧是,呼应开头,结合现实点示意义。《谈骨气》举的例子没有共产党人的例子,一位古人,一位古代的穷人,闻一多是民主战士、学者。所以文章的最后一段说,"当然我们无产阶级有自己的英雄气概,有自己的骨气",这是呼应开头,结合现实点示意义。所以,这是一篇观点明确、论证充分、结构严密的立论文。

同学们通过自己的概说,通过自己的努力就基本上弄懂了《谈骨气》的结构严密、用例精致的特点。

【评点】这一环节的设计出人意料,居然是训练学生写简析文,学生的写作也真像模像样,各具特色。这样的效果其实还是来源于教师的解读。教师对课文的解读有多深,就能把学生带到多远的地方。从这一活动中,我们也能看到教师解读文章的功夫了得。学生因自己的分析、写作、表达,懂得了这篇课文论证充分、结构严密,下面的"二写"环节,就水到渠成了,以后真正写议论文也顺理成章了。

2．写微型议论文

（屏幕显示）

二 写微型议论文

任务：将《谈骨气》改写、缩写为微型议论文

师：好，再写微型议论文。老师并不是要你们写自己的立论文，我还要告诉你们一种方法：将《谈骨气》改写、缩写为微型议论文，就文写文。怎么写呢？大家先看一篇微型议论文《说"勤"》。读起来。

（屏幕显示）

说　"勤"

勤出成果。（提出论点）马克思写《资本论》辛勤劳动40年，阅读了数量惊人的书籍，其中做过笔记的就有1500种以上。司马迁著《史记》，从20岁起就开始周游，汇集了大量的社会素材和历史素材，为《史记》的创作奠定了基础。歌德花了58年时间，搜集了大量材料，写出了对世界文学界和思想界产生很大影响的诗剧《浮士德》。我国当代数学家陈景润，在攀登数学高峰的道路上，通宵达旦地看书学习，演算研究，取得了震惊世界的成就。（举例论证）可见，任何成就的取得都是与勤分不开的，古今中外概莫能外。（得出结论）

（全班齐读《说"勤"》）

师：请看，一个段落居然就是一篇文章，这就是用略例的方法来写微型立论文。每个例子都没有展开，如果要描叙的话，可以把每个人的例子写成故事。还要注意四个字：古、今、中、外。大家看此文举的例子是不是达到了"古今中外"的要求？马克思，外；司马迁，古；歌德，外；陈景润，中。古今中外都涵盖了。所以，举例子是精巧的、精致的。现在你们的任务就很简单了。《谈骨气》，"我们中国人是有骨气的"，提出论点；把

《谈骨气》课堂教学实录及评点

三个不同类型的事例精致地提炼出来，就像刚才那位男生那样，他讲的就是例证，把三个例子一摆；然后做出结论，结论要你自己写啊。这样就是一篇微型立论文。开始吧。写完了再来读你们的微型议论文。

（全班静静写作）

师：同学们，大家写了5分钟。每位同学都是那么用心地在写，这真是很好的事情。现在，所有的同学都把自己的微型立论文先读给自己听一下，我们再来交流，如果你没写完就说。好，开始读吧。

（学生各自大声读自己的微型文章）

师：好，我们请一位同学来朗读他的作品。

生1：南宋末年文天祥宁死不屈，古代的一个穷人不食嗟来之食，现代诗人闻一多横眉怒对国民党的手枪，不愿屈服，这三个典型事例鼓励人们要学习勤劳、智慧、勇敢的美德，要求我们要做一个有骨气的人，奋勇前进。

师：嗯，在这个时候，我们是写《谈骨气》，那个勤劳的美德就可以不要写了。骨气，要把"骨气"强调一下。

生2：我们中国人是有骨气的。从古至今很多动人的事迹还有它的积极意义，是值得我们学习的。南宋末年文天祥宁死不屈放弃高官厚禄，为国献身。古代一个穷人宁死也不食嗟来之食。民主战士闻一多横眉怒对国民党的手枪，宁可倒下也不愿屈服，真是可歌可泣。富贵不能淫，贫贱不能移，威武不能屈呀。

师：多好呀！她的第二句用得好，起过渡的作用；结尾呢，巧妙地运用了语例。谢谢你，表现不错！

生3：南宋末年文天祥被俘后放弃高官厚禄，宁死不屈，写出了"人生自古谁无死，留取丹心照汗青"的诗句，表现了文天祥的骨气。古代一个穷人，宁死不吃嗟来之食，表现了中国人的骨气。战士闻一多横眉怒对国民党的手枪，宁可倒下去也不愿意屈服，表现了中国共产党人的骨气。

师：是民主战士的骨气。这三个事例就告诉我们，我们中国人要有骨气。这就是结论。谢谢你啊！如果在朗读的时候把老师给你们的论点读出来，感觉就更完整了。

生4：我们中国人是有骨气的。南宋末年丞相文天祥被俘后，受尽折磨宁死不屈；一个古代穷人宁可饿死也不食嗟来之食；民主战士闻一多拍案而起，横眉怒对国民党的手枪，宁可倒下去也不屈服。这足以体现我们中国人是有骨气的。

师：因此，我们每个人都要做有骨气的人。结论就出来了。这位同学的文章优点在哪里？用了不少的四字短语，这个好！又简洁又生动！

还有哪一位同学举手发言。好，请你来！

生5：《谈骨气》，我们中国人是有骨气的。（提出论点）文天祥为了民族大义，把一腔爱国之心写在历史上，向我们展现了大无畏的精神。古代一个穷人不食嗟来之食，使我们认识到了平凡人也要有骨气。民主战士闻一多英勇无畏，面对国民党的手枪依旧从容不迫，展现了我们民族的气节。（进行论证）因此我们要做有骨气的人，克服困难，奋勇前进。（得出结论）

师：太美妙了！这位同学的表达特点，是每一层次之后都评价一下，比如"提出论点""进行论证"，于是就表现出文章的结构很精致。不过，以后大家真的要写议论文的话，不要把括弧内"提出论点"这样的内容写进去，那就麻烦了（笑声）。

这位同学举手了。好，谢谢你！

生6：我们中国人是有骨气的。南宋末年，首都临安沦陷，丞相文天祥组织力量坚决抵抗，被俘后，元军多次劝降，但他想的是为民族利益而死。古代一个穷人宁可饿死也不食嗟来之食。民主战士闻一多，别人要杀他也毫不退缩，表现了我们民族的英雄气概。这三个典型事例告诉我们，我们中国人是有骨气的。

师：因此我们要做有骨气的中国人。这位同学的文笔比较细腻，对事例进行了描叙。

生7：我们中国人是有骨气的。战国时孟子有句话说得很好："富贵不能淫，贫贱不能移，威武不能屈，此之谓大丈夫。"南宋末年，文天祥被俘后，面对敌人的利诱，宁死不屈，留下了"人生自古谁无死，留取丹心照汗青"的千古名句，最终在公元1283年被杀害。古代有一个穷人，宁可饿死也不食嗟来之食。还有民主战士闻一多，他横眉冷对千夫指，面对手枪不屈服，表现出我们民族的英雄气概。我们绝不向任何困难低头，压不扁、折不弯、挺得住、杀不倒，我们中国人是有骨气的。

师：又是一种新颖的表达。这位同学对论点进行了诠释，这个做得好！而且这位同学的过渡句写得好——"还有"一个例子，衔接得也很好。大家都让老师很高兴，你们真的很不错！我们读一读吧。就不要把"提出论点"读出来了（笑声）。

（屏幕显示）

谈 骨 气

我们中国人是有骨气的。（提出论点）所谓"骨气"，正如孟子所说，高官厚禄收买不了，贫穷困苦折磨不了，强暴武力威胁不了，这就叫作有骨气。（阐释论点）南宋末年，文天祥被元军俘虏后，留下"人生自古谁无死，留取丹心照汗青"的豪壮诗句，慷慨赴难。古代有一个穷人，宁可饿死，也不食嗟来之食。民主战士闻一多在1946年7月被国民党枪杀。他横眉怒对国民党的手枪，宁可倒下去，也不愿屈服。（论证分析）

我们是这些有骨气的人的子孙，这些有骨气的动人事迹，是值得我们学习的。（得出结论）

三、结课

师：好，同学们，这节课我们在读与练中学语文，懂道理，练能力。你们这个班的学生将来的语文成绩一定很好，我已经看见你们是那样地喜欢学语文。谢谢大家！下课！

生：老师再见！

师：同学们再见！

【评点】例文引路。有了《说"勤"》这一例文，有了教师"古今中外"的点示，下面学生的写作就有了抓手；有了教师的讲解"提出论点""阐释论点""进行论证""得出结论"，学生的写作思路就有了。在学生交流之前，让学生先读给自己听，这是绝妙的主意，是让学生自己梳理文意，做到文通字顺，也为后面的交流提供了保证，让学生树立了信心。

总评

整节课有两大教学环节：积累知识，训练能力。其中，训练能力着重于"一课两写"——"一写课文简析文""二写微型立论文"，仍然体现的是"板块式"的教学思路，采用的是"主问题设计"的方法。这种组织教学的方式利于课堂"集中话题，优化活动"，利于学生"精细思考，深刻探究"。两大环节之间有着必然的逻辑关系。

整节课，余老师的点评很见功力。比如，在"二写微型立论文"环节，针对第一位起来回答的学生，教师既肯定了她，又指出其内容表述方面存在的不足之处，后一点实际上也帮助了所有学生，希望注意的是"骨气"，而非勤劳的美德。针对第二位学生，教师从写作技巧的角度进行点评："过渡好"，"运用了语例"。这样具体的有提升学生回答作用的点评比单纯的赞扬有价值得多。

整节课，余老师对课文的充分利用给了我们很多启示。"用课文教"，课文的"知识教学功能"，课文的"技能训练功能"，课文的"情感熏陶功能"，余老师都挖掘出来了。

而最最美妙的是，整节课，余老师给了学生大量独立思考的时间，每个学生都在动笔，这种集体训练的效益非常高。每个学生都在进行思维训练，也在进行表达训练。学生"很辛苦"，他们的收获也是丰硕的。

《谈生命》课堂教学实录及评点

执教：余映潮   评点：李薇

时间：2013 年 12 月 7 日
地点：重庆市商务学校

一、以话题讨论切入，介绍背景知识

师：这节课我们一起学习冰心的美文《谈生命》。大家已经预习了课文，我们先来做一个有趣的话题讨论：不要这个"谈"字，这个标题还可以怎么说？

生："生命"。

师："生命，生命"，还有？

生："论生命"，"爱生命"，"珍惜生命"，"度过生命"，"赞美生命"。

师：对，"生命礼赞"，请大家旁批这四个字；这篇文章就是生命的礼赞。再换一种说法，"生命之歌""生命之诗"。美文《谈生命》就是冰心写的对生命的礼赞。

【评点】上课伊始就以一个有趣的话题讨论引导学生明白了抽象的标题中所要表达的作者情感。"生命的礼赞"把学生一下子带入了美好的学习情境。

师："冰心……"，同学们读一读。

（屏幕显示）

冰心，生于 1900 年，1999 年去世。她的作品中有许多诗文抒写纯真的童心和圣洁的母爱。在许多文史家的眼中,冰心是中国20世纪童心、母爱和良知的化身。

师:冰心是中国20世纪童心、母爱和良知的化身,这是很多文史家对她的评价。《谈生命》这篇文章,曾经湮没在文献的大海里,后来被人发现,展现在我们的面前。

这节课,我们一课四学,利用课文学知识,练能力。

【评点】背景资料的恰当铺垫,体现了教师对教学过程"细节性"的关注。寥寥数语,作家风格、课文背景交代清楚,这是让学生深读课文、理解课文的基础。

二、结构简析

师:第一学:结构简析。《谈生命》整篇文章就是一个大段,它还有什么样的精密的结构呢?我们要欣赏它,然后识记雅词,美段品读,哲言背诵,这将是很辛苦的一节课。"第一学"的学习任务:划分,分析。说说你对课文结构层次的理解。请各位拿起你的笔,细读课文,理清结构。两种方法,一是根据你的理解在课文里面划分,二是根据你的理解在课文标题上的空白处,把它的提纲用关键词表达出来。好,开始,读书,思考。

(学生安静读书,批注)

【评点】整体阅读解析文章精密的结构,重在训练学生对文章结构层次准确分析的能力,教师以动笔训练来强化集体的训练,而且给出了解析文章结构的策略。有话题,有抓手,就有了思考探究,有了让学生真正占有课堂时间的保证。

师:好的,谢谢大家,我们来交流。注意:对文章结构层次的把握、分析是我们最基础的阅读能力。开始说话。

生1:第一层划分到69页的"再来寻夹岸的桃花"。这是因为它的意思是生命像向东流的一江春水，这里围绕着春水来写，从它的发源地写到它的终结。第二层划分到70页的"再来听黄莺的歌唱"。这里写的是生命像一棵小树，从它的最开始的生长到它的落叶归根。第三层写的是宇宙中的生命。这里写的是宇宙生命中的我们非常渺小、非常卑微。最后一层写的是生命的本质。就这四层。

师：好，谢谢你。这位同学很勇敢啊，他对课文进行了结构的分析，而且阐释了道理。好，继续说话。

生2：我认为一共有五层。第一层是"我不敢说生命是什么，我只能说生命像什么"，它的作用是总领全文；第二层是到"然而我不敢说来生，也不敢信来生"，它写的是生命像向东流的一江春水；第三层是到"然而我不敢说来生，也不敢信来生"，写的是生命像一棵小树；第四层是从"宇宙是一个大生命"到"不生长的便成了空壳"，这是说宇宙与我们的关系；最后一层是从"生命中不是永远快乐"到结尾，是说生命中的快乐与痛苦是相辅相成的关系。

师：谢谢。还有新的见解吗？

生3：我觉得一共是四段。第一段是"我不敢说生命是什么，我只能说生命像什么"，第二段也是到"然而我不敢说来生，也不敢信来生"，第三段也是到70页的"然而我不敢说来生，也不敢信来生"，剩下的到最后是第四段。

师：第四段是发表议论，阐发哲理。其实，第二位同学和第三位同学的观点应该是一样的，第四层、第五层其实就是第四层，我们把它看成作者的议论和抒情，在谈论了生命现象之后再来发表自己对生命价值的议论。好，谢谢三位同学，也谢谢各位在研读中的认真。

我们来看一看。

（屏幕显示）

第一层：全文总起，引出话题。

第二层：生命如水，波澜起伏。

第三层:生命如树,由生而死。

第四层:抒发感想,阐发哲理。

师:一篇美妙的长文,我们一分析,就能够发现作者在结构上的高妙手法。我们可以把第一层看作一个大层,把二、三层看作一个层次,这是典型的——总分总(学生齐答),你们也太积极了(学生笑),这是典型的咏物抒情文章的写法。咏物抒情的文章大致上都是这样写出来的:总起,引出话题;然后,细细地描绘;最后,结尾升华。想一想,你们学过的《蝉》,第一句话就引出了蝉,然后细细地描写了蝉声,最后,阐释蝉的生命意义。哦,第一层,引出话题;第二层,细细地描述;第三层,抒发感想,阐发哲理。《陋室铭》又何尝不是这样呢?"斯是陋室,惟吾德馨",引出话题。然后细细地展开三个层次:"苔痕上阶绿,草色入帘青"是第一层,第二层是"谈笑有鸿儒,往来无白丁",接着是"可以调素琴,阅金经,无丝竹之乱耳,无案牍之劳形"。最后升华,"南阳诸葛庐,西蜀子云亭,孔子云:何陋之有"。《荷叶 母亲》又何尝不是呢?《紫藤萝瀑布》也是这样,《贝壳》同样如此。大家要好好地做一下笔记:咏物抒情文章的基本结构——引出事物,这是第一层;描述事物,这是第二层;引申升华,这是第三层。所以说,《谈生命》其实表现的是一种经典的笔法:引出事物,描述事物,点示哲理。我们再来细看一下。"第一层",大家读起来。

(屏幕显示,学生朗读)

第一层:全文总起:"我不敢说生命是什么,我只能说生命像什么。"

第二层:"生命像向东流的一江春水"到"也不敢信来生"。揭示生命的经历像春水东流一样波澜起伏。

第三层:"生命又像一棵小树"到"也不敢信来生"。表现生命的历程像小树的成长一样由生而死。

第四层:抒发感想,阐发哲理。

师：所以，《谈生命》展示给我们的是"精致的结构"，请把这五个字批在课题的旁边。

【评点】教师的讲析在关键之处绽出火花，讲得明白、讲得透彻，增加了课堂知识积累的厚度。同时恰当地运用了联读的教学方法，借助《谈生命》渗透咏物抒情文章的写法，使习得的知识自然融入熟悉的文本而理解得更加透彻。

三、精美雅词

师：接下来，还有什么"精"呢？

生：语言。

师：真聪明啊，不愧是初三饱受训练的学生。我们的第二学：精美雅词。读美文，读课文，不学字词，那简直是浪费。任务：认读，书写。老师已经给你们整理好了，我们就来读吧。各自读起来，大声地读。

（屏幕显示，学生朗读）

挟（xié）卷　　　巉（chán）岩　　　惊骇（hài）

屏（bǐng）息　　　荫庇（yìn bì）　　　枭（xiāo）鸟

绯（fēi）红　　　云翳（yì）

师：好，自己再小声地读一读，把有关的字用手画一画（学生边读边比画）。冰心的《观舞记》里面也有很多难字、美字，这篇文章里面也是。好，还有一层内容，大家读起来。

（屏幕显示，学生齐读）

悬岩峭壁：陡峭的山崖。

一泻千里：形容江河水势奔腾直下。

斜阳芳草：傍晚时西斜的太阳，芳香的花草。形容优美的景致。

穿枝拂叶：穿过枝条，擦过树叶。

杜鹃啼血：传说杜鹃鸟啼叫时，嘴里会流出血来，这是形容杜鹃啼声的悲切。

叶落归根：比喻不忘本源。多指客居他乡的人最终总要回归故土。

师：还有课后编者要我们读一读、写一写的7个字词，我们一起来再读一下。

生：（齐读）骄奢、清吟、荫庇、芳馨、怡悦、云翳、一泻千里。

【评点】基础字词的教学设计很巧妙，放在课中，胜过刚开始枯燥地读一读、写一写。这一环节既是难词与美词的积累过程，又是一节课中不着痕迹的放松与调动，既夯实了语言积累，又调控了课堂节奏，让教学环节的设计有了层次之美和组合之美。

四、美段精读

师：这是一篇美文，有很多的美词、美句、美段，所以它有精美的语言。接着刚才的旁批，再写五个字："精美的语言"。

我们可以这样先来小结一下。《谈生命》就是生命的礼赞，它的文字是多么的美啊，这叫文采斐然。下面进行第三学：美段精读。选一个地方来好好地朗读、品析、欣赏，我们的任务是：朗读、寻美。从"生命像向东流的一江春水"一直读到"再形成一道江流，再冲倒两旁的石壁，再来寻夹岸的桃花"，读。

（学生集体朗读）

师：这一段文字，用四个字来概括："以喻为论"，即以比喻来谈论，全用比喻来说话。我们来看整篇文章，表现生命的波澜起伏，全用比拟来说话，这就叫作比拟丰美，请将这4个字旁批在标题的另一边。《谈生命》：生命礼赞，文采斐然，比拟丰美。下面请大家继续朗读这个片段，各自吟读起来。

（屏幕显示）

《谈生命》课堂教学实录及评点

  生命像向东流的一江春水，他从最高处发源，冰雪是他的前身。他聚集起许多细流，合成一股有力的洪涛，向下奔注，他曲折地穿过了悬崖峭壁，冲倒了层沙积土，挟卷着滚滚的沙石，快乐勇敢地流走，一路上他享受着他所遭遇的一切。

  有时候他遇到巉岩前阻，他愤激地奔腾了起来，怒吼着，回旋着，前波后浪地起伏催逼，直到冲倒了这危崖，他才心平气和地一泻千里。

  有时候他经过了细细的平沙，斜阳芳草里，看见了夹岸红艳的桃花，他快乐而又羞怯，静静地流着，低低地吟唱着，轻轻地度过这一段浪漫的行程。

  有时候他遇到暴风雨，这激电，这迅雷，使他心魂惊骇，疾风吹卷起他，大雨击打着他，他暂时浑浊了，扰乱了，而雨过天晴，又加给他许多新生的力量。

  有时候他遇到了晚霞和新月，向他照耀，向他投影，清冷中带些幽幽的温暖；这时他只想休憩，只想睡眠，而那股前进的力量，仍催逼着他向前走……

（学生各自吟诵）

师：读得真好听啊！请大家观察体味，美感在哪里？用一句话表达你的感受。

生1：我觉得它用"有时候""有时候"，显得很有结构和层次感，然后它描写每一个阶段的过程的语言很形象、很生动。

师：文采斐然表现在句式上，"有时候""有时候""有时候""有时候"就是句式，于是结构就显得非常清晰。所以，句式有时候是能够表现结构之美的，有时候是能够表现反复之美的。

生2：我觉得它有时候气势很强，有时候心平气和，很有节奏感。

师："节奏"这两个字说得太好了！你的发现很重要。大家看，在这一段的描述中，雄奇壮丽和柔和优美是交替进行的，赶快把"节奏之美"四个字批下来吧。

生3：我觉得这些优美的句式可以让我们感受到生命的蓬勃、不屈、

143

努力向前奋进。

师：对，这样的结构、这样的手法，就是两个字：抒情。抒发的是赞美之情、赞叹之情，这就是抒情之美。

生4：我觉得它的文采斐然还可以体现在文章从最开始就一一照应到我们人生的各个阶段，从出生到少年、中年，最后到晚年。

师：对，这就叫作象征之美。多好啊！春水的经历就象征着人的一生，什么经历都要有过，有急流，有险滩，也有非常浪漫的时刻。

生5：这几段排比起来，告诉我们，生命不是一帆风顺的，它要经历波澜起伏，生命是需要乐观面对的。

师：告诉我们也要经历这些过程，这就是享受生命的过程啊。

生6：从这里，我们可以感受到生命是蓬勃的，是有活力的，是在流动的，是在生长的。

师：好！所以这段文字充满活力，有力度之美，读起来激动人心啊！

生7：它让我们知道了，面对生命中的逆境时，我们应该勇敢坚强；面对生命中的顺境时，我们应该心境平和。

师：是的，哪怕到了生命的末端，仍然有一股力量催逼着它向前走，更何况少年人呢，更何况青年人呢，还有中年人呢。

生8：这一段也让我感受到人应该以乐观的态度面对人生。

师：好的，我们需要继续回到"美"上来，语言文字之美。

生9：我觉得从"巉岩"到"桃花""暴风雨"，还有"晚霞"和"新月"，一一对应着人生的各个历程，使人感同身受。

师：说得好！你说的五个关键词，我换一种说法，叫"画面之美"。看，每一个"有时候"就是一幅画面，极富动感，而且里面蕴含着时间的长度。这一段话把我们生命的长度写出来，把我们生命的经历写出来，赞叹不管什么经历都是美好的，不管什么经历都需要表现出生命的力量。好，同学们，这一段话美在哪里呢？请做笔记。

（屏幕显示）

《谈生命》课堂教学实录及评点

美在用一江春水的东流比喻了人生的各种经历。

美在用一江春水东流入海比喻了人生的全部过程。

美在用一组比喻揭示出了人生中的起伏波澜。

美在结构完整、层次分明、句式精致、语言生动。

美在每个比喻都表现出表达生动、内涵丰富的特点。

师：这种品析的方法，需要你们继续实践。你们的作业就是，用这五个句子分析"生命又像一棵小树"这一个片段的表达之美，课下完成。请大家继续旁批："精妙的手法"。这是第三"精"，又是五个字。

【评点】这是一个很好的读中有析的语文实践活动，巧妙地在朗读之中增加学生的品评分析活动，让学生不仅发现这篇文章的语言之美、画面之美、抒情之美、手法之美，还有了对生命意义的深刻体悟。

五、哲言背诵

师：下面就轻松了，背一则格言吧，这是第四学：哲言背诵。请挑选第四层次里面的好句子，开始各自的背诵。

（屏幕显示）

宇宙是一个大生命，我们是宇宙大气中之一息。江流入海，叶落归根，我们是大生命中之一滴，大生命中之一叶。

要记住：不是每一道江流都能入海，不流动的便成了死湖；不是每一粒种子都能成树，不生长的便成了空壳！

生命中不是永远快乐，也不是永远痛苦，快乐和痛苦是相生相成的。等于水道要经过不同的两岸，树木要经过常变的四时。

在快乐中我们要感谢生命，在痛苦中我们也要感谢生命。快乐固然兴奋，苦痛又何尝不美丽？

……

（学生自由朗读，背诵）

师：好的，谢谢大家，我们来背诵第二则材料。

生：（齐）"要记住：不是每一道江流都能入海，不流动的便成了死湖；不是每一粒种子都能成树，不生长的便成了空壳。"

师：再背一次。（学生再次齐背）希望你们有时候能够引用它们。

现在我们继续旁批："哲理光芒"，旁批在标题左边，左边的旁批是：生命礼赞，文采斐然，比拟丰美，哲理光芒。标题右边的旁批再加上"精深的意蕴"五个字，一共是四"精"。

六、结课

师：同学们，这节课，我们只能说是粗浅地欣赏了一下冰心先生的《谈生命》，它有精致的结构，有精美的语言，有精妙的手法和（学生齐答）精深的意蕴，谢谢。希望你们的生命永远像春水、像小树。

【评点】余老师主张课堂教学艺术的高层次境界是学生活动充分，课堂积累丰富。在余老师的课堂中，处处可见积累的训练。笔记、朗读、背读、旁批等都是很好的积累方式。这样的积累，丰厚着学生的知识积淀，提升着学生的语文素养。

师：下课。
生：谢谢老师，老师辛苦了，老师再见。
师：谢谢大家。

总评

听余老师讲课，于精神上是一种鼓舞，于心灵上是一种震撼。纵观这节课，是余老师如下教育思想与教学风格的集中体现。

《谈生命》课堂教学实录及评点

（1）"语文课堂教学的三要素是：诵读、品析、积累。"在教学策略的运用上，将诵读、品析、积累三种方式相结合。开课揭题，直入情景；预做铺垫，顺利推进；字词诵读，重在积累；朗读品析，寻美说美；诗意讲析，背读积累。由此，真正把知识积累和能力训练贯穿始终。

（2）"教学细节的设计要讲究组合之美、层次之美、层进之美；要让学生真正地活动起来，需要分板块，设话题，做示范，给抓手。"在教学思路的安排上，用"精"字一线串珠。"精致的结构、精美的语言、精妙的手法和精深的意蕴"，板块思路清晰，课堂结构紧凑。

在这节课的教学中，余老师从不同的角度有序地安排了几次呈"块"状分布的教学内容和教学活动——"一课四学"：一学"结构简析"；二学"精美雅词"；三学"美段精读"；四学"哲言背诵"。

就教学的有序性而言，这节课的教学结构清晰地表现为"一步一步地向前走"，课堂教学内容明显地表现为"一块一块地来落实"，将全课的教学板块连缀起来看，呈现一种层进式的教学造型。

还有余老师经常运用的一种新颖的细节性的教学手法——课中小结，它是课文教学与学生实践活动"告一段落"之后由教师进行的简短"小结"。它有三个方面的作用：清晰地显现教学的步骤、层次；调整课堂教学的节奏；顺势进行学习方法与知识学习的讲析。特别是，利用"小结"的机会对学生进行知识讲解，有很好的训练作用。

（3）"教师在课堂上应该这样说话：语言诗化，情感优化，内容深化，交流平等化。"整节课，余老师都是充满激情地与学生平等对话，或是精妙的评价，或是高度的赞扬，或是充分的肯定，都是智慧的点拨与自然的牵引。余老师用自己的真情、用自己的语言魅力激发了学生心灵的火花。于是，我们与学生一起就有了一段美妙的旅程，有了一段美妙的享受。

《说"屏"》课堂教学实录及评点

执教：余映潮　　评点：邓鑫

时间：2009年5月25日
地点：辽宁大连市第九中学

一、以词义导入，明确教学内容

生：老师好！

师：同学们好！请坐。我们今天一起来学习《说"屏"》这篇文章。大家把讲义打开。我们首先直观地看一下"屏"。

（屏幕显示图片）

师：这是屏最基本的模样，上面有书有画；这是锦屏；这是石屏。我们再来看一下"屏"这个字的含义。这是最基本的含义，大家一起读。

（屏幕显示"屏"的解释）

屏，大门外或大门内对着大门起遮挡作用的墙。

（学生齐读）

师：由"墙"这个含义演变成"屏风"这个含义，读。

（屏幕显示）

屏，屏风。室内外用来隔断视线或挡风的用具。

（学生齐读）

师：一种古老的用具，带有中国文化特点的用具。再来看词义的发展，

《说"屏"》课堂教学实录及评点

像屏风一样形状的东西,人们往往给它加上一个"屏"字。看屏幕,再读。

(屏幕显示)

屏,形状像屏风一样的东西。如:孔雀开屏,荧光屏,屏幕。

(学生齐读)

师:然后,"挡住"的含义又蕴含在"屏"字里面,再看屏幕,读。

(屏幕显示)

屏,遮挡,像屏风一样起着遮蔽作用的东西。如:屏障。

(学生齐读)

师:"屏"的含义是多么的丰富啊。

【评点】开门见山巧妙导入,娓娓道来。余老师用词义本身奇妙的变化,让学生感受到汉字的魅力,激发起学生的学习兴趣与求知欲望。简约的导入,短小精悍,打造了一个精巧的"凤头",在短短的3分钟内,便把学生的注意力集中到所学的内容上,使学生迅速进入了学习的情境。

师:这节课,我们做两件事。第一件事,能力训练之一,课文内容再表达。就是把课文内容用另外一种形式表达出来。第二件事,能力训练之二,课文内容巧表达。换种说法就是,把我们对"屏"这种事物的认识用另外一种形式表达出来。

(屏幕显示)

本节课的主要活动
课文内容再表达
课文内容巧表达

【评点】《说"屏"》一课,余老师设计了两个教学板块:课文内容再表达;

课文内容巧表达。看似单薄的结构，却蕴含着丰富的内容。这里既有语文知识的传递，也有阅读能力、写作能力的训练，更有学习方法的指导。而于简约中蕴含丰富的关键，便是"兼容"。

二、朗读课文，学习写作方法，积累新词

师：我们先来朗读课文，边读边做批注。第一段，我们要感受在一篇介绍事物的文章中，作者充满情感地从自己的感受写起的这样一种开头方法。

（学生做批注）

师：我们一起来读第一段："屏，我们一般都……"读！

（学生朗读第一段）

师：第二段，感受先总说一句，然后举例子的写法。

（学生做批注）

师：我读总说的一句，你们读举例子的语句。"屏可以分隔室内室外。"读！

（学生朗读第二段）

师：第三段，感受先从有趣的地方写起，然后再说明事物这样一种写法。

（学生做批注）

师：我读有趣的部分，你们读实质上对屏进行说明的内容。"从前女子的房中，一般都要有屏，屏者，障也，可以缓冲一下视线。《牡丹亭》'游园'一出中有'锦屏人忒看得这韶光贱'一句，用锦屏人来代指闺中女郎。"读！

（学生朗读第三段）

师：第四段，感受作者从正反两面来说明事物的方法。一起读！

（学生朗读第四段）

师：第五段，感受作者写这篇文章的用意。

（学生做批注）

师："屏是真够吸引人的……"读！

《说"屏"》课堂教学实录及评点

(学生朗读第五段)

【评点】"读书百遍,其义自见"。读,在余老师的任何一种课型设计中都是不可或缺的环节。更重要的是,每一次的读都不是为了读而读,而是有目的地读,有技巧地读。如余老师执教《律诗二首》(《过故人庄》《游山西村》)时,采用了一诗四读的方法:朗读、译读、背诵、说读,一线串珠,层层递进。在执教《云南的歌会》过程中,余老师以"读"为核心设计了三个板块:速读课文,以"《云南的歌会》特色概说为话题说话";精读课文,对第四段文字进行"美点欣赏";寻读课文,以"课文之最"为话题,概述生活是多么有趣……翻开余老师的教学设计,无处不见"读"的踪影,无处不见"读"的精妙。《说"屏"》一课,余老师再次让我们认识到,原来可以这样读:第一段,我们要感受在一篇介绍事物的文章中,作者充满情感地从自己的感受写起的这样一种开头方法……第二段,感受先总说一句,然后举例子的写法……第三段,感受先从有趣的地方写起,然后再说明事物的写法……第四段,感受作者从正反两面来说明事物的方法……第五段,感受作者写这篇文章的用意。这种点拨式的师生共读,已不再是读准字音、读得流畅的浅显的朗读,而是兼容语文知识于一体的有所认识地读,感悟地读,思辨地读。

师:这是一篇专家写的文章。作者不仅仅是研究古代建筑的专家,而且是散文家,文章写得很漂亮,用了一些高雅的语汇。我们看屏幕,这样一些词语,是要在这节课里面认识它、理解它、记住它的,开始自由地朗读它们。

(屏幕显示)

微妙:深奥玄妙,很难捉摸。

擅长:在某方面有专长。

点缀:衬托、装饰,使更好看。

装饰:装点修饰。

韶光:美好的春光,喻指美好的青春年华。

151

造型：塑造人或物体的形象。

得体：恰当，恰如其分。

休憩：休息。

（学生自由朗读屏幕上呈现的词汇）

师：反复读。

（学生再读）

师：我给大家重点讲两个词。第一个词是"微妙"，把含义读一下。

生："微妙：深奥玄妙，很难捉摸。"

师：这个词在我们生活中，在我们的口语和书面语中常常用到，它是写事物摆在我们面前的时候，看起来似懂非懂，很难捉摸的状况。它可以在大处用，如两个国家的关系很微妙；也可以在小处用，如蚂蚁王国蚂蚁们的工作关系很微妙。第二个词很常见却很少用，把含义读一下。

生："得体：恰当，恰如其分。"

师：做得恰到好处，有分寸感。我们对大人说话，对朋友说话要得体；得体地待人接物更是一种行为规范。

三、课文内容再表达

师：好，下面我们进入第一个学习活动：课文内容再表达。学习要求：选句。在全文中选句，把你选出的句子连接起来就是全文的要点。好，拿起笔来，用勾画的方式，选出文中能概述文章基本内容的句子。

（屏幕显示）

选句——概述全文要点

（学生默读勾画）

师：好的。注意，你选出的句子要满足这样一个要求：说"屏"。还要满足一个要求：概述。一点生动的东西都不需要，就是概括讲述。请把你

《说"屏"》课堂教学实录及评点

选出的内容念给同桌听一下。

（学生交流，教师巡视）

师：下面请一位同学来概述"屏"，大家听他概述的优点在哪里，弱点在哪里。请你来。

生1："屏"，我们一般都称"屏风"，这是很富有诗意的名词。为避免从门外直接望见厅室，必置一屏，上面有书有画，既起分隔作用，又是艺术点缀，而且可以挡风。而空间上还是流通的。按屏的建造材料及其装饰的华丽程度，分为金屏、银屏、锦屏、画屏、石屏、木屏、竹屏等。因场合不同，自然因地制宜，大小由人了。其实，屏的设置，在与整体的相称、安放的位置与作用、曲屏的折度、视线的远近诸方面，均要做到得体才是。

师：谢谢你。大家发表一下看法。好，你来。

生2：我想给他补充一下。在文章最后一段，作者说："聪明的建筑师、家具师们，以你们的智慧，必能有超越前人的创作。"这说明作者非常希望现代人能在屏的设计上有更大的发展，所以我认为这句话也应该加到说"屏"里面。

师：分析得很有道理。好，继续发言。请你来。

生3：我觉得第一位同学只是把文章中的语句加起来了而不是概述。现在我为大家概述一下。第一段是写作者为什么说"屏"；第二段是写屏可以分隔室内室外，又是艺术点缀而且可以挡风，这是屏的作用；第三段写屏的分类，并且有雅俗之分，可以显示出人不同的经济与文化水平；第四段写屏有大小之分；最后一段概括作者写"屏"的原因。

师：你真行，超过了我的要求，给予表扬。我的要求是说"屏"，你不仅把概述的内容讲出来了，还分析了每一处的作用，甚至把每一段的主要意思都给我们讲出来了。

生4：我觉得，第三段"从前女子的房中，一般都要有屏，屏者，障也，可以缓冲一下视线"这一句话也是写"屏"的作用，应该把这句话加上。

师：把它加到作用里面来，使"屏"的作用更丰富一些。但是我觉得

153

这句话表达的内容也是遮挡视线,这个内容在第二段已经有了,加进去这句话会生动一些,但不加会更简洁一些。谢谢你。我们请一位同学把我们刚才讨论的内容整合一下。

生5:"屏",我们一般都称"屏风"。我们的先人,擅长在屏上做这种功能与美感结合的文章,关键是在一个"巧"字上。屏可以分隔室内室外。过去的院子或天井中,为避免从门外直接望见厅室,必置一屏,上面有书有画,既起分隔作用,又是艺术点缀,而且可以挡风。从前女子的房中,一般都要有屏,屏者,障也,可以缓冲一下视线。《牡丹亭》"游园"一出中有"锦屏人忒看得这韶光贱"一句,用锦屏人来代指闺中女郎。按屏的建造材料及其装饰的华丽程度,分为金屏、银屏、锦屏、画屏、石屏、木屏、竹屏等,因而在艺术上有雅俗之别,同时也显露了使用人不同的经济与文化水平。屏也有大小之分。从宫殿、厅堂、院子、天井,直到书斋、闺房,皆可置之,因场合不同,自然因地制宜,大小由人了。

师:大家听出他概述的弱点没有?优点很多,弱点也有。我帮你指出来,就是把生动、有趣味的语句加进去太多了,在"概述"的表达上不是很准。我们一起来看这段文字,这就叫作提取课文的主要内容,提取课文中的重要信息。前两位同学找到的语句跟老师找到的差不多。我们齐读。

(屏幕显示)

"屏",一般都称"屏风",是一种似隔非隔,在空间中起着神秘作用的东西。它既起分隔作用,又是艺术点缀,而且可以挡风。按屏的建造材料及其装饰的华丽程度,分为金屏、银屏、锦屏、画屏、石屏、木屏、竹屏等。屏的设置要因地制宜,大小由人,在与整体的相称、安放的位置与作用、曲屏的折度、视线的远近诸方面,均要做到得体。

(学生齐读)

【评点】余老师的第一个板块的教学设计,旨在训练学生通过提取信息整体感知课文内容的能力。能准确地提取文本中的主要信息可以说是走进文本

《说"屏"》课堂教学实录及评点

的一把钥匙,尤其是对于《说"屏"》这样一篇小品式的说明文,准确地提取出信息无疑就是提取了纲领,文章的脉络及说明内容便一目了然。余老师在学生操作之前做了简洁、明晰的讲解,学习内容与学习方法就在这寥寥数语中水乳交融在一起,一切都是那么自然,那么流畅。而接下来的自主提取、同桌交流、互评纠错、整合明确,又正是一个学习探究流程的完整体现。如果学生长期处于这样一种逻辑思维的训练中,自然会养成良好的学习习惯,掌握科学的探究方法。

四、课文内容巧表达

师:我们刚才学习、实践了这种方法:用勾画关键句的方式找出文章重要的内容。我们现在进入第二个学习活动:课文内容巧表达。

(屏幕显示)

写句——理解细节内容

师:很有趣的一次写作活动。写句,理解课文的细节内容。刚才是概述,现在我们要细化。如何写呢?同样是说"屏",我给大家四组词,你任选一组来说"屏"。你可以写一个句子或一段话,用进你选的这四个词。

(屏幕显示)

   自选一组词说"屏"
诗意 情景 向往 微妙
擅长 功能 美感 称道
帷幕 装饰 书斋 休憩
造型 轻巧 绘画 得体

师:我建议可以分小组进行。一组选择第一组词语,二组选择第二组词语,以此类推。开始。

(学生认真写作,教师巡视)

师：现在我们来交流一下。

生1：屏，一种微妙的有文化成分的用具，在起着多种作用的同时，也将人置于一种诗意的情景中，让人对屏上的艺术世界心生向往之情。

生2：屏是富有诗意的。诗与画把屏渲染成一个富有文化底蕴的情景，令人充满向往。它的微妙无处不在，从功能到内涵无不展现了古代人的才华与智慧。

师：像这样的写作，我可以给你们打100分。组织得很漂亮、很得体，文章的造型也很美。

生3：屏的功能极为广泛，既是艺术点缀，又可以挡风；既可以放在室内，又可以放在室外。不管放置在何处，屏都好似一篇美感与功能相结合的文章，使观赏屏的人都齐声称道。

师：多好！让我们立刻感受到生活中的一种艺术之美。

生4：我的老师擅长在功能独特的屏上作画。那屏实用而又充满美感，散发着一丝丝淡淡的清香，使人称道不已。

师：发挥了想象力。你的老师一定是一位有才华的老师。请第三组的一位同学。

生5：屏可以按照建造材料及其装饰的华丽程度进行分类，显露出使用人不同的经济与文化水平。与帷幕起着同样的作用，应用广泛，如在书斋、厅堂、院子当中均可应用。同时，屏也给我们一种文化上的休憩。

师：每一个词都用得很得体，恰到好处。

生6：屏与帷幕起着同样的作用。屏的装饰有书有画，不同的装饰可以显示出不同的效果。屏可以放置在宫殿、厅堂、院子、书斋、天井等地。若是人们在屏的遮蔽下休憩，必会引起无限的遐想，净化人们的心灵。

师：净化人们的心灵，陶冶人们的情操。这样的话语和文章中的话语一样美。假如我们把屏放置在我们的书斋里，就更富有诗意了。

生7：屏的造型轻巧，上面有绘画或诗文，若放置得体，便是个不可多得的装饰品。

《说"屏"》课堂教学实录及评点

师:你看,用了一个"若"字,"若放置得体",便会给我们一种美好的艺术享受。

生8:屏具有实用性、艺术性,而且富有诗意。从建筑的材料和装饰的华丽程度,可以划分不同的种类,它微妙的情景,令人向往。

师:嗯,它很微妙,因此让我们向往。

生9:屏的造型是轻巧的,屏的绘画富有诗意,色彩丰富,它的设置要在多方面做到得体,才能使它更加微妙。这便是我们的先人在屏上作的功能与美感相结合的文章。

师:你除了选用第四组词之外,还多用了几个词。多好啊!这就是创造。

【评点】余老师的第二个板块的教学设计,就是变读为写,以写带读。在这里,教学节奏发生了变化,教学手法发生了变化,学生的活动形式发生了变化,而利用课文中的教学资源对学生进行训练的理念却始终如一。学生在这个环节中的写作活动,是语言学用的活动,也是文意理解的活动,是人人动笔的活动,也是全班同学集体参与的活动。人人动笔,个个思考,学生的受益面达到了最大化,一切琐细的花哨手法在这里荡然无存。

五、结课

师:根据课文内容,我们用自己的表达,来说"屏",说它的艺术性,说它的微妙之处,说它表现出来的古老的文化传统,说它对我们生活的作用,说它给我们的美好感觉。这节课,我们就做这样两个活动。选句是阅读,是提取课文的重要信息;写句是写作,通过写作来让我们一起欣赏"屏"的特点。这节课,我们很好地完成了读和写的任务,读懂了课文。

（屏幕显示）

　　我们的学习活动
　选句—读—提取信息
　写句—写—特点欣赏

师：谢谢同学们！下课！

总评

　　追求创新，崇尚美感；形式简约，内容充实；训练语言，启迪思维；引导活动，注重积累，这是余老师一贯的教学风格。《说"屏"》一课，再次让我们领略到了这种风格的无限魅力，它正如一道富有诗意的"屏"，让听者在似隔非隔中，欣赏到了余老师用儒雅与淡彩挥就的这篇"功能与美感相结合的文章"，怎一个"巧"字了得。

　　（1）**追求创新，崇尚美感**。余老师为此次讲学量身打造了自己的第三版《说"屏"》教学设计，因为此次余老师是面对七年级的学生讲授这篇收录在八年级教材中的文章。这种因不同学情而设计教学，不断挑战自我、超越自我的风范也许就是名师之所以成为名师的原因所在。聆听余老师的课，就如同聆听班得瑞的钢琴曲，于舒缓中感受着美的跃动。整节课美在简约、清晰、流畅的板块式结构；美在明确、厚重、多维的教学内容；美在目标、角度、方法的新奇；美在教学环节的"隔而未隔""界而未界"；美在润物无声的不着痕迹；美在激发思维跃动的情境设计；美在教学设计所彰显的设计者的睿智与沉淀；美在课堂评价语言所流泻出的激励与呵护……

　　（2）**形式简约，内容充实**。这节课思路明晰，板块分明，训练活动精致、有力、落实。即使是字词教学也是这样。在字词教学离我们的语文课堂渐行渐远之时，在解词已淡出我们的教学环节之际，余老师却设置了约3分钟的读词、解词内容。到了第二个教学板块"课文内容巧表达"时，

《说"屏"》课堂教学实录及评点

四组16个词语中,有6个比较生疏的词语已经在解词的环节做过解释,其中对于"微妙""得体"两个词,余老师不但做了详解,还举出了使用情境,学生懂得了词语的含义必然为连词写句做了铺垫,而具体的写作情境,又进一步加深了学生对词语含义的理解,会写、会用自然达成。巧妙的铺垫!巧妙的勾连!而更巧妙的,则是不着痕迹的积累。余老师的这节课让我们明白:45分钟内,学生读过、解过、写过、用过,多感官地接受过这些词语,当他们走出课堂时,对这些词语还会陌生吗?这比让学生单独、孤立地死记硬背更易于被学生接受,更有实效性。

(3) **引导活动,注重积累**。在此,我呈现给大家一组数据:在本节课中,学生各种形式、各种内容的朗读共计约8分钟,学生默读课文、勾画选句约4分钟,学生连词写句约6分钟,生生交流、师生交流约16分钟,总计学生活动时间约34分钟。在45分钟的课堂上,余老师只给自己留了11分钟。整节课,余老师的提问设计为零,但从学生的发言中,我们却清晰地看到思维的绚烂缤纷。什么是以学生为主体?什么是以教师为主导?什么是师生平等?什么是自主学习?……无须再做理论名词的堆砌。这里面,既有教学理念的真实,又有教学技艺的娴熟,更有对教材、对课文教育教学价值的深刻研究。其中闪现出来的智慧之光,能够让我们细细地欣赏品味。

还想与大家分享一个细节。听完课后,我问余老师用来写句的那16个词是随意分的组还是有所依据?余老师温和地一笑说:"要说有依据,就是教师在备课时,一定要自己写写看。"当时我内心的某个角落轻轻地震颤了一下,说不清为什么,只是时至今日仍清晰地记着这一种震颤。也许是因为看到了自身的差距吧,也许是因为知晓了前行的举措吧……

《〈论语〉十二章》课堂教学实录及评点

执教：余映潮　　评点：吴慧玲

时间：2012年12月8日
地点：辽宁大连市红星海学校

一、介绍背景资料，明确学习重点

师：同学们好！

生：老师好！

师：谢谢。请坐。今天我们一起来学习《〈论语〉十二章》。我们先来了解一下孔子。"孔子"，读。

（屏幕显示）

孔子（前551—前479），名丘，字仲尼，春秋末期鲁国人。中国历史上伟大的教育家，更是中国传统文化的代表人物。

师：我们再来了解《论语》的相关知识。"《论语》"，读。

（屏幕显示）

《论语》共20篇，由孔子的弟子和再传弟子编写，以语录体和对话体为主，记录了孔子及其弟子的言行。

师：继续。

（屏幕显示）

《论语》首创语录体的写法，语言精警生动，充满智慧，格言警句，美不胜收。

师：请大家将"语录体"写在课题边。继续朗读。

（屏幕显示）

《论语》，名句的集锦、格言的荟萃、成语的宝库。许多成语，如尽善尽美、三思而行、舍己为人、学而不厌、循循善诱、举一反三、温故知新、言传身教、不耻下问、见义勇为、当仁不让、任重道远、死而后已等，早已融入我们的血液。

【评点】简洁的课文开讲，丰厚的知识铺垫。背景交代从作家简介、作品内容、艺术特点以及对后世的影响等方面一层层、由浅入深地介绍，自然圆润地导入课堂教学内容。

师：我们今天学习的《〈论语〉十二章》同样是名句的集锦、格言的荟萃、成语的宝库。开始我们的学习。

这节课的学习，我们分为略读和细读两个步骤。略读，了解一下；细读，深入地品析。

二、略读文本

（屏幕显示）

略读。

师：学习本课可以有四种收获。请做笔记吧。

（屏幕显示）

激励志向

师：第一种收获是"激励志向"。本课的很多语录都有一个"志"字，比如"子曰：三军可夺帅也，匹夫不可夺志也"，这是激励我们志向的。"夺"就是强取，在这里是"改变"的意思。孔子说，三军可以改变志向，但男子汉的志气是不可改变的。我们来将这则语录读一读。"子曰"，读。

（屏幕显示）

激励志向

子曰："三军可夺帅也，匹夫不可夺志也。"

（学生读课文）

师：读得好。学习本课的第二种收获是可以"陶冶情操"。

（屏幕显示）

陶冶情操

师：陶冶情操，就是通过学习使我们的品行、道德、修养都有所提升。比如这则语录，"曾子曰"，读。

（屏幕显示）

陶冶情操

曾子曰："吾日三省吾身：为人谋而不忠乎？与朋友交而不信乎？传不习乎？"

（学生读课文）

师：每天都要多次地反省自己：为人家做事是不是竭尽了自己的力量呢？和朋友们交往是不是很诚信呢？老师教给我们的功课是不是每天都学习呢？

第三种收获是"启迪智慧"。

（屏幕显示）

启迪智慧

《〈论语〉十二章》课堂教学实录及评点

师：《论语》里面非常多的语录都能够告诉我们智慧的思想方法、行为方法。比如这两则语录，大家读一读吧，"子曰"，读。

（屏幕显示）

启迪智慧

子曰："三人行，必有我师焉。择其善者而从之，其不善者而改之。"

子在川上曰："逝者如斯夫，不舍昼夜。"

（学生读课文）

师：这都是关于思想方法的。在我们面对许多人的时候，就要知道人群里面自有高人。"三人行，必有我师焉。"我们要善于向人学习。第二则语录告诉我们，时间的流逝就像河水一样奔腾不息，一去不复返，这就是说要珍惜时间。

学习本课的第四种收获是"积累语言"。

（屏幕显示）

积累语言

子曰："温故而知新，可以为师矣。"

子曰："三军可夺帅也，匹夫不可夺志也。"

子曰："学而不思则罔，思而不学则殆。"

子曰："知之者不如好之者，好之者不如乐之者。"

子在川上曰："逝者如斯夫，不舍昼夜。"

子曰："学而时习之，不亦说乎？有朋自远方来，不亦乐乎？人不知而不愠，不亦君子乎？"

师：同学们各自大声地开始读背吧。不要齐读，不要齐背，各自开始读背起来。

（学生大声读背课文）

师：读起来，注意语速不要太快。"子曰"，读。

163

（学生大声齐读课文）

【评点】 以上是课文教学的第一板块活动："略读"。活动以教师讲解与学生听记读背的形式相结合，通过知识块式笔记达到文意理解的目的。学生通过活动既能积累知识，又能在教师的指导下学会做"分类式课堂笔记"，同时其积累资料、研究资料、整理资料的能力得到了有力的训练。

三、细读文本

（屏幕显示）

细读。

1．初步细读

师：好的，下面开始细读训练。我们研读、体味、欣赏两章语录。先读一读吧。"子曰"，读。

（屏幕显示）

子曰："贤哉，回也！一箪食，一瓢饮，在陋巷，人不堪其忧，回也不改其乐。贤哉，回也！"

子曰："饭疏食饮水，曲肱而枕之，乐亦在其中矣。不义而富且贵，于我如浮云。"

（学生大声读课文）

师：第一章赞美颜回。很聪明，马上知道要做笔记啦。第二章自述心志，自己表述自己的志向。心志，心中的志向。非常有意思的两章语录。老师赞叹了他的学生，老师自己赞叹自己。我们一则一则地学习。

【评点】 这是课文教学的第二板块活动"细读"的序曲。由面及点，于整体理解课文的基础上将学生深深带入课文中最优美之处，达到"简化教学头绪,优化教学内容"的目的。教师简明的讲析也为后文分章学习和对比赏析做了很好的铺垫。

2. 分章细读

(屏幕显示)

子曰:"贤哉,回也! 一箪食,一瓢饮,在陋巷,人不堪其忧,回也不改其乐。贤哉,回也!"

回:颜回,孔子最得意的弟子,极富学问。

贤:有道德的,有才能的,高尚的。

箪:古代盛饭用的圆形竹器。

堪:忍受。

忧:忧愁,这里指"为贫困而忧愁"。

师:"子曰",读。

(学生大声朗读课文)

师:请大家将注释读一读。

(学生大声读注释)

师:有一个注释要补充到课本上,那就是"贤"字,课本上没有。"贤",有道德的,有才能的,高尚的。自古以来,我们中国传统文化是非常讲究这个"贤"字的,一个人道德品质要好,还要有学问,有才能。请大家看这章语录,"贤哉,回也",扣住一个字说了几层意思。"一箪食",吃得很差;"一瓢饮",饮的是冷水;"居陋巷",住的地方也很差。"人不堪其忧,回也不改其乐。""人不堪其忧",人们都忍受不了这种痛苦、这种贫穷,但颜回不改他的乐趣。于是再来进行赞叹:"贤哉,回也!"所以,这则语录的写法,特别是它的结构是极其精致的。再来读:"子曰:'贤哉,回也!'"稍微停顿一下,后面的内容就是诠释他是怎样贤的,读完了再停顿一下,再激情地读四个字——"贤哉,回也"。听懂了吧。"子曰",读。

(学生大声读课文)

(屏幕显示)

子曰:"贤哉,回也!一箪食,一瓢饮,在陋巷,人不堪其忧,回也不改其乐。贤哉,回也!"

孔子说:"贤德啊,颜回!(只有)一箪饭,一瓢水,住在穷巷陋室里,别人都忍受不了这种贫困,颜回却依然快乐。真是贤德啊,颜回啊!"

师:读得好听。接下来,把有关这章的诠释读一读。"孔子说",读。

(学生大声读课文翻译)

师:再读一遍。

(学生再次大声读课文翻译)

(屏幕显示)

子曰:"贤哉,回也!一箪食,一瓢饮,在陋巷,人不堪其忧,回也不改其乐。贤哉,回也!"

此章是这样充满情感地赞美颜回的……

师:思考一个很有趣的问题:"此章是这样充满情感地赞美颜回的……"拿起你们的笔思考,你的回答是:此章是这样充满情感地赞美颜回的,然后就谈你的理由。开始读书,思考,做旁批。过一会儿,我们就来交流看法。

(学生思考,做旁批)

师:可以发表观点了。

生1:此章是这样充满情感地赞美颜回的:首先,孔子从颜回的生活,从他的吃、喝、住这些方面来表现他生活得特别困苦,还有别人对他这样生活的感受,是特别忍受不了,但是颜回依旧快乐地面对生活。

师:说得太好了,特别是第一个层次的回答。孔子在这章语录里面采用最经典的生活细节来表现颜回穷不失志,"一箪食,一瓢饮,在陋巷",

吃、喝、住三个方面的困苦生活都写出来了。说得好，继续发言。

生2：此章是这样充满情感地赞美颜回的：我觉得是道德修养，因为，大家看孔子从吃、喝、住等三个方面描写了颜回的困苦，如果是普通人，也许会叫苦不迭，会抱怨上苍，但他还是自得其乐。我觉得这应该是赞美颜回的道德修养。

师：意志坚强。这里运用的是对比手法，"人不堪其忧，回也不改其乐"，对比是多么地鲜明，对比之中可以看出颜回是怎样坚守自己的志向的。

生3：此章是这样充满情感地赞美颜回的：我认为颜回是一个安贫乐道的人，因为面对吃喝住都那样的简陋，他依然那样快乐。

师：孔子是怎样赞美他的呢？"回也不改其乐"，所以，"回也"这一称呼是充满了爱意、充满了赞叹的。"不改其乐"，高度的肯定。

生4：此章是这样充满情感地赞美颜回的：我认为，颜回是一个高尚的人。因为在这一则语录里，孔子用了四个字就写出了颜回的高尚，"贤哉，回也"，然后就是用"贤"字表现了颜回是一个有道德、有才能而且高尚的人。

师：用了一个极有含义、极能表现一个人有高尚品德和才能的字——"贤"，所以，"贤"字统领这一章的全部内容，而且反复用"贤"。

好吧，老师小结一下。我们提升一下认识，大家做好笔记。

（屏幕显示）

倒装

感叹

反复

描述

对比

师：第一，倒装句的出现。"贤哉，回也！"一般的说法就是，"回，很贤啊"。但是，把"贤"提上前了，这就是一个倒装的句式，表示强调。多有力呀！"贤哉，回也！"这种赞美充满了激情，抑制不住地表达了出来。第二，感叹句用得多。"贤哉，回也"连续出现两次，句后都是感叹号，表示感情的真挚强烈。第三，运用了反复的手法。很明显，两次反复前后照应。那么，为什么要用反复的手法？反复的手法也是用来抒情和强调的。短短的一章语录里，还有极好的描述，那就是"贤哉，回也！一箪食，一瓢饮，在陋巷"。用"一箪食，一瓢饮，在陋巷"来表现颜回的贤、颜回的苦不失志。最后再用对比的手法来表现这种志向的完美。太高妙了！

（屏幕显示）

极美的结构

深挚的情感

师：如此短小的篇章，如此精妙的手法和深挚的感情，因此，这一章有着极美的结构、深挚的情感。同学们如果要用这一章来训练自己的阅读分析能力，在分析结构上、在分析用词造句上都是可以反复进行的。笔记做好了没有？

（学生回应记好了笔记）

【评点】这是"细读"活动的第一乐章。四个环节"诵读、积累、理解、品析"形成鲜明的课堂教学思路，层层深入，步步为营。前面三个环节为学生顺利地进行细节品析做了铺垫，同时教师的方法指点也化解了教学中的难点。这个活动里有朗读指导、知识积累、能力训练，更有潜移默化的审美感受力的培养以及丰富人文精神的滋养，最终使工具性与人文性和谐地统一在教学中。

师：我们再来细读孔子自述心志的这一章。

（屏幕显示）

子曰："饭疏食饮水，曲肱而枕之，乐亦在其中矣。不义而富且贵，于我如浮云。"

《〈论语〉十二章》课堂教学实录及评点

饭疏食饮水：吃粗粮，喝冷水。

曲肱而枕之：弯着胳膊当枕头。

师：朗读这一章时要读出自我欣慰的情感。"子曰"，读。

（学生大声读课文）

师：有两个地方要读出重音和高度。

（范读）子曰："饭疏食饮水，曲肱而枕之，乐亦在其中矣。"哪一个字要读得高？

生：（齐答）"乐"。

师："不义而富且贵，于我如浮云。"后面这一句子要读得高亢。有专家说，读这句话的时候要响遏行云，那个阳刚之气让流动的云朵都停止了。一起来，"子曰"，读。

（学生大声读课文）

师：读得好听，再来一次吧。

（学生再次大声读课文）

师：把有关的解释读一读吧。

（学生大声读注释）

师：又是精彩的描述，又是极精彩的生活例子，吃的是粗粮，喝的是冷水，睡觉连枕头都没有。胳膊当枕头，"曲肱而枕之"，一般的人也是不能忍受的。但"乐亦在其中"，又是一个"乐"字。

（屏幕显示）

子曰："饭疏食饮水，曲肱而枕之，乐亦在其中矣。不义而富且贵，于我如浮云。"

孔子说："吃粗粮，喝冷水，弯着胳膊当枕头，乐趣也就在这中间了。那不合道义而得来的富和贵，对于我来说就像是天上的浮云一样。"

师：好，把诠释的意思读一读，"孔子说"，读。

（学生大声读课文翻译）

（屏幕显示）

子曰："饭疏食饮水，曲肱而枕之，乐亦在其中矣。不义而富且贵，于我如浮云。"

此章是这样生动地表达孔子的志趣的……

师：这一章语录，是这样生动地表达孔子的志趣的；老师讲给你们听，做好笔记。

（屏幕显示）

描述抒情

议论抒情

师：这一章是这样生动地表达孔子的志趣的：在描述之中抒情，用议论的方法抒情。第一层次，在描述之中抒情："饭疏食饮水，曲肱而枕之，乐亦在其中矣。"第二层次，用议论的方法抒情："不义而富且贵，于我如浮云。"同样是极其高妙的手法。

【评点】这是"细读"活动的第二乐章。它承袭了第一乐章流畅的教学思路，但在具体操作上同中有异。第一乐章的"品析"环节，采用的是学生品析与教师评价相结合的模式；第二乐章的"品析"环节，采用的是教师讲析与学生听记相结合的模式。这表现了教师灵活的教学手法和高超的课堂调节能力。"同"是教给方法，提供示范；"异"是变化节奏，活跃思维。

3．对比赏析

（屏幕显示）

子曰："贤哉，回也！一箪食，一瓢饮，在陋巷，人不堪其忧，回也不改其乐。贤哉，回也！"

子曰:"饭疏食饮水,曲肱而枕之,乐亦在其中矣。不义而富且贵,于我如浮云。"

师:现在就给大家一个难题,好好地训练一下大家。

(屏幕显示)

话题:这两章都……

师:这两章都写了什么,都有什么,你尽情地去对比、提炼、发现吧。开始思考,做旁批,待会儿我们再来交流。我观察你们的笔,要动起来。

(学生静思、默想,做旁批)

师:同桌之间互相讲一讲自己的见解,大声说话。

(学生同桌之间大声交流)

师:好。开始我们的交流。

生1:这两章都讲了道德修养——安贫乐道,还运用了描述抒情的方法。描述抒情就是通过吃饭、喝水和睡觉的时候要曲着胳膊来枕写出了孔子和颜回的道德修养和安贫乐道。

师:嗯。还要简洁一点。都写了吃饭、喝水,换个说法,都写了吃粗粮、喝冷水,以此来表现生活是多么地苦呀。

生2:这两章都运用了许多的手法,我认为是讲了道德的习惯和生活的习惯。

师:嗯,还应该说歌颂了一种志向。

生3:并且这两章中描述的生活都是非常困苦的,但是他们都自得其乐,都苦中作乐。

师:"自得其乐"这四个字概括得太好了。都写了清苦、贫困、贫穷,饭都吃不饱,但是志向却非常地高远。

生4:这两章都写了条件的艰苦,都对比了别人的态度。第一章是"人不堪其忧,回也不改其乐",第二章是"不义而富且贵,于我如浮云",都描绘了高尚的道德修养。

师：对。你发现的地方很有价值。"人不堪其忧，回也不改其乐"，这是很明显的比较。"不义而富且贵，于我如浮云"，这是暗暗地比。有些人就是"不义而富且贵"，但是对孔子来说，这些完全不在自己的视野之内，完全不去理睬。

生5：这两章都写了两个人对贫穷的看法。第一章写了颜回对贫穷、对自得其乐的看法，第二章写了孔子对贫穷像浮云一样的看法，然后还运用了各种手法突出了他们两人的道德修养。

师：对，都写了穷，都在穷上做文章，但同时都写了志气。

生6：这两章都有"乐"字，都写了对待贫穷的态度。颜回和孔子都是安贫乐道的，从来都不会抱怨。

师：说得多好。非常重要的是，这两章都有一个大大的"乐"字，"乐亦在其中"，"回也不改其乐"。

（屏幕显示）

这两章都写了穷困。颜回极贫，处之泰然；孔子困窘，自尊自爱。

这两章都写了志趣。颜回贫贱，不改求学的乐趣；孔子不得温饱，却安贫乐道。

这两章都写了心境。颜回穷困，心境恬淡；孔子清贫，视不义之富贵如浮云。

这两章都写了追求。前者是孔子的深情赞叹，后者是孔子的自述心志。

这两章都描述生动，情趣盎然，表现了高尚的情操、高洁的品性。

师：好，我们一起来欣赏。大声地读起来。"这两章都写了"，读。

（学生大声朗读）

师：好，把中心句都旁批在课本上："这两章都写了穷困""这两章都写了志趣"……当然，在做笔记的时候，对于"这两章"三个字，只写一次就可以了。"这两章都写了穷困、志趣、心境、追求，都描述生动，情趣盎然。"

这样的对比、提炼式的分析最能够训练我们的思维和锻炼我们的阅读分析能力。

下面的"这两章"很重要。

（屏幕显示）

这两章都写了"乐"。坦然的心境，表现了开阔的心胸，表现了内心的强大。

（学生大声朗读）

师：要批10个字："开阔的心胸，内心的强大"。这两章写穷困、志趣、心境、追求，写乐，表现的都是内心的强大。

（学生记笔记）

【评点】这是"细读"活动的第三乐章——对比赏析。同样以一个主问题将学生引入深层次的思维活动，同时，这一主问题与前面两个乐章的主问题呈现出一种反复的美感，但又因为涉及两章的比较阅读，所以带给学生的思维冲击更为强烈。有"比读"必有"反复"，有"比读"必有细节，有"比读"必有"深入"。比读既能训练阅读能力，也能培养思维能力。两章的"分部"教学是对教材的理解性品读，两章的"碰撞"教学则是对教材的升华式品读。这种碰撞式的对比阅读深化了阅读理解的层次，使教学内容具有生动的立体感，极大地提升了教读的品位和质量，更重要的是，对学生进行了角度丰富的思维方式训练。

四、结课

（屏幕显示）

子曰："贤哉，回也！一箪食，一瓢饮，在陋巷，人不堪其忧，回也不改其乐。贤哉，回也！"

子曰："饭疏食饮水，曲肱而枕之，乐亦在其中矣。不义而富且贵，于我如浮云。"

师：好，同学们大声地朗读。

（学生大声朗读）

师：谢谢大家。下课。同学们再见。

生：老师再见。

总评

德国教育家雅斯贝尔斯在《什么是教育》中这样理解教育："教育的本质意味着一棵树摇动另一棵树，一朵云推动另一朵云，一个灵魂唤醒另一个灵魂。"余老师《〈论语〉十二章》的教学是对这句话的美好呼应。教学设计看似简单，教学内容却丰厚扎实；教学风格看似朴实，教学手法却灵动多姿。整个教学过程行云流水，处处风光无限，时时闪耀着师生思维共鸣的智慧之花。

下面从四个方面来谈一谈我对此课的感受。

（1）**高妙的教材处理**。《〈论语〉十二章》，章章精美，但课堂上总不可能面面俱到，余老师对教材内容独具匠心的取舍和处理叫人拍手叫绝。本课的教学主体部分由"略读"和"细读"两大板块组成。"略读"是"面"，是教师对学生学习《论语》的颇有见地的智慧点示；"细读"是"点"，是教师引领下的学生对文本最精美处的自主发现。全文教学点面结合，既整体地了解课文内容，又集中力量欣赏最美的片段，从而达到"简化教学头绪，优化教学内容"的目的。如果没有教师对文本细腻而深入的解读，没有教师对文本独特而深刻的见解，怎么会有教师对文本如此别出心裁的处理？

（2）**精妙的话题设计**。在"细读"板块活动中，教师用三个话题"此章是这样充满情感地赞美颜回的……""此章是这样生动地表达孔子的志趣的……""这两章都……"来激活课堂，引导学生进行三次深入的研读活动，引发学生对课文内容更集中、更深刻的阅读、思考和探究。课堂上没有任何的"碎问碎答"，只有学生安静的沉思和沉思之后深刻而富有创造性的发现。如果没有以这样美好的问题为抓手，教学怎么可能做到以简驭繁，以易克难，让学生真正成为课堂有序活动的主体而得到充分的能力训练？

(3) *巧妙的活动组织*。在余老师的课堂上，学生总是能充分地占有时间，进行形式多样、内容丰富的学习活动。在本课的教学中，有名句格言的积累活动，感受文意的诵读活动，解说知识的听记活动，赏析美点的品读活动以及认识规律的比读活动。正因为有了如此多姿的实践活动，学生表现得总是那么积极主动，每个学生都充分活动起来，每个学生的思维都充分活跃起来，而且表现出令人惊叹的深刻性、创造性！如果没有教师的激励、唤醒和鼓舞，怎么可能有学生如此精彩的表现？

(4) *美妙的朗读指导*。全课以朗读为线，使课堂阅读教学表现出一种穿插之美，一种节奏之美。朗读与品析交织前行，用诗意的手法形成了灵动活泼、变化多姿的诗意课堂活动。教师的朗读指导是细腻的、多角度的，有语气、语调、语速、情味等方面的要求；教师的朗读指导是立体的、有层次的，有示范朗读、直接点拨，也有问题启发式的引导。如果没有教师这样精心的朗读指导，学生怎么能深入文本，深刻地理解文本，又怎么能碰撞出如此动人的思维之光？

《木兰诗》课堂教学实录及评点

执教：余映潮　　评点：董鹏

时间：2013 年 4 月 10 日
地点：辽宁大连市红星海学校

一、以"导读"切入课文教学

（学生齐读课文）

师：读得好听。下面我们就进入对课文的学习。大家把屏幕上的材料读一读，"《木兰诗》"，读。

（屏幕显示，全班齐读）

《木兰诗》，我国南北朝时期北方的一首长篇叙事民歌，是乐府民歌中流传最广的名篇之一。

这首诗，写木兰代父从军的故事，充满传奇色彩。千百年来，木兰这一巾帼英雄的形象，家喻户晓，深受人们喜爱。全诗明朗刚健，质朴生动，具有浓郁的民歌情味。

师：上面这段话在哪里呀？

生：（找答案，齐声）在课文前面的"导读"中。

师：对，拿起笔，把里面的四字短语圈下来。

（教师引导学生发现并齐说导读中四字短语的奥秘——内容：代父从军；故事的特点：传奇色彩；主人公：巾帼英雄；典型性：家喻户晓；木兰诗的风格：明朗刚健，质朴生动，具有浓郁的民歌情味）

《木兰诗》课堂教学实录及评点

师：大家看，这些语言写得多精致、多美好！

【评点】如此巧妙地引导学生关注课文的导读部分，既告诉学生应该关注导读，也提醒学生要学会从导读中提炼概括信息。这里的四字词语是美的，余老师的巧妙提醒更美。

二、朗读课文，明确段意

师：我们这个课，是诗歌选段品析课。

我们还是先从朗读开始。我刚才听到大家的朗读，就一个字没有读准确，"旧时裳"。"裳"，古时候穿的衣服下裙叫"裳"，读"cháng"。你们到了初二，还要学到《三峡》，"猿鸣三声泪沾裳"，也是这个读音。好，一起来，把这些重要的字词的发音读准确。"机杼"，读！

生：机杼（zhù）　可汗（kè）（hán）　鞍鞯（ān）（jiān）　辔（pèi）头　燕（yān）山　胡骑（jì）　朔（shuò）气　金柝（tuò）　策勋（xūn）　赏赐（cì）　旧时裳（cháng）　溅溅（jiān）　啾啾（jiū）　霍霍（huò）

师：我们开始朗读这首诗吧。

朗读，要进入情境。看第一段，明显地表达出的是一种焦虑。"唧唧复唧唧，木兰当户织。不闻机杼声，惟闻女叹息。"（教师示范）这样，我们就读出它的味道来了。再比如："万里赴戎机，关山度若飞。朔气传金柝，寒光照铁衣。将军百战死，壮士十年归。"（教师示范）表现的是一种气魄，一种战争的氛围。然后，亲情："爷娘闻女来，出郭相扶将；阿姊闻妹来，当户理红妆；小弟闻姊来，磨刀霍霍向猪羊。"（教师示范）好，各自体会，不齐读。开始吧！

（学生体会，朗读）

【评点】课进行到这里，每个环节的处理都是简洁而充满美感的，体现出一种余老师语文课独有的简洁美——从开课的直接导入，到导读的巧妙分析；

177

从字词的简单处理，到老师的深情范读，无不营造一种简洁而充满美感的课堂氛围。没有花哨的赘余，却深深地吸引学生不自觉地进入《木兰诗》的美好境界。

师：好的，再来读。这一次的朗读，是要明确每一段的大意，就是，每一段究竟写什么呢？

我发现了这篇课文的一个秘诀：可以用每一节诗里面的句子来概括段意，但是我只告诉你们一半的秘密，另一半的秘密，你们马上可以从我的点拨里感受到。

这样来做：每读一段就停下来，老师插一句话，然后你们继续读。好，"唧唧复唧唧"，读。

生："唧唧复唧唧，木兰当户织。不闻机杼声，惟闻女叹息。"

师：这一段的段意是："不闻机杼声，惟闻女叹息。"

（学生做笔记）

师：好了，第二段开始了，"问女"，读。

生："问女何所思，问女何所忆。女亦无所思，女亦无所忆。昨夜见军帖，可汗大点兵。军书十二卷，卷卷有爷名。阿爷无大儿，木兰无长兄，愿为市鞍马，从此替爷征。"

师：这一段的主要内容是："愿为市鞍马，从此替爷征。"

（学生做笔记）

师："东市买骏马"，读。

生："东市买骏马，西市买鞍鞯，南市买辔头，北市买长鞭。旦辞爷娘去，暮宿黄河边，不闻爷娘唤女声，但闻黄河流水鸣溅溅。旦辞黄河去，暮至黑山头，不闻爷娘唤女声，但闻燕山胡骑鸣啾啾。"

师：这一段的主要内容，可以用"不闻爷娘唤女声，但闻燕山胡骑鸣啾啾"来概括。征战远行啊！好，下面就该你们说了，你们读一段，然后马上告诉我，一齐说这一段的段意是什么。

生:"万里赴戎机,关山度若飞。朔气传金柝,寒光照铁衣。将军百战死,壮士十年归。"

师:说起来!

生:"将军百战死,壮士十年归"。

师:多聪明啊,怎么就知道是这两句呢!

生:"归来见天子,天子坐明堂。策勋十二转,赏赐百千强。可汗问所欲,木兰不用尚书郎;愿驰千里足,送儿还故乡。"

师:说起来!

生:"愿驰千里足,送儿还故乡"。

师:更加聪明了,"爷娘闻女来",读。

生:"爷娘闻女来,出郭相扶将;阿姊闻妹来,当户理红妆;小弟闻姊来,磨刀霍霍向猪羊。开我东阁门,坐我西阁床,脱我战时袍,著我旧时裳,当窗理云鬓,对镜帖花黄。出门看火伴,火伴皆惊忙:同行十二年,不知木兰是女郎。"

师:这一段,可以用这样两句诗来概括——

生:"同行十二年,不知木兰是女郎"。

师:"雄兔脚扑朔",读。

生:"雄兔脚扑朔,雌兔眼迷离;双兔傍地走,安能辨我是雄雌?"

师:说起来!

生:"双兔傍地走,安能辨我是雄雌"。

师:大家聪明在哪儿呢?就聪明在发现规律了,老师说了三句,你们找了四句,从规律里面能够提炼出段意。哦,这首诗几乎每一段的最后两句诗,都是可以用来概括段意的。可以毫不夸张地说,在全中国的《木兰诗》的教学中,只有你们这个班发现了这个秘诀(学生笑),没有任何人发现,是真的,不信,你们去查,所以,谢谢大家!

【评点】美美的示范,美美的引导,美美的诵读,美美的发现,细节到位,水到渠成。这里体现了余老师研读教材的细致、深入。明明是老师发现了规律,却归功于学生,看似不经心,实则是对学生大大的鼓励,这也是对课堂美好氛围的一种营造。

三、选段品析,介绍写作手法

师:好,继续,开始我们的选段品析。第一个片段:"万里赴戎机",读起来!

生:"万里赴戎机,关山度若飞。朔气传金柝,寒光照铁衣。将军百战死,壮士十年归。"

师:看(屏幕显示)!这六句诗的层次:"万里赴戎机,关山度若飞";"朔气传金柝,寒光照铁衣";"将军百战死,壮士十年归"。一起说,几个层次?

生:三个。

师:这一节的内容与结构是很简单的,但是我们要把它读得深刻一点,读出它的文学味道,读出这一节诗语言表达的精练之美,然后你们要品析这一段写出了哪些内容,还要品析哪些字用得特别的美,特别的精致……先思考一会儿,再说话吧。

(学生思考,做批注)

师:真好!用笔来记录自己的思考。下面,我们可以说话了。

生1:首先,在这一节诗里,我抓到了这几个关键词。第一个词是"万里",第二个词是"飞",第三个词是"百战",然后是"十年"。找到了一个好句子是"朔气传金柝,寒光照铁衣"。首先,从"万里"这个词体会到的是木兰代父从军、奔赴战场的路途遥远。"关山度若飞"中的"飞"字用得也很好,写出了木兰去征战的行程之快。

师:那样一种英姿!好,继续说。

生1:"寒光照铁衣",既然是寒光,我觉得它指的是晚上的月光。而"铁衣",下面的注释中解释说是"古代人穿的铠甲",也就是说写出了他们征战的艰难,连晚上都得穿着铠甲睡觉。"将军百战死"中的"百战"和后面"壮士十年归"一句中的"十年"是写战事时间的漫长,并且这里所写的十年,并不是实指的十年,而是指比这十年还要多,指出了木兰代父从军的艰难。

师:百战之苦啊,十年之艰呀!就这样用简短的句子写出来了!

生2:我和刚才的同学找的一样,就是"万里赴戎机,关山度若飞"。"关山度若飞"中的这个"飞"字是指像飞一样跨过一座座山,那就是说这个战事是非常紧急的。

师:这个"飞"字,不仅仅是表现战事很紧张、形势很紧张,它表现的是一幅极其美好的画面,英姿飒爽,奔腾向前。没有任何危险能难得住她,没有任何关隘、山头能难得住她。"关山度若飞"呀,任何险峻的关隘、山头都很轻松地过去了,这就写出了一种气概。

生3:我找到的是"朔气传金柝,寒光照铁衣"这两句诗。我找到了最喜欢的两个词语,就是"传"和"照"。这两个词语,生动地写出了当时战地的艰难,也突出了木兰这次替父从军打仗的辛苦。

师:对,这两句诗就是特写镜头:"朔气传金柝"写的是声音,"寒光照铁衣"写的是色彩;"朔气传金柝"写的是动景,"寒光照铁衣"写的是静景。

多优美的表达!而且它的取材写的是夜间的军营生活,从这个角度来表现征战的艰苦。继续说,请你来。

生4:我找到的是这一段的最后一节诗"壮士十年归"。"十年",体现的是木兰打仗的艰苦;再联系上文,"将军百战死"这句话表明了在战场上随时都有可能丧生。我认为这句话衬托了木兰的勇气。

师:对。"将军百战死",写的是战争的残酷;"壮士十年归",写的是英雄的凯旋。这句话的意思是,将军们和士兵们有的牺牲了,有的荣归故里。

生5:我想说的是"万里赴戎机"这句话。它的意思就是不远万里奔赴战场。我觉得这句话就说明了木兰奔赴战场时信念的坚毅、坚定。

师:远征,再远征。无所阻拦。"万里赴戎机","戎机"指战斗,不远万里去战斗。到哪儿去战斗啊？燕山，胡骑，鸣啾啾，那个地方有侵略者呀。

好，我们来系统地梳理一下。30个字的精练之美，到底美在哪里？

承上而启下，注意下面的四字短语呀！（屏幕显示）表现了"征途之遥""征战之勇""军旅之苦""百战之烈""十年之艰"，可谓"字字千金"。30个字写了漫长的军旅生活、战争生活、战斗生活，太美了！太精致了！这就是30个字、6句诗的魅力。

这6句诗，两两对称，对偶精致。"万里赴戎机，关山度若飞"等都是对偶的。

"飞"字用得特别精彩，写出了战事紧迫，行军神速，表现了木兰越马驰骋、勇敢矫健的英雄形象。一个字写出了这样丰富的内容！这就叫作语言的表现力。

好，请大家关注下面的学习内容：积累一个"戎"字。"万里赴戎机，关山度若飞"。"戎"，古代兵器的总称。"戎"就是军队、军事，由于"戎"字的"兵器、军队"的军事含义，就有了"兵戎相见"这个成语，就是打仗，我和你兵戎相见。"投笔从戎"，指的是文人不写文章了，去打仗。你看看抗日战争的时候，有很多抗日的将领都是投笔从戎的。"一身戎装"，写的是军人穿的军服。"戎马生涯"，指这一辈子就是在打仗里面过来的。"戎马倥偬"，成语，这一辈子就在战斗里，感觉忽然就过去了。"万里赴戎机"，"戎机"就是战争，就是战斗，就是军事。大家看，"戎"字很古老，但是并没有远离我们。

还要积累一项修辞知识——互文，大家要做笔记。上下句或者若干句，它们的意思是互相交错、兼顾、补充的，这样的修辞手法叫"互文"。"将军百战死，壮士十年归"。意思是，将军们有的战死了，壮士们有的回来了。就这样互相地交错补充，或者说是互相渗透。大家翻到课文练习二，这里都是互文句。"东市买骏马，西市买鞍鞯，南市买辔头，北市买长鞭"。这里不是说到东市专门买马，到西市专门买鞍鞯，这几个句子是相互渗透补

《木兰诗》课堂教学实录及评点

充的,是说往各个方向去买来了参军的用具。"开我东阁门,坐我西阁床",就是打开我房间的门,这里看一看,那里坐一坐。"当窗理云鬓,对镜帖花黄",就是当着窗户,对着镜子来理云鬓、贴花黄。句子与句子之间,彼此交错,互相补充。明白一点道理了吧?

好,还要有一个积累,四字词语。就是对于这一段文字,我们用文学的语言来评价它,它的表达特点是什么?"惜墨如金","墨"是什么呀?

生:"墨水"。

师:在这里是什么意思呀?

生:"字"。

师:对,文字,文字用得极其的精练,就像金子一样的宝贵,舍不得用。为什么舍不得用呀?生动的描叙在后面呢。《木兰诗》,如果我们把它看成写女英雄的诗歌,那就错了。女英雄是娇美的女儿呀,还要回到她女儿的生活中去。她是一个既能战斗又热爱和平的人物形象。

【评点】这一板块的教学,师生对话精彩。这启示我们:教师该何时出场,师生的对话究竟该达到怎样的一种境界。课中积累也是教学中的一大亮点。"戎"字的积累是一种文化的积累,"互文"是一种修辞的积累,"惜墨如金"则巧妙地从本段表达艺术角度进行积累,真可谓丰富多彩,一举多得。

师:继续我们的学习,你们说,下面应该品析哪一个片段呢?

生:"爷娘闻女来"。

师:那么聪明呀,是不是呢?

生:是。(屏幕显示)哇……

师:我就知道大家会"哇"一下子的。读起来,"爷娘闻女来"——

生:"爷娘闻女来,出郭相扶将;阿姊闻妹来,当户理红妆;小弟闻姊来,磨刀霍霍向猪羊。开我东阁门,坐我西阁床,脱我战时袍,著我旧时裳,当窗理云鬓,对镜帖花黄。出门看火伴,火伴皆惊忙:同行十二年,不

183

知木兰是女郎。"

师：观察，瞬间做出反应。又是三个层次。好，阐释一下。

生1：我认为在"开我东阁门"之前、"磨刀霍霍向猪羊"之后是第一个层次；从"开我东阁门"到"对镜帖花黄"是一个层次；剩下的是另一个层次。

师：分别是家人、木兰和火伴，你们的眼光很敏锐。继续深思，例说这一节诗语言表达的传神之美。

（学生思考）

师：好，先表扬一句。你们的聪明表现在哪里呢？第一次，我一说完大家就急着举手，我说"思考吧"才开始思考。第二次，就没有举手了，而是先思考再举手，这就是聪明的学生。好，你来说。

生2：我找的是第一句："爷娘闻女来，出郭相扶将。""相扶将"写出她的爸爸妈妈已经很老了，但是还要扶持着出来看木兰，说明他们对木兰很是想念。

师：多么欣喜的感觉呀！"爷娘闻女来，出郭相扶将"，"扶"着去迎接自己女儿的凯旋。

生3：我找的是"阿姊闻妹来，当户理红妆"。这句话也写出了她的姐姐对木兰的想念之情，所以她穿上艳丽的衣服也出来迎接木兰。

师：也是一种喜悦，而且把自己打扮得漂漂亮亮地去迎接自己的妹妹。这个细节太漂亮了。

生4：我找到的是第三句："小弟闻姊来，磨刀霍霍向猪羊。"从"磨刀霍霍向猪羊"，可以看出她的弟弟也十分兴奋他姐姐回来，准备杀猪羊来庆祝姐姐回来。

师：对，我们甚至可以看到弟弟脸上的笑容，"磨刀霍霍向猪羊"，多么快乐呀，姐姐回来了。

生5：我找的是最后一个层次："出门看火伴，火伴皆惊忙；同行十二年，不知木兰是女郎。"这句话是讲木兰的伙伴根本不知道木兰是个女的，说明她在打仗的时候和男兵一样勇猛，借此赞美木兰打仗的时候非常勇猛。

师：对，"火伴皆惊忙"，就是侧面烘托。

生6：我找的是"当窗理云鬓，对镜帖花黄"。因为木兰在征战的时候，是和男兵一样的，没有好好地打扮过自己，这里体现出她回家后的快乐心情。

师：对，通过"当窗理云鬓，对镜帖花黄"这句诗的描写，让我们可以看出木兰回家的快乐，而且我们还可以看出木兰是一个美丽的女子。"当窗理云鬓"，秀发像云一样的美丽呀。

生7：我不是找了一个单独的点，而是在前两个层次中找了六个小细节来阐释这两个层面的意思。首先，我在第一个层次中找的是前三个同学找过了的"出郭相扶将""当户理红妆"和"磨刀霍霍向猪羊"。这三句话，完全可以表现出听说木兰得胜归来后这一家人的其乐融融，杀猪宰羊来庆贺的场景。这是第一个层面。

师：你说的是其乐融融，我再给你加四个字——"亲情融融"啊！

生7：这是第一个传神的层面。第二个传神的层面，是"开我东阁门，坐我西阁床，脱我战时袍，着我旧时裳，当窗理云鬓，对镜帖花黄"这几句。因为我觉得从这几个小小的细节中，可以体现出木兰征战后回到自己多年未见的故乡的一种喜悦的心情，到处看一看，走一走，坐一坐，并且是换了她自己原来女性的衣裳，这可以体现出木兰回家时的喜悦和快乐心情。

师：闺中情怀，女儿本色！

生8：我找到的也是"当窗理云鬓，对镜帖花黄"这一段。这一段还原了木兰本是女儿身、柔美的那一面。木兰本是一个很美丽的女子，然而为了父亲要征战沙场，也体现出了木兰的勇敢和她的那种男儿气概。

师：这一句就像前面"朔气传金柝，寒光照铁衣"那样，是一个特写镜头，细腻地写出了她的动作，同时表现出她的心理。"当窗理云鬓"是一种多么欣喜的感觉。

生9：我找的是"出门看火伴，火伴皆惊忙：同行十二年，不知木兰是女郎"。"同行十二年"说明了征战时间非常长;"不知木兰是女郎",火伴却仍不知木兰是女子,可以看出木兰的心思缜密,把自己是女性的一些细节掩盖得非常好,再加上刚才那位男同学说的,她打仗作风特别勇猛,加在一起可以看出木兰是一个智勇双全的女子。

师:是啊,"惊忙"两个字用起来很传神。不是惊慌,惊慌就不好听了,既惊讶,而且忙起来,"惊忙"一词很传神呀。好,同学们品析得太美妙了!这一段话叫作尽情渲染。

这里,我们会学到好多好多的四字短语。传神的动作描写把爷娘的"疼爱之心",阿姊的"喜悦之态",小弟的"快乐之情",以及木兰的"闺中情怀""女儿本色"和火伴们的"惊讶之态"表现得淋漓尽致,创造了热烈欢快的喜庆氛围。这就是84个字、16句诗的魅力。

【评点】不难看出,在余老师不着痕迹的对话引领中,学生渐渐进入了诗歌品析的最佳境界。教师、学生、文本渐渐融为了一体。课堂对话简洁、融洽、切题,充满浓浓的文学色彩和《木兰诗》独有的诗歌意境。

师:继续积累:一个"阁"字。"阁",一种架空的小楼房,中国传统建筑屋中的一种,就是楼阁。《木兰诗》中的阁,特指女子的卧室。"闺阁",女孩子的房间叫闺阁。有的地方,小木头房子也叫阁,楼阁。还有许多美好的词语:"五步一楼,十步一阁"。古诗里有"亭台楼阁""仙山琼阁""束之高阁",还有"空中楼阁",现在用它来比喻不切实的想法或美妙的幻想。

还要积累一对成语:"磨刀霍霍"和"扑朔迷离"。"磨刀霍霍"这个成语的情感色彩已经有了变化,用途也有了变化。现在把它解释为"多形容敌人在行动前频繁地活动"。"扑朔迷离",现在用它来形容事情错综复杂、不易看清。

老师刚才讲了一个四字短语叫"惜墨如金"。现在还会有一个带"墨"

《木兰诗》课堂教学实录及评点

字的短语出来,你们猜猜,会是什么"墨"呢?

生:"挥毫泼墨"。

师:能够马上想到"挥毫泼墨",不错啊。其实是"泼墨似水",就是在这里不惜用繁笔来进行描写。多有味道呀,中国的语言文字里面的文化真是太漂亮了。

【评点】又一次课中积累,"阁"字与"戎"字一样,是浓浓的文化积累;"泼墨似水"与"惜墨如金"遥相呼应,巧妙至极。两次课中积累可谓简洁中见丰厚,质朴中见灵动,美妙至极!

四、结课

师:好,同学们一起来,把这句话读一读。(屏幕显示)"《木兰诗》……",读!

生:"《木兰诗》有时惜墨如金,极其简练;有时又泼墨似水,尽力铺排。紧扣木兰是女郎来塑造既有英雄气又有儿女之情的木兰形象,传达出美好的意蕴。"

师:一身戎装,英姿飒爽,云鬓花环,楚楚动人,这就是木兰;"戎马关山报国志,魂牵梦绕女儿情",这也是木兰。《木兰诗》写的就是这样一位可爱的女性形象。在中国文学史的画册上,有这样美好形象的文学形象,再也找不到诸如此类的第二人了。好的,这节课,我们就学到这儿,谢谢大家!老师很高兴!

生:谢谢老师!老师辛苦了!

总评

这是一节诗歌品析课,这堂课本身何尝不是一首诗呢?这首诗美在精致的教材研读,美在精美的教学设计,美在精彩的师生对话。

（1）**角度独特的教材研读**。读导读，余老师能抓住四字词语，将《木兰诗》的内容、故事特点、主人公形象、这首诗的典型性及其风格诗意地呈现在学生面前，清新而自然。读诗歌内容，余老师能巧妙地发现这首诗几乎每一段的最后两句诗都是可以用来概括段意的。诗歌用词、用句乃至修辞等手法的研读之精深自不必说。

（2）**精美而有韵致的教学设计**。由导读入手的整体感知，由朗读入手的内容把握，由第四段过渡段入手的选段品析，再到课中的两次积累（看起来是知识的积累，其实更重要的是文化底蕴的积累），无不简约而精美，丰厚而有韵致，整个课堂节奏充溢着诗歌一样的精美与凝练。

（3）**精彩而有品位的师生对话**。整堂课的活动主角是学生，教师看似不经意的插话，却巧妙地将学生的品析推向了更细之处和更高境界。不难看出，在第四段品析之后，学生对木兰还乡那一段的品析更细致、更有深度、更立体、更具品位了。就这样，整堂课，师生的对话洋溢着诗一样的顺畅与自然之美。

总之，这堂课的美正体现着余老师课堂教学的美。余老师为学的精致与细腻、为人的温和与谦逊、为事的简约与干练，都在这堂课中体现着、演绎着。

《狼》课堂教学实录及评点

执教：余映潮　　评点：王雪红　马衍波

时间：2014 年 10 月 16 日

地点：新疆生产建设兵团第一中学

一、以"狼"字成语导入新课

师：同学们，我们今天来学习文言小说《狼》。先了解作者，读屏幕上的字。

（屏幕显示）

蒲松龄（1640—1715），字留仙，世称聊斋先生，清代文学家。著有文言短篇小说集《聊斋志异》。聊斋：书屋名，志：记叙，异：奇异的故事。

师：今天我们上的是文言小说品析课。现在进行热身活动，大家一起读关于狼的成语。

（屏幕显示）

狼狈为奸　狼吞虎咽　狼子野心　狼心狗肺　引狼入室　如狼似虎　狼烟四起　鬼哭狼嚎

师：都是一些内容可怕的词语。表现的是狼的性格。基本上是贬义词。在中国的文化里，狼就是凶残狡诈的化身。我们再读一遍。

【评点】用含有"狼"字的成语导入新课，是本课教学的亮点。既让学生完成了一次成语积累，又初步了解了中国文化中对"狼"这一形象的解读，为后面的教学内容进行了很好的铺垫。

二、课文三读

师：我们这次上课的内容是"课文三读"加上"课文三写"。

1. 读注释

师：第一读，读注释。放声地读起来吧！课文注释的每一个字都要读出来，包括它的意思解释。

（学生齐读《狼》一文的书下注释）

师：我要告诉大家一个学习文言文最有用的方法之一：把注释里面的每一个字都弄清楚，所以老师要求你们读注释。

继续细化一下，在读注释之后，我们要强化对下面这8个词语的理解。读起来。

（屏幕显示，学生齐读）

理解8个字、词、短语的意思

并驱如故：像原来一样一起追赶。

窘：困窘，处境危急。

积薪：堆积柴草。

少时：一会儿。

瞑：闭眼。

意暇甚：神情很悠闲。

寐：睡觉。

黠：狡猾。

师：再读。

（学生再读以上词语）

《狼》课堂教学实录及评点

师：动手把"窘"字、"瞑"字写一下，"暇""寐"，还有"狡黠"的"黠"字也要弄清楚是怎么写的。

（学生动手比画这些字）

师：很好，大家干劲很足。

【评点】一读，读注释。积累字词，扫除障碍；由面及点，读写结合；教给方法，集体训练；强化理解，扎实有效。

2．读故事

师：第二读，读故事。我们先把前四段朗读一遍。

（学生齐读前四个自然段）

师：要像讲故事一样地读。自己读，不要齐读。

（教师范读第一段）

师：我又要告诉大家，不是出声地"读"就是朗读，我们要在朗读中训练自己表情达意的能力。记住老师的话，朗读，特别是出声地念书，要以声传情，传情达意，这样课文也读好了，表达的技巧也训练了。

继续细化。再理解8个字、词的用法。这个要在课文上做旁批。

（屏幕显示，教师讲，学生记）

晚归：在很晚的时候回家。

止有剩骨："止"，通"只"。

犬坐：像狗一样蹲坐着。"其一犬坐于前"的意思是，"其中一只狼像狗一样地蹲坐在前面"。

数刀：砍了好多刀。"数刀"在这里用作动词。

洞其中：在其中打洞。"洞"，不是名词，是动词，打洞。"一狼洞其中"，一只狼在柴草中打洞。

隧：从柴草中打洞，钻洞。"意将隧入"就是"打算从洞中钻过来，钻洞"。

盖：有"原来是"的意思。

几何：多少。

【评点】二读，读故事。突现关键，以声传情；再识字词，细细讲析；人人动口，人人动笔；边读边记，处处落实。

3．读美段

师：我们已经读了两次啦！第三读，读美段。读课文中写得最生动的一段，最惊险的一段。在哪里呀？

（屏幕显示）

少时，一狼径去，其一犬坐于前。久之，目似瞑，意暇甚。屠暴起，以刀劈狼首，又数刀毙之。方欲行，转视积薪后，一狼洞其中，意将隧入以攻其后也。身已半入，只露尻尾。屠自后断其股，亦毙之。乃悟前狼假寐，盖以诱敌。

（学生齐读这一段）

师：好！我来训练大家怎样以声传情地朗读。第一，要读出悠闲的味道。哪一只狼呢？

生："其一犬坐于前"的那只狼。

师："久之，目似瞑，意暇甚。"读的时候，你们的头还要摇一摇，"意暇甚"，神情很悠闲。好，把这句话读一读。

（学生齐读）

师：味道出来啦！后面要立即变节奏，把"暴"字读得很重，把情境渲染出来。（范读）"屠暴起，以刀劈狼首，又数刀毙之。"

（学生学读）

师：这里就不能悠闲啦！屠抓住时机，猛然跳起，以刀劈狼首。这是快速反应。我们再来把这两句读一遍。

（学生齐读）

师："方欲行，转视积薪后"可加入一个"啊"字，表示太令人恐惧了！

"一狼洞其中，意将隧入以攻其后也。身已半入，只露尻尾。"要渲染出紧张的情形，要一气呵成地连读。试一下吧！

（学生齐读）

师：刚才的"啊"读得有些不自然。要有情感，要有惊恐，你们是毫无表情地在读"啊"。再来，把"啊"字的意味读出来。读！

（学生再读）

师：（范读）后面一句话就舒缓了！"屠自后断其股，亦毙之。乃悟前狼假寐，盖以诱敌。"

（学生齐读）

师：再齐读。"啊"字不要大声叫，要惊讶，要轻声地读。

（学生齐读第四段）

师：读得好。我们读了之后还要干什么呢？更艰苦的任务在等待着你们。读了还要练：做一次语言练习。大家要瞬间做出反应。

（屏幕显示；教师读题干，众生回答）

少时，一狼径去，其一犬坐于前。久之，目似瞑，意暇甚。屠暴起，以刀劈狼首，又数刀毙之。方欲行，转视积薪后，一狼洞其中，意将隧入以攻其后也。身已半入，只露尻尾。屠自后断其股，亦毙之。乃悟前狼假寐，盖以诱敌。

(1) 解释下面的字词。

①方（正、刚） ②径（径直）

③尻（屁股） ④股（大腿）

(2) 指出括号前的词的意思。

①其一犬（像狗似的）坐于前 ②一狼洞（打洞）其中

③意将隧（打洞）入 ④又数刀（砍了数刀）毙之

(3) 译说下面句子的意思。

目似瞑，意暇甚：眼睛似乎闭上了，神情很悠闲。

乃悟前狼假寐，盖以诱敌：于是明白了，第一只狼假装睡觉，原来是为了迷惑对方。

师：这是《狼》里面最精彩、最难以理解的部分。面对这样一些练习，同学们能够很快应对，说明学习得很好。

仍然要把这一段读一读，把字词的解释说一下、读一下。"少时"，读！

（学生齐读）

【评点】三读，读美段。突出重点，多次反复；循循善诱，指导朗读；添加字眼，生动别致；读后再练，处处落实；使学生读得起劲、练得投入。

三、课文三写

1．补写情节概说

师：不歇气地读了这么长时间，很累了吧？休息一下，我们进入安静地写作环节，这又是另外一种形式的累。第一写，补写情节概说。我已经把情节都理得差不多了，只要你补写其中一处地方。

（屏幕显示）

第一段：两狼缀行　险象环生

第二段：两狼并驱　形势危急

—————————————

第四段：两狼被毙　化险为夷

师：老师说，大家齐读。第一段——

生：两狼缀行，险象环生。

师：第二段——

生：两狼并驱，形势危急。

师：第四段——

生：两狼被毙，化险为夷。

师：同学们的任务是写出第三段的情节概括。开始写。最好把刚才老师已经总结出来的24个字批注在书上。当中留空，写出你要写的8个字。

这就是我们的第一写。

（学生进行补写练习）

师：请告诉我，你是怎么补写的呢？

生1：两狼又逼，情况紧迫。

师：你知道一定要写8个字的要求，很好。

生2：两狼诱敌，危机四伏。

师："诱敌"的说法还得再考虑一下。第四段是诱敌。好的，继续说话。（询问其他学生答题进展）好，我们还是采用第一位同学的说法：两狼逼人，剑拔弩张。双方是决一死战的姿态。屠户是"弛担持刀"，狼是瞪眼，放出凶光，盯着屠户，这是最危险的时刻。

【评点】一写，补写情节概说。由动到静，由读到写；教师铺路，学生搭桥；难度适中，人人参与；既增加了学生的课堂活动量，又给每个学生都提供了实践的机会。

2．续写课文评点

师：再写。第二写，续写课文评点。开始读。

（屏幕显示，学生读）

生："第一段：写屠夫遇狼，点明时间、地点和矛盾的双方。"这是故事的开端。

师：旁批"开端""遇狼"。现在我们是从屠户的角度分析每一段。

（学生做旁批）

师：再读。

生："第二段：写屠夫惧狼，表现屠夫的迁就退让和狼的凶恶贪婪。"这是故事的发展。

师：又批4个字。告诉我，哪4个字呀？

生："惧狼""贪婪"。

（学生做旁批）

师：继续读。

生："第三段：写屠夫御狼，表现屠夫的果断抉择和狼的不甘罢休。"这是故事的进一步发展。

师：这里要批7个字："御狼""进一步发展"。

（学生做旁批）

师：大家观察一下，看老师的表达有什么规律，并写出课文第四段的评点，这就是你们的任务。开始吧！

（学生写评点语）

师：告诉我。

生1：这是写屠夫杀狼，表现屠夫的勇敢，这是故事的结果。

师：这是故事的结果吗？发展之后是什么呢？

生：高潮。

生2：写屠户毙狼，写出了狼的狡猾和屠户的有勇有谋、善于斗争，这是故事的结果。

师：你很会学习，但略有缺憾啊！这是故事的结果吗？
好，你来。

生3：写屠夫毙狼，表现屠夫的勇敢机智和狼的凶残狡猾，这是故事的高潮和结局。

师：这个补充很重要。你再说一遍。

生3：写屠夫毙狼，表现屠夫的勇敢机智和狼的凶残狡猾，这是故事的结局和高潮。

师：嗯，说反了吧？谢谢！这就完整啦！请同学们读。

生："第四段：写屠夫杀狼，表现屠夫的勇敢警觉和狼的狡诈阴险，这是故事的高潮和结局。"

【评点】二写，续写课文评点。难度提升，角度巧妙；既是品析能力训练，

《狼》课堂教学实录及评点

又是观察与思考能力的训练。

3. 简写赏析短文

师：这样你们就学会了用简短、精粹的语句来品读一段。这就叫"品评"。剩下最后一写啦！简写赏析短文。简单地写一两个句子就够了。看内容，很难啊！

"例说《狼》的小说味。"对七年级的学生来说，这恐怕是个难点。不过不要紧，有老师呀！

（屏幕显示）

话题：例说《狼》的小说味

形象？情节？细节？

场景？悬念？伏笔？

师：形象指的是人物形象。《狼》这篇课文有什么人物形象，有哪些情节、细节？还要注意后面三个关键词：场景、悬念、伏笔。就你所知道的内容，选一处写一两句话，来赏析它。开始吧！只选一个地方，或者是形象，或者是情节，或者是细节、场景、伏笔。同桌之间可以议论一下。

（学生讨论后，动笔写赏析文字）

师：好，自由发言，起来说话。

生1：我说的是"一狼径去"。我觉得这句话就是为了下文写狼"意将隧入以攻其后也"。

师："一狼径去"找得好。我给你补充一下：这就是"悬念"。

生2：我发现的场景是"顾野有麦场，场主积薪其中，苫蔽成丘"。这里是故事发生的场景。

师：这位同学的眼光很犀利啊！什么是场景呢？就是故事发生的最重要的地方。没有麦场，就没有这个故事。

生3：我觉得细节就是"久之，目似瞑，意暇甚"的描写。

师：到处都有精彩的细节描写，都是扣人心弦的细节呀！

生4：我觉得场景不仅是在麦场周围，还有在回家的路上。

师：回家的路上是一个大的场景，最后集中到麦场这样一个小的场景上来了。分析得好。

生5：我从形象方面说。课文一共刻画了三个形象，分别是屠户和两只狼。写屠户，是写他一开始惧怕狼、迁就狼，并且一开始就写出了狼的狡猾、贪婪、残暴。最后写屠户忍无可忍，机智地与两只狼做斗争，也写出了两只狼的狡猾。

师：狡猾的形象和机智勇敢的形象，屠户的形象和狼的形象。

悬念到处都是吧？大家看，"缀行甚远"，我们一读到这里就会想到，后续的故事会怎样发展呢？好，老师来小结，大家做笔记。

这篇小说的味道就表现在刻画了性格鲜明的形象。刚才这位同学的发言就很了不起。他不仅关注到人的形象，而且关注到狼的形象。狼也是形象。两类形象都是性格鲜明的。

波澜起伏的情节。小说往往有波澜起伏的情节，但是，有的小说，如《社戏》中是轻波微澜的情节，没有大起大落。《狼》的故事很小，但是波澜起伏，始终扣人心弦。

生动描绘的细节。比如"并驱如故"，比如"眈眈相向"，比如"一狼洞其中"，比如"意暇甚"。到处都是优美的细节，每一个细节都表现着形象。比如，"并驱如故"就表现两只狼懂得配合作战，"眈眈相向"写狼懂得用自己的眼光给对方造成威慑。

故事特有的场景：麦场。理解"场景"二字，对你们大有益处。以后读小说，你就要分析它的场景在哪里，故事是怎样展开的。

扣人心弦的悬念。甚至可以这么说，前面的四段，每一段都充满了悬念。

精巧含蓄的伏笔。还有一处最精巧的伏笔，刚才你们没有读出来。现在老师告诉你们，还有一处精巧的伏笔在哪里呢？在"苫蔽成丘"这四个字上。这是文章中一处绝妙的伏笔。为什么说这个地方是伏笔呢？

生：一只狼在里边打洞。

师：对了，这就是为写后面狼打洞而安排的伏笔。

好，大家一起来把这六句话读一读。"《狼》的小说味"，读！

（屏幕显示，学生读）

《狼》的小说味

性格鲜明的形象

波澜起伏的情节

生动描绘的细节

故事特有的场景

扣人心弦的悬念

精巧含蓄的伏笔

师：说到"伏笔"，我又想起一个地方来了。我觉得"一屠晚归"的"屠"是伏笔。为什么呀？

生6：是因为后面遇到了两只狼。

师：错。有四个字。

生7："弛担持刀"。

师：是啊。如果是个农民，可能是拿起锄头；如果是木匠晚归，可能会亮出斧头。所以，屠户的"屠"也是伏笔呀！

【评点】三写，简写赏析短文。再次增加难度，突现文学欣赏；深度利用课文，进行文学教育；细化课文理解，增加品析角度；提高赏析能力，开阔学生视野。

四、结课

（屏幕显示）

《狼》用顺叙法描绘故事，巧设悬念，预伏波澜，一波未平，一波又起，情节曲折，扣人心弦。最后"陡转"一笔，留下深长的意味。

师：好，谢谢大家！下课！

【评点】余老师在每个教学板块后都进行了精要的小结，见解高妙，力透纸背。这些条理清晰的小结，既是对学生学习成果的肯定，也是教师对学习方法的又一次示范；既表达了教师对课文更深一层的理解，在教学过程中也起到了很好的过渡、提炼和升华作用。

总评

余老师的这节课非常明晰地显现了美好的教学思路：三读、三写。教学思路步步推进，每一步都有扎实有力的集体训练，每一步都体现着高妙的教学手法的运用。

（1）充满趣味性和艺术性的朗读训练。在这个大板块的教学中，余老师精心设计了"三步读"：感知性朗读、模仿性朗读、体验性朗读，对学生进行了扎扎实实的训练，让所有的学生都能在课堂上参与这种认知文字、感受声律、体味词句、领会情感、品味意境、发展语感的充满情致的实践活动。这样有趣又实在的练习，不仅活跃了课堂和调动了学生的学习热情，而且也让学生充分地占有时间，得到充足的语言训练和技能训练。

（2）让学生累并快乐着的写作训练。这里依然采用"三步走"模式：补写情节、叙写评点、简写赏析。三个训练有梯度，有难度。学生对这样的挑战充满兴趣。这样的教学设计既避免了课堂上的"零敲碎打"，又让学生成为课堂有序学习活动的主体。在整个活动的过程中，学生被练得"冥思苦想、抓耳挠腮"，同时又"津津有味、兴趣盎然"。特别在一番劳累后，余老师一句真诚的肯定带给学生的那种难以言表的成就感和喜悦感，连我们都被深深感染。这种效果绝不是一般课堂上简单、随便的一句"你真棒"所能达到的。

《记承天寺夜游》课堂教学实录及评点

执教：余映潮　　评点：柳咏梅

时间：2008年11月26日
地点：江苏江阴市英桥国际学校

一、介绍助读资料，明确教学重点

师：同学们好！

生：老师好！

师：同学们，我们先把课文读一遍。

（学生齐读课文）

师：好的。我听见你们的朗读了，很流畅。有一个字的字音要注意一下："遂至承天寺寻张怀民"这句中的"遂"读第四声，不是第二声。

【评点】开门见山，直入课堂教学情境，没有刻意的铺垫和复杂的导入。

师：我们看屏幕，把这则资料读一下。

（屏幕显示）

苏轼（1037—1101），北宋著名文学家、书画家，"唐宋八大家"之一。字子瞻，号东坡居士，四川眉山人。

（学生朗读）

师：这则资料告诉了我们作者在中国文学史上的地位。继续读。

（屏幕显示）

元丰二年（1079年），苏轼因"乌台诗案"获罪入狱，随后被流放至湖北黄州。

（学生朗读）

师：这则资料告诉我们，作者在中年时所遭受到的一次诬陷，被捕入狱，然后削官被贬谪到偏远地方湖北的黄冈。他的"东坡居士"号就是在黄冈种田时给自己取的，因为那个地方叫东坡。现在听起来是一个很雅的号。继续读。

（屏幕显示）

（在黄州）他给天下写出了四篇他笔下最精的作品。一首词《赤壁怀古》，两篇月夜泛舟的前、后《赤壁赋》，一篇《记承天寺夜游》。单以能写出这些绝世妙文，仇家因羡生妒，把他关入监狱也不无道理。

（学生朗读）

师：这是大学者林语堂在《苏东坡传》里写的一段话。说的是苏东坡在贬谪期间写的作品里面有四篇是绝世妙文。我们今天要学的短短的《记承天寺夜游》就是其中的一篇。

（屏幕显示）

有一种画轴，静静垂于厅堂之侧，以自己特有的淡雅、高洁，惹人喜爱。在我国古典文学宝库中，就垂着这样两轴精品：宋苏东坡的《记承天寺夜游》和明张岱的《湖心亭看雪》。

（学生朗读）

师：这是作家、学者梁衡先生的评价。"两轴精品"都在我们这一册书里。在学术界，人们认为，《记承天寺夜游》是神品，85个字的文章是神品（屏幕显示"神品"，教师板书"神品"）。这么容易懂，神在哪里，这会激起我们欣赏品析这篇文章的欲望。那么这节课，就让我们好好地来品味它。

【评点】助读资料的穿插作为一种手法，有多种形式和多项作用。在开课的这一环节中，助读资料的内容包括了苏轼在文学史上的地位、写作背景及课文的艺术成就，为学生理解课文蓄足了势。从后面的教学过程来看，从第四则资料概括出的"神品"二字成为整堂课的教学线索。

师：这节课有三个活动：有味地朗读、有味地分析、有味地欣赏。

（屏幕显示）

教学创意
有味地朗读
有味地分析
有味地欣赏

二、有味地朗读

师：下面就让我们"有味地朗读"。刚才大家一起读了，很流畅，但是味道没有读出来。我们来看什么是"有味"。

（屏幕显示）

有味地朗读
读出一点文言的味道
读出一点宁静的氛围
读出一点夜游的兴致
读出一点复杂的情愫

师：读出文言的味道，除了有的音节要拉长一点外，我们还要注意这个音节里所渗透出来的情感。我读三个地方给你们听一听，看哪些字是拉长的，并有情感的意味蕴含其中。

（教师深情范读）

师：哪几个字？

生：（齐答）"念""盖""但"。

师："念——无与为乐者"，有一点寂寞之感；"盖——竹柏影也"，有一点兴奋；"但——少闲人如吾两人者耳"，有一点感慨。好，一起试一下。这三个字的音节拖长一点，文言的味道就出来了。

（学生齐读课文，模仿教师对三个字的语音处理方式）

师：读出一点味道了。继续来。第二个要求是——

生：读出一点宁静的氛围。

师：为什么要宁静呢？因为是"夜游"，而且作者看起来心情不错，他写的是美景，要细细欣赏眼前的美景，所以心情不错。那么，宁静的氛围要怎么读出来呢？第一，语速缓一点；第二，音调低一点。轻声地朗读，注意那三个字的拖音仍然要保持。

（学生轻声朗读）

师：味道更浓一点了。第三读，读出一点夜游的兴致。有两个地方要读得快乐一点。现在我们看课文。你认为，哪两个地方或者哪两个字词要读得快乐一点呢？开始思考。我们讨论后再读。

（学生认真思考）

师：我们试着来交流。发表你的看法。

生1：我觉得"相与步于中庭"一句要读出一点夜游的兴致来，因为见到了好朋友，自己的心情自然高兴了起来。

师："相与步于中庭"，很惬意，虽然默默不语，但心灵是相通的。好，谢谢！

生2：第一行的"欣然起行"。这时月色照着，作者兴致非常好，于是便很快从床上爬起来，然后去找张怀民。

师："兴致"一词用得非常好，因为有兴致，所以欣然起行。

生3：我选"怀民亦未寝"这句。作者去找张怀民，而且他发现张怀

《记承天寺夜游》课堂教学实录及评点

民也没有睡觉……

师：怎么表述呢？"怀民亦未寝"这句，他觉得……

生3：怀民和自己一样。

师：我来找你玩，你居然也没睡觉！如果怀民睡着了，他就会觉得怎么样？很遗憾，很扫兴。很好，品得很细腻。谢谢你。

生4：我觉得"盖竹柏影也"体现出作者那种恍然大悟的高兴的兴致。

师：看到那么美好的景色，那样皎洁的月光静静地洒在地上，透过枝叶投射到地上，啊，原来是竹柏，"盖竹柏影也"，有点赞叹的味道。好，谢谢！

生5：我觉得最后一句"但少闲人如吾两人者耳"说得很含蓄，表达了作者当时不得志的一种心情，所以我觉得这句话写得非常好。

师：这个地方能不能读得快乐一点呢？

生5："如吾两人者耳"要读得快一点，因为它是整个连在一起的。

师：我给你补充一下，这个地方的感情比较复杂，我们留着到下一部分再来讨论它的感情。

好，老师小结一下。刚才同学们找的几个地方，都是读出了一点淡淡的快乐的。（教师朗读出前三句，强调"亦"字体现出的欣喜）没有这个"亦"字和有这个"亦"字大不一样，如果怀民没有睡觉，他可以说"怀民未寝"，但是"怀民亦未寝"：他和我一样啊，都没有睡觉。"盖竹柏影也"，也有点淡淡的惊叹的味道。

接下来，我们再来读，把文言的味道、宁静的味道、高兴的味道一起表达出来。

（学生一起有味地朗读全文）

师：好！最后再读出一点复杂的情愫。

作者很感慨，但这种感慨的意味我们一时又说不清楚。"何夜无月？何处无竹柏？但少闲人如吾两人者耳。"（教师有感情地朗诵）是啊，这种复杂的情愫好像只可意会不可言传。但是，我们可以通过朗读来把它表现出来。现在请同学们合练一遍，把这四次朗读的感受表达出来，注意这个

205

"盖"字，有点欣喜的味道。(示范)"盖——竹柏影也。""但"字要稍微地拉长一下。

(学生再次齐读课文)

师：真好！我们都已经体悟到神品的力量了吧！它让我们能够这样去朗读，这也许是苏轼也没有想到的。

【评点】教师在这一环节将朗读的技术指导和艺术指导融为了一体。角度之美，层次之美，示范之美，特别是第三读的节奏变化之美，让人玩味不尽。

三、有味地分析

师：好，下面开始第二个"有味"。

(屏幕显示)

有味地分析
请试将课文进行变形

师：请你将课文进行变形。我们看课文，只有一个段落吧？先思考一下，你如何将课文进行变形，而且要讲出道理来。什么是变形呢？老师先不做解释。(教师以语音强调"变形"二字)开始进入课文，将课文进行变形。

(学生苦苦思索，教师巡视)

师：好的。我试问一下，你们理解了这个"变形"的意义了吗？需要老师解释吗？(语调上扬)

生：需要(学生齐声说)。

【评点】在这一环节，教师有意"卖关子"，让学生产生困顿、迷惑，让他们苦苦地思考，这就是真正意义上的"不愤不悱，不启不发"。同时，也使课堂节奏、氛围呈现出动静结合的特点。

师：那我就太高兴了，你们需要我解释。悄悄地告诉大家，这一篇课文，别看它只有一段，其实是可以重新编排的，可以分为两个部分，也可以分为三个部分，还可以分为四个部分。下面请你从我刚才说的三点里面选一个点，尝试一下。开始。

（学生认真阅读思考）

师：同桌之间交流看法。

（学生热烈讨论）

师：好吧，把我们的议论纷纷转变为各抒己见。

生1：我分为三段：按照事情的起因、经过、发展。第一段，"元丰六年"到"相与步于中庭"，这里写整件事的背景和人物；第二段，"庭下如积水空明，水中藻、荇交横，盖竹柏影也"，描写事情发展的经过；第三段，从"何夜无月"到"如吾两人者耳"是作者抒发感慨。

师：很好，分析有条有理，但我希望有同学对他的分析提出不同的看法。

生2：我认为整篇文章可以分为两段：第一段，"元丰六年"到"相与步于中庭"，这里写作者月夜难以入睡、夜游的起因和经过。第二段，"庭下如积水空明"到最后，邀朋友赏月，写的是承天寺夜游的风景。

师：好的，我也希望有同学对她的看法提出挑战。谢谢你！

生3：我认为可以分四段：第一段，"元丰六年"到"欣然起行"，主要讲事情的起因；第二段，"念无与为乐者"到"相与步于中庭"，讲事情的经过；第三段，"庭下如积水空明"到"盖竹柏影也"是描写景物；第四段是最后一句，抒发夜游感慨。

师：嗯，好的。你的发言我们听见了，继续来！

生4：我也认为可以分四段，但方法不一样。第一段到"欣然起行"。作者非常有兴致，便出来散步（教师插话："这是事情的起因。"）。第二段到"相与步于中庭"。作者找到了张怀民并一起走到了中庭（教师插话："这是事情的发展。")。第三段到"盖竹柏影也"。写的是庭中的景色(教师插话:"笔锋一转,出现一个特写镜头。")。最后一部分,便是作者抒发自己的情感(教师插话:"作者的感慨。")。

师:好,四段分法以他的划分为定论:起因,发展,一个特写镜头,然后一个感慨。分为两个层次的同学要注意了,一篇文章叙议结合一定是两大块。刚才分为两块的同学可以思考一下,什么地方是叙,什么地方是议。请继续发言。

生5:我选择分为两段:第一段,从"元丰六年"到"盖竹柏影也",主要讲整件事情的发生发展(教师插话:"这是事件。"),后面讲的是作者心中的想法(教师插话:"这是由事件升华出来的感慨。")。

师:好的,谢谢!分两段以她的发言为准。分三层的呢?我建议大家从表达方式上去划分它,这就容易了。记叙,描写,抒情……好,请你说。

生6:第一层从"元丰六年"到"相与步于中庭",这段为记叙的手法;第二段从"庭下如积水空明"到"盖竹柏影也",这段为描写的手法;最后一句为抒情。

师:嗯,很好。我们这是人教版的教材,在苏教版的教材里,就把它分为这位同学刚才所说的叙述、描写、抒情三个部分。

原来,这85个字是这样地有味道。它的组合竟然是这样地奥妙,可以是一个篇章,可以是两个部分,可以是三个部分,也可以是四个部分。这就是神品的力量,这就是它的魅力。

大家把关键词读一下。分两层——

(屏幕显示)

记承天寺夜游
苏轼

元丰六年十月十二日夜,解衣欲睡,月色入户,欣然起行。念无与为乐者,遂至承天寺寻张怀民。怀民亦未寝,相与步于中庭。庭下如积水空明,水中藻、荇交横,盖竹柏影也。　　　　　　　　　　(叙事)

何夜无月？何处无竹柏？但少闲人如吾两人者耳。　　　　　　　（抒情）

生：叙事、抒情。

师：分三层——

（屏幕显示）

记承天寺夜游

苏轼

元丰六年十月十二日夜，解衣欲睡，月色入户，欣然起行。念无与为乐者，遂至承天寺寻张怀民。怀民亦未寝，相与步于中庭。　（记叙）

庭下如积水空明，水中藻、荇交横，盖竹柏影也。　　　　　　　（描写）

何夜无月？何处无竹柏？但少闲人如吾两人者耳。　　　　　　　（抒情）

生：记叙、描写、抒情。

师：分四层就更有意思了。读起来。

（屏幕显示）

记承天寺夜游

苏轼

元丰六年十月十二日夜，解衣欲睡，月色入户，欣然起行。　　　（起）

念无与为乐者，遂至承天寺寻张怀民。怀民亦未寝，相与步于中庭。

　　　　　　　　　　　　　　　　　　　　　　　　　　　　　（承）

庭下如积水空明，水中藻、荇交横，盖竹柏影也。　　　　　　　（转）

何夜无月？何处无竹柏？但少闲人如吾两人者耳。　　　　　　　（合）

生：起、承、转、合。

师：最后一个更有意思了，事情的起因是"起"，发展是"承"，笔锋一转，一个特写镜头是"转"，"合"，用抒情议论托起全文，收束全文。"合"是很有力量的。它依托于前面的叙述描写，但是它带给我们的情感震撼力是最大的,它在全文的结构上起了重要的作用。

请你们把"叙事、抒情""记叙、描写、抒情"和"起、承、转、合"分成三个小块旁批在课文上。

【评点】看余老师这一部分的课,更深地体会到教师对于学生的作用正如铺路石、台阶,"塞者凿之,陡者级之,断者架木通之,悬者植梯接之"。这是别出心裁的能力训练,这是别具匠心的思维训练。所谓"用课文教",这里就是极好的例证。

四、有味地欣赏

师:下面是"有味地欣赏"。

(屏幕显示)

有味地欣赏

活动:课文观感

师:请谈谈自己欣赏到的课文中的一点之美。如:一字之美,一词之美,一句之美,结构之美,层次之美,描写手法之美,表达方式之美,情感之美,等等。

先来看活动要求,请一位同学把要求读一下。

(一学生朗读)

师:也就是说,每位同学只要表达出自己感悟到的一点之美就行。开始。

(学生思考)

师:好,同桌之间第二次交换意见。

(学生热烈讨论)

师:好的,让我们一起来欣赏,可以举手。

(点好举手学生的顺序)

《记承天寺夜游》课堂教学实录及评点

生1：我觉得最后一句"何夜无月？何处无竹柏？但少闲人如吾两人者耳"写的是作者不追求名利，不为俗物所累，非常有韵味。

师：好，她是对"闲人"进行了品析。她两次发言都紧扣了这句。

生2：我觉得"水中藻、荇交横，盖竹柏影也"这一句很美。他把竹柏影比喻成"藻、荇"，"交横"一词写出了影子的繁密错综，很有韵味，又烘衬出了周围的环境。

师：好！这个"水"字用得好，本来就可以直接说"藻、荇交横"，但"水中藻、荇交横"给我们一种澄澈的、透明的感觉，而且和前面的"积水空明"照应起来。

生3：我要说的是"怀民亦未寝"中的"亦"字。因为这个"亦"字，显出了苏轼和张怀民是心灵相通、志同道合的朋友。

师：两个都是被贬谪的人，两个人此时的心情也许都很复杂。他品的"亦"比我们起初读课文时品的"亦"还要深刻些。好，谢谢你！

生4：我要说的是"月色入户"的"入"字，给人以动感，更加生动和形象地写出了月光。

师：对，一个"入"字用得好。月色给一个寂寞的人、失意的人一种温暖的感觉。

生5："欣然起行"的"欣"字用得好，我从这个"欣"字读出了作者对自然之美的欣赏和向往。

师：这个"欣"字是有力量的，本来是被贬谪的人，但依然有乐观之情表达出来。

生6：我觉得"闲人"两字写出了苏轼贬谪之后不用处理公务的失落之感。

师：有点失落之感，有点自嘲之感。很好，她体会到"闲人"另一层次的含义了。

生7：我要说的是"但"字。"但"字之前写出了作者情趣高雅的感觉，在明媚的月光下散步；"但"字笔锋一转，之后写出了作者有点凄凉的感觉。

211

师：是啊，月亮人人都很欣赏，竹柏大家都可以来观赏，只是，在这样一种具体的环境之下，我们两个无事可做的人啊，在这儿静静地欣赏夜色的美好。有点淡淡的愁绪。当然，从另外一个角度看，也有快乐在里边。很好！还有吗？

生8：我觉得"念无与为乐者"的"念"字用得好；"欣然起行"四个字会让读者想：他要去找谁？

师：为什么不用"思"呢？这个"念"字写出了一个寂寞的人，没有人可以交往，谁能和自己一起快乐呢？想来想去，想到了张怀民，这个"念"字用得好。品得真是细致。谢谢！

生9：我认为"寻张怀民"的"寻"字用得好，很好地写出了苏轼当时愉悦的心情。

师：嗯，去找他去，去找他玩去。好，还有吗？

生10：我觉得"盖竹柏影也"的"盖"字用得好。庭中的美景原来是竹柏的影子，给人一种恍然大悟之感，更增添了韵味。

师：她的表达非常好，高雅。这个句子真的是写得好。他没有直接说竹柏的影子在月光下投在地上是那样的漂亮，而是先说庭下像水一样的清澈，那么空明，最后点一下，这是竹柏的影子啊！一种微微的惊叹在里面："盖竹柏影也。"

生11：我觉得"庭下如积水空明，水中藻、荇交横，盖竹柏影也"这个句子写得美。这句中没有一个字是写月亮的，却给我们在月光下散步的感觉。

师：好。这个句子每一个地方都写了月，都写了月色，都写了月色的美丽，但是却没有用一个"月"字。这就是作者的高妙之处。

生12：最后一句的"耳"字，表达了作者一种怨愤的情感。

师：对，他有感叹，"但少闲人如吾两人者"，如果就此打住的话，就没有韵味，没有叹息的味道出来。

【评点】以上的教学启发我们,只要教师指导得法,学生有法可循、有法可用,学生的活动一定是充分的、有深度的。再看教师的评点语,绝不重复学生的答话,而是评判、补充、提升,在交流中自然地传达出教师自己对文本的研读,实现平等的师生对话。

师:多好的欣赏啊! 85个字,竟然可以让我们这样去欣赏,怎么能不是"神品"?

【评点】三个板块,三个"有味地",紧紧围绕这篇文章是一篇神品来推进,每一次板块后的小结都紧扣"神品",突出神品的魅力,使得教学结构清晰明了,有一唱三叹之美。

五、结课

师:老师小结一下,这篇文章有六个美点。
(屏幕显示)

美在篇幅的精短

师:"美在篇幅的精短。"就只是85个字。一个完整的故事竟是用85个字表现出来的。
(屏幕显示)

美在内容的丰满

师:怎么理解"美在内容的丰满"呢?我用8个字来概括:一晚、一游、一景、一感。一晚,写了一个晚上;一游,写了一次游历;一景,描写了一幅美丽的画面;一感,表达了自己深沉的感慨。这么短的文章却有着这么丰富的、丰满的内容!

(屏幕显示)

美在结构的灵动

师：我们刚才已经充分感受到结构之美的魅力了。
（屏幕显示）
美在月色的描写

师：写月色而不露痕迹。我们已经分析得比较透彻了。
（屏幕显示）
美在情感的波澜

师：这一点非常重要。情绪、情感、心情，那样一种轻波微澜渗透在课文中。"解衣欲睡"，表达了孤独感；"月色入户，欣然起行"，高兴的感觉；"念无与为乐者"，寂寞之感；"怀民亦未寝"，兴奋；"相与步于中庭"，淡淡的快乐；"盖竹柏影也"，赞叹、惊喜；"但少闲人如吾两人者耳"，更深层次的感慨。文中情感的波澜就是如此之美。

（屏幕显示）
美在"闲人"的意味

师：这个"闲人"可以理解为悠闲地欣赏美景的人；也可以理解为这个时候作者的心情很宁静；还可以理解为他的乐观和旷达，不为现在的境遇而苦恼，而在享受着自然的美景；同时也表现出一种惆怅的心境……"闲人"啊"闲人"，这个"闲人"意味很深长，怎么理解都很有意思。
这样一篇85个字的文章让我们品出了这么多美好的地方。

【评点】这是美妙的课中小结，足见教师对文本的挖掘之深和功力之厚，更见教师对课堂的调度运筹帷幄、张弛有度。

《记承天寺夜游》课堂教学实录及评点

师：这一节课，我们主要做了三件事：读背，分析，欣赏。很感谢大家，下课。

总评

可以说，整堂课的教学是围绕"《记承天寺夜游》是一件神品"这样的定位逐层逐步地展开的。课文是神品，教师的教学就是带着学生欣赏神品。如果说课堂教学也是一件作品，那么这是一节可称为"神品"的课。教师板书的两个大字"神品"一直在提醒学生如何看待这篇课文，更见证着师生品读"神品"的活动。

余老师课堂教学中结构清晰、富有层次的板块设计，平实中起波澜的课堂氛围，形式多样、积累丰富的学生活动，再一次让所有的听课师生折服。教师用语文的方法教语文，学生用语文的方法学语文，这是一堂纯粹的语文课、能力课、审美课。

整堂课表现出优美的创意：厚实的背景铺垫，精细的朗读训练，绝妙的结构分析，丰美的妙点揣摩。在这样的创意指导下，学生学有方法，学有所得。不论是对文学人物的了解，还是对朗读技巧的把握；不论是对文本内在脉络的发现，还是对文本美点的鉴赏，学生都表现出积极的学习热情和探究态度，这与教师的设计、铺垫和引导是分不开的。在这一节课上，我们又一次深切地体会到了余老师一直提倡的"课堂积累丰富、学生活动充分"的魅力。

215

《爱莲说》课堂教学实录及评点

执教：余映潮　　评点：陆文芳

时间：2011年1月7日
地点：江苏南京市西善桥中学

一、介绍课型

师：今天我们来学习《爱莲说》。这节课很特别，叫作"名作重读"。这是大家读过的课文，我们再来读读这篇经典文章。

（屏幕显示）

爱莲说

周敦颐

名作重读

二、朗读吟诵

师：下面我们来听大家朗读课文。

（学生一齐朗读《爱莲说》）

水陆草木之花，可爱者甚蕃。晋陶渊明独爱菊。自李唐来，世人盛爱牡丹。予独爱莲之出淤泥而不染，濯清涟而不妖，中通外直，不蔓不枝，香远益清，亭亭净植，可远观而不可亵玩焉。

予谓菊，花之隐逸者也；牡丹，花之富贵者也；莲，花之君子者也。噫！菊之爱，陶后鲜有闻。莲之爱，同予者何人？牡丹之爱，宜乎众矣。

师：确实需要重读。刚才大家的朗读只能说是流畅，缺少韵味，为什么？速度过快。《爱莲说》表达的是心境，要通过吟读表现出来，慢一点比较好。

（示范吟读："水陆草木之花，可爱者甚蕃。"）这样的语气语调就是吟诵。声音不要太大，再读一遍。

（学生一齐再次朗读《爱莲说》）

师：语速处理得比较好了，读得就好听了，更重要的是读好语气，我们看第二节。

（示范吟读："予谓菊，花之隐逸者也；牡丹，花之富贵者也；莲，花之君子者也。"）大家听，语气语调表达出来了吧。

（示范吟读："噫！菊之爱，陶后鲜有闻。莲之爱，同予者何人？牡丹之爱，宜乎众矣。"）听见了吗？句子的句式不同，类型不同，语气语调也要不同。

（学生一齐再读："予谓菊，花之隐逸者也；牡丹，花之富贵者也；莲，花之君子者也。噫！菊之爱，陶后鲜有闻。莲之爱，同予者何人？牡丹之爱，宜乎众矣。"）

师：读好这篇文章，有两个细微的地方要注意：两个"予"字怎么读。我们来看第一个"予"字。"晋陶渊明独爱菊。自李唐来，世人盛爱牡丹。予独爱莲之出淤泥而不染……"这里，"予"的读法是要停顿一下。再看第二个"予"字。不能读成"予谓菊"，为什么？"谓"是要管住几个句子的——"我说呀，菊，是花中的隐逸者；牡丹，是花中的富贵者；莲，是花中的君子！"这个"谓"字管三个句子，所以"予谓"后面也要停顿，你们现在在"予谓"后面打个冒号，试一下。

生："予谓：菊，花之隐逸者也……"

师：这就对了。我们再把全文朗读一遍，注意两个"予"字。

（学生一起朗读课文）

水陆草木之花，可爱者甚蕃。晋陶渊明独爱菊。自李唐来，世人盛爱牡丹。予独爱莲之出淤泥而不染，濯清涟而不妖，中通外直，不蔓不枝，香远益清，亭亭净植，可远观而不可亵玩焉。

予谓菊，花之隐逸者也；牡丹，花之富贵者也；莲，花之君子者也。噫！菊之爱，陶后鲜有闻。莲之爱，同予者何人？牡丹之爱，宜乎众矣。

【评点】名作重读，从朗读品味开始；在学生已有的认知上，再深入下去。教师设计朗读活动，告诉学生朗读除了可以有认知文字、感受声律、领会情感等功能之外，更是一项充满情致的高雅的实践活动。学生在学习过程中听读感受，慢慢吟读，确有体味。

三、理解文意

师：这次读得好听多了，下面进行一个趣味练习——"爱莲心语"，从课文里找出一个句子。

（屏幕显示）

请同学们完成下面的趣味练习

爱莲心语

（学生静读课文，思考，找句子）

师：请告诉我你找的"爱莲心语"。

生1："予独爱莲之出淤泥而不染，濯清涟而不妖，中通外直，不蔓不枝，香远益清，亭亭净植，可远观而不可亵玩焉。"

生2："莲，花之君子者也。"

师：两处，真好啊！我们来看是不是这样，一起读。

（屏幕显示）

爱莲心语

予独爱莲之出淤泥而不染，濯清涟而不妖，中通外直，不蔓不枝，香远益清，亭亭净植，可远观而不可亵玩焉。

莲，花之君子者也。

师：请大家朗读起来。

（学生朗读两句"爱莲心语"）

师：我以为，文章如果有心脏的话，"莲，花之君子者也"就是这篇文章的文心。形象的描述，理性的议论，深刻的含义。请大家再读。

（学生再次朗读"爱莲心语"）

【评点】"爱莲心语"四个字，表现出极美的教学创意，名作重读，在这里切进文章中心。这里有很美妙的体味角度，这是很美妙的文意理解活动。课堂训练的教程到了这里，大致上得到了显现：介绍课型—朗读吟诵—文意理解，于是可知下面的教学内容一定是细节化的了。

四、突破难点

师：来看我们今天最重要的学习任务，初步解决我们在第一次阅读时不能解决的难点。这节课的任务就是：突破难点。

（屏幕显示）

学习任务

课文难点突破

师：我们一起来先读资料。

（屏幕显示，学生朗读）

知识卡片（1）：认识作者

周敦颐（1017—1073），字茂叔，宋道州营道（今湖南省道县）人。周敦颐人品高洁，胸襟坦荡，是宋代理学的开创者。晚年隐居在庐山，当地有濂溪流过，便在那里建了濂溪书堂。世称"濂溪先生"，后人编有《周濂溪先生全集》。

师：周敦颐，濂溪先生。我们知道了一点文学常识。

再读，了解文体、重温文体。

（屏幕显示，学生齐读）

知识卡片（2）：知道文体

"说"，一种议论性的古代文体。可直接说明、阐述事理，也可就一事、一物或一种现象抒发作者的感想或论说道理。

师：《爱莲说》比上面所说的内容还要优美深刻。注意："说"类文章抒发自己的感想或论说道理，但不仅仅是抒发感想或论说道理。我开始的时候说《爱莲说》重在"表现心境"，表达自己做人的理想，这篇"说"比其他的"说"更值得我们欣赏、品析、回味。

【评点】名作为什么要重读？原来是要再一次地"突破难点"。这里先进行铺垫，为难点的突破铺路搭桥。

1．突破字词理解难点

师：好，开始我们的难点突破。大家看屏幕。

（屏幕显示）

课文难点突破之一：字词理解难点

师：对于下面的这四项，我们需要进行比较准确的或者比较深刻的解释，大家讨论一下。

（屏幕显示）

【爱莲】——

世人【盛】爱牡丹——

予【独】爱莲之出淤泥而不染——

菊【之】爱——

（学生讨论）

师：请表达见解。

生1：【爱莲】——只爱莲花；世人【盛】爱牡丹——大多；予【独】爱莲之出淤泥而不染——只；菊【之】爱——的。

师：怎么评价你呢？有对的，有不对的；有准确的，有不准确的。

生2：【爱莲】——珍爱莲花；世人【盛】爱牡丹——非常；予【独】爱莲之出淤泥而不染——唯独；菊【之】爱——的。

师：请继续。

生3：跟他一样。

生4：菊【之】爱——喜爱菊花的人。

师："之"到底怎么解释，起什么作用呢？

生4：代词。

生5：我觉得"之"是结构助词而已。

师：结构助词，什么结构？

生5：宾语前置的标志，以达到强调宾语的作用。

师：你翻书了，很聪明，没有办法的时候就翻书，找到答案就要大胆地表达出来。

再说说，"爱莲"，是真的爱莲吗？

生6：爱莲的品质，喜爱像莲一样的人的品质。

师：爱莲的本质含义是什么？刚才我们说了"文心"，爱莲就是爱君子，爱莲的深刻含义就是爱君子。我们来看。

（屏幕显示）

爱莲——在文中就是"爱君子"。

世人盛爱牡丹——"盛"，十分，非常。

予独爱莲之出淤泥而不染——"独"，特别。

菊之爱——爱菊，指爱菊的人。"莲之爱""牡丹之爱"同理。

师："爱莲"，在文中就是"爱君子"。为什么说本文"借物喻人""借物抒情""托物寄意"呢，道理就在这里。

盛爱牡丹——"盛"，十分，非常。注意呀，"予独爱莲之出淤泥而不染"，教材上解释这个"独"字了吗？

生：没有。

师：我们一般理解为"只"。注意，可理解为"特别"，一定要注意这个词，"特别"不是"唯独"，"唯独"和"特别"在情感的氛围上是不同的。

"菊之爱"就是爱菊，指爱菊的人，"莲之爱"就是爱莲，"牡丹之爱"就是爱牡丹。这里面有个什么样的知识呢，我来告诉大家，一起读一读。

（屏幕显示，学生集体朗读）

知识卡片（3）："之"的特别用法

"菊之爱""莲之爱""牡丹之爱"中的"之"，其作用是将动词的对象提前，以表示强调，突出"爱"的内容。

下面句子中的"之"，就是这种用法：

孔子云：何陋之有？

师：学过了吧，"何陋之有"怎么翻译？

生："有什么简陋的呢？"

师："有何陋呀？"所以这个"之"是把动词的对象提前，把"陋"提前，"有何陋"就是"何陋之有"。说这个事情不难，是"何难之有"，把"难"字提到前面来，这是将动词的对象提前的用法。在这篇文章中，"之"的用法是很难理解的。我还要告诉大家一个词，它里面有个字也是将动词对象提前。

（板书"唯利是图"）。"唯利是图"中这个"是"的作用就是把"利"提到前面来，本来是"图利"，强调一下，就是"唯利是图"。当然，"唯

《爱莲说》课堂教学实录及评点

才是举"也是"将动词对象提前"的用法。对于这种用法，我们一定要知道。

好，我们一起来把全文看一下，自由地读起来。

（屏幕显示课文，学生全体自由朗读课文）

师：我们把课文的内容再理解一次。

（屏幕显示，学生各自朗读）

水上地上各种草木的花，可爱的很多。晋代的陶渊明特别喜欢菊花。唐朝以来，世人很喜欢牡丹。我则特别喜爱莲，莲生长在淤泥之中却不沾染污秽；在清水中洗涤过，但不显得妖艳；它中间贯通，外形挺直，不生枝蔓，不长枝节；香气远播，更显清芬；它笔直洁净地立在那里，可以远远地观赏，而不能轻慢地去玩弄它啊。

我认为，菊是花中的隐士，牡丹是花中的富贵人，莲是花中的君子。唉！喜欢菊花的人，陶渊明以后就很少听到了。爱莲的人，像我一样的还有谁呢？喜欢牡丹的人，应该是很多的了。

【评点】难点突破之一，是字词方面的难点。"之一"显现了活动的逻辑层次，字词难点的选择基本上是我们平时教学中并不着意落实的内容。美妙的是，即使是字词的教学，也不离开对文意理解的点拨。

2. 突破手法理解难点

师：好，我们继续进行难点突破。

（屏幕显示）

课文难点突破之二：手法理解难点

师：我们开始讨论，从文章整体的角度体味《爱莲说》的表达手法，而不仅仅着眼于"托物言志"。

（屏幕显示）

讨论话题：从文章整体的角度体味《爱莲说》的表达手法。

（学生自由讨论2分钟）

师：好吧，交流。其实我听你们小组议论时，已经感受到很多内容都是你们应该说的了。

生1：除了托物言志，还有一种借花喻人，借物抒情，借爱莲来抒发作者对君子的喜爱之情。

师：借物抒情，当然也可以说借花，但重要的仍然是"借物"，借莲花这个美好的"物"来抒情。借物抒情、托物言志，同学们都很会用了。

你们这组，我听到一个词了。

生2：应该是对比衬托。牡丹和莲应该是对比，因为牡丹是富贵的，莲是君子，君子应该是那种道德高尚的、高雅的人；菊和莲是衬托，用菊来衬托莲，一个是隐逸者，一个是君子。

师：用隐逸者、用富贵者来衬托君子。好！衬托这种说法更雅致一些，还可以细说：菊，正衬；牡丹，反衬。好，请继续说。

生3：从外表看，描写了"莲之出淤泥而不染，濯清涟而不妖，中通外直，不蔓不枝，香远益清，亭亭净植"。通过这种外表描写，更能衬托出莲的那种高洁、不愿同流合污的高贵品质，更能表达出作者对君子的喜爱，突出本文的核心。

师：是"通过描写表现出……"，而不是"衬托"出，这个词要换一换。

生4：第一段是描写，第二段是议论抒情。

师：说得很好了，这就是表现的手法。

我们一起来回顾一下。现在要做学习笔记了。第一段重在描叙，第二段重在议论抒情，这叫"叙议结合"手法。"叙"是为了议的有力，"议"则显现、深化了作者的表达目的。这种方法，你们用于观察古诗词也是很有用的，很多词的下阕往往就是抒情议论，这是第一种手法。

（屏幕显示）

知识卡片（4）："叙议结合"的手法

课文第一段重在描叙，第二段重在抒情议论。

叙议结合，"叙"是为了议的有力，"议"则显现、深化了作者的表达目的。

师：第二种手法，这就是你们知道的，"托物言志"是文章整体的构思手法，用一句话写不出"托物言志"的味道，通过赋予"物"以某种人格化特征，来寄托作者的某种情感。

（屏幕显示）

知识卡片（5）："托物言志"的手法

托物言志：文章整体的构思手法，以物写人，通过赋予"物"以某种人格化特征，来寄托作者的某种情感。

师：还有"衬托"。这也是你们老师给你们讲过的，即为了突出一种形象，就用另外的形象来映衬它。《爱莲说》中"衬托"手法的运用是很明晰、很明显的。

（屏幕显示）

知识卡片（6）："衬托"的手法

"衬托"是突出形象的一种表现手法，即为了使所描写的形象更加鲜明突出，就用另外的形象来映衬它，其作用在于"衬"。衬托有正衬、反衬等形式。

知识卡片（7）："衬托"的手法

作者写菊和牡丹有两种作用：

一是对"莲"的衬托作用，在反复的衬托之中突出莲的品格，表达自己的情怀。

二是由三种花引出三种评价和比较，名为写花，实际写人们对生活理想的三种选择，突现自己对胸怀磊落、行为正直、不慕名利、洁身自好等高洁品德的崇尚。

师：还有一种手法，古人没有用这个词，没有用这种术语，我们现在常常说这样两个字。

（教师板书"象征"）

师：莲，就象征着品行高洁、心胸宽广的那一类人，人们在分析《爱莲说》的时候，也往往说它运用了"象征"的手法。《爱莲说》中的手法丰富啊！还有我们没有说到的修辞手法，比如，通篇都运用了"比拟"的手法。

好，读《爱莲说》要很好地欣赏这些手法，这个难点我们算是突破了。文中还有很多值得回味的地方，下面继续突破难点。

【评点】难点突破之二，是手法方面的难点。这里是知识教育的海洋。知识卡片的运用，别出心裁而又恰到好处。教学的过程流畅自如，顺势而为，洋溢着书卷之气，进一步突现了"名作重读"的教学特点。

3．突破名句理解难点

（屏幕显示）

课文难点突破之三：名句理解难点

师：名句理解难点："予独爱莲之出淤泥而不染，濯清涟而不妖，中通外直，不蔓不枝，香远益清，亭亭净植，可远观而不可亵玩焉。"对这个千古名句，你读出了什么样的美感与意味？独立思考，开始吧！

（屏幕显示）

予独爱莲之出淤泥而不染，濯清涟而不妖，中通外直，不蔓不枝，香远益清，亭亭净植，可远观而不可亵玩焉。

讨论话题：从这句话里你读出了什么样的美感与意味？

（学生独立思考、品析）

师：好的，我们开始发表见解。发表见解之前，我先说一句话，说说对大家的观察。在这一个环节里，有12位同学手里有笔，有6位同学在写，其他同学就在那儿想。不动笔墨不读书呀，思考这样的话题一定要写几个字出来。好，我们开始交流！

谢谢你，你是动笔的其中一个。

生1：体现出作者的安贫乐道和洁身自好的品质。

师：好，可是这里有很浓的"安贫乐道"的意味吗？请坐。

请你来，你是手上有笔并写了几个字的学生。

生2：我感觉是通过莲的生长特点来说明君子的高尚和高洁。

师：关键词是"君子"，写莲不是为写莲的高尚和高洁，而是为写君子的品格、君子的人格。

好，继续发言。谢谢，请你来！

生3：我发现这一句也一定包含着作者自己的意思，像"予独爱莲之出淤泥而不染"中一个"独"字就已经能够点出作者不愿意与世同流合污的品质。

师：对，内心情感表达出来了。

生4：还有"出淤泥而不染"，说明君子即使身处在污浊泥潭之中，也不随波逐流，同流合污。

师：这就是"言外之意"。

生5："濯清涟而不妖"写出了君子的品质是庄重质朴的那种，还有"中通外直，不蔓不枝"也写出了君子那种正直的品质和不夸耀、不炫耀的个性。

师：内心是通达的，外形是刚正的。

生6：还有"香远益清，亭亭净植"写出了作者保持高洁的品质。

师：美德，"香远益清"，美德远播！

生7：最后一句"可远观而不可亵玩焉"总体写出了一种品质。

师：写它的高洁、高贵，只可以欣赏，而不可以轻慢。

我们刚才谈的主要是意味。那么美感呢，这个重点句段，它美在哪里呀？好，请你来。

生8：我觉得通过作者的这些语句的描写可以使人展开联想。假如自己闭上眼睛，眼前就会出现莲花的外貌和闻到香气，这更能让人了解莲花的外表和内心的品质。

师：这叫"图画美"。一幅画面展现在我们面前，莲高洁傲岸的那幅画面，多美呀，这就是美感。

还有哪位同学来谈谈美的感觉？

生9：这几句话让我想到几句诗："清水出芙蓉，天然去雕饰"。这让我感觉到诗歌的美，从淤泥中出来的莲却能够保持自己的高洁与不愿同流合污的品质。

师：莲的形象给我们以文学的美、形象的美。说得多好呀。

生10："莲，花之君子者也"表现了作者的心境美。

师：心境、志趣、情趣、情操都浓缩在"君子"两个字上。细读这段，能够感受到它很具体地表现了君子各个方面的品格之美。

好，听老师讲吧。我又要观察你们了，聪明的人知道"手上拿笔"四个字。我来讲，大家做笔记。

（屏幕显示）

莲

文学的美

师：文学的美。作者是用文学的手法来表达自己高洁的志趣的，他用形象来说话，什么叫"托物"呢，什么叫"借物"呢，这是文学的手法。所以这个句子给了我们以文学的美。

《爱莲说》课堂教学实录及评点

（屏幕显示）

莲

文学的美

形象的美

师：形象的美。"亭亭净植，可远观而不可亵玩焉"，美好、高雅的莲的形象展现在我们面前。

（屏幕显示）

莲

文学的美

形象的美

品格的美

师：品格的美。"出淤泥而不染，濯清涟而不妖，中通外直，不蔓不枝，香远益清，亭亭净植，可远观而不可亵玩焉。"大家把这句话中的五个"不"字画出来，"不染""不妖""不蔓""不枝""不可亵玩"，品格的美就表现在这五"不"上面。

（屏幕显示）

莲

文学的美

形象的美

品格的美

手法的美

师：手法的美。咏莲就是在表现自己的情操呀！

（屏幕显示）

> 莲
>
> 文学的美
>
> 形象的美
>
> 品格的美
>
> 手法的美
>
> 抒情的美

师：抒情的美。这句话本身就是抒情的，"予独爱莲之出淤泥而不染"就在表达自己的心声，这就是美感意味。

我们一起来读一下。

（屏幕显示）

> *知识卡片（8）：名句欣赏*
>
> 作者写物喻人，托物寄意，表现了自己心中君子的理想人格。"出淤泥而不染"指君子洁身自爱；"濯清涟而不妖"指不媚世随俗；"中通外直"指内心通达、行为正直；"不蔓不枝"指不攀附他人；"香远益清，亭亭净植"写美德远播，卓然傲世；"可远观而不可亵玩焉"指君子高洁的人格令人景仰，不容亵渎。

（学生集体读）

师：这里表达的，就是君子风度。再读一遍。

（学生集体再读）

师：好，同学们，下面这句话是从文献资料里摘录出来的，它对《爱莲说》进行了评价，一起来读一读。

（屏幕显示）

> 周敦颐其人与《爱莲说》其文，每为士人所仰慕。读读《爱莲说》，似乎就能够产生激浊扬清、荡涤尘垢的精神力量。"莲之出淤泥而不染"也就成为流传久远的名言。

（学生集体读上面的资料）

师：希望我们把它镌刻在我们的心灵上。

【评点】难点突破之三，是名句美感体味方面的难点。这里既突现了语感训练，又突现了美育训练，还进行精读训练，可谓立意高远。这节"名作重读"课到了这里，可见它突现了三个方面的内容：语言品味、形象感染、情感熏陶。教师巧妙精准地设计了一节高雅的文学欣赏课，通过美读、美析、美说的活动，让学生真正理解了难词和难句的深层含义，欣赏了课文中优美的语句，同时在文学知识的积累上大有收获。

五、结课

师：好，这一节"名作重读"课我们就上到这儿。下课，同学们再见！
生：老师再见！

总评

余老师《爱莲说》名作重读课教学给我们的启示是：
- 美文一定美美教，
- 短文可以细细教，
- 课中活动要充分，
- 语言积累要丰富。

余老师《爱莲说》名作重读课教学给我们的警示是：
- 细腻的朗读指导和品词论句的功底是语文教师的看家本领。
- 文学欣赏的水平是语文教师个人教学素养的重中之重。

教师一定要学会这样一种治学方法——资料助读。

- 它是学习方法,更是高雅的学习习惯,
- 是向别人"借智慧"的有效的阅读方法;
- 解决了知识更新的源头活水问题,
- 同时也是教学之中帮助学生阅读理解课文的美妙手法。

资料助读一定要选择最精美、对教学最有用的材料做笔记,正如歌词"你走进我的视野,从此不再陌生"。

"选点品析",就是选取"有嚼头"的地方进行细腻深入的品读教学,《爱莲说》"名作重读"课:

- 选取了值得深入品读的"点"——"爱莲心语",
- 选取了最能让人增长知识的点——字词理解,
- 选取了课文中有阅读集聚力的"点"——名句理解,
- 选取了课文本身最具表达特色的"点"——手法理解,
- 求精美、求深透、深化了语文课堂活动中的品读与品析,
- 也浓厚了语文课中的文化氛围和文学趣味。

"选点突破"是一种平实而又美好的教学设计思路,在余老师本课的教学中,它表现出了生动浓郁的美感。

《饮酒(其五)》课堂教学实录及评点

执教:余映潮　　评点:徐梅柯

时间:2014年4月4日
地点:四川省成都市第七中学

一、直入课题

师:(上课铃声响起,余映潮老师用他那惯有的温暖的微笑环视着大家,声音清晰而响亮地说)好,同学们,咱们开始上课吧。上课,同学们好!

生1:起立。

生:(齐)老师好!

师:这节课我们一起学习陶渊明的《饮酒(其五)》。这是一节积累课,下面开始我们的学习。

【评点】看多了各类讲故事、设置悬念、故弄玄虚的手法,这种"简简单单"的开讲却带来一种别样的轻松与愉悦。开讲即点明这节课的要旨"积累课",表现出教师对本节课课型设计的匠心所在。

二、常识积累

师:这一环节就是知晓常识,读。

(屏幕显示,学生齐读)

陶渊明(365—427),又名潜,字元亮,自称五柳先生,浔阳柴桑(今江西九江)人,东晋著名诗人、散文家。

师：把"五柳先生""东晋著名诗人、散文家"批注在书上注解一的旁边。

（学生纷纷拿出笔快速地批注着）

师：继续读。

（屏幕显示，学生齐读）

陶渊明29岁入仕，由于济世的抱负无法施展，于41岁辞官，从此过着躬耕隐居的生活。

师："躬耕隐居"，亲自种田隐居起来，陶渊明正是因为"躬耕隐居"才创作了大量的田园诗。这是一个清高的人，一个有骨气的人。大家把陶渊明的一个典故读一读。

（屏幕显示，学生齐读）

成语、典故——不为五斗米折腰：陶渊明任彭泽县令时，在官80余日，逢郡督邮来县，属吏告诉他应该穿官服、束腰带去见，他叹道："我不能为五斗米折腰向乡里小儿。"即日解职而归。

师："五斗米"就是他的俸禄，薪水；"督邮"，一个上级的小官。陶渊明不愿"弯腰"，所以当天就辞职不干了，归隐到了民间。这个故事在文学史上都有记载，大家把成语"不为五斗米折腰"写在课题的旁边。陶渊明开创了田园诗派，在诗歌创作上独树一帜，他也被称为"隐逸诗人""田园诗人"，可以说他是"田园诗派"的鼻祖。我们已经学过他的《归园田居》，一起来读一下。

（屏幕显示，学生齐读）

归园田居（其三）

陶渊明

种豆南山下，草盛豆苗稀。
晨兴理荒秽，带月荷锄归。

《饮酒(其五)》课堂教学实录及评点

道狭草木长,夕露沾我衣。

衣沾不足惜,但使愿无违。

师:"带月荷锄,夕露沾衣",这是陶渊明理想中的田园生活。注意一个字的读音,人教版"道狭草木长"的"长"注音为"zhǎng",苏教版注音为"cháng"。我认为应该读"cháng"。为什么?"夕露沾我衣"是因为"道狭草木长",难道这个时候看得出草木在生长吗?好,再来一遍,"《归园田居》",读。

(学生再次齐读)

师:请接着读。

(屏幕显示,学生齐读)

陶渊明较晚时期写的千古名文《桃花源记》,用清新优美的文笔,描绘了一个美好的世外仙界。

师:"土地平旷",读。

(屏幕显示,学生齐读)

……土地平旷,屋舍俨然,有良田美池桑竹之属。阡陌交通,鸡犬相闻。其中往来种作,男女衣着,悉如外人。黄发垂髫,并怡然自乐。

师:桃花源哪,中国文人几千年的美梦。我们再来读。

(屏幕显示,学生齐读)

陶渊明博学多才,好饮酒而长于诗文。《五柳先生传》真实地表现了他清高洒脱、怡然自得、安贫乐道的隐士形象。

师:这几个关键词要记下来,"清高洒脱"而又"怡然自得",他是一个"安贫乐道"的隐士形象。《五柳先生传》你们在八年级下学期就要学到。文中的描写表现出多么鲜明的性格啊。请读。

235

(屏幕显示,学生齐读)

闲静少言,不慕荣利。好读书,不求甚解;每有会意,便欣然忘食。性嗜酒,家贫不能常得。亲旧知其如此,或置酒而招之;造饮辄尽,期在必醉……常著文章自娱,颇示己志。忘怀得失,以此自终。

师:非常穷啊,穷到到人家那里喝酒都一定要把人家的酒喝光。就这样一个穷人,却志向高远。"常著文章自娱,颇示己志。忘怀得失,以此自终。""《饮酒》",读。

(屏幕显示,学生齐读)

《饮酒》是陶渊明弃官归隐后陆续写成的组诗、五言古诗、咏怀诗;为酒后即兴之作,大多直抒胸臆,挥洒真情。

师:又要记笔记了吧。《饮酒》是组诗,一共是20首,都是陶渊明归隐之后所作,酒后即兴之作,体裁多种多样,《饮酒(其五)》是非常有名的田园诗,五言古诗,咏怀诗;直抒胸臆,挥洒真情。这就是我们今天要学的《饮酒(其五)》,我们读一读。

(屏幕显示,学生齐读)

饮酒(其五)
陶渊明

结庐在人境,而无车马喧。
问君何能尔?心远地自偏。
采菊东篱下,悠然见南山。
山气日夕佳,飞鸟相与还。
此中有真意,欲辨已忘言。

【评点】这个环节的教学内容是多么丰富啊。从作者简介到逸闻趣事,从广为流传的诗文作品到清高洒脱的性格分析,一个活生生的个性鲜明、不畏权势、不慕虚荣的陶渊明就这样在教师层层解析之中傲然挺立于我们面前。这样的铺垫手法，这样处理教材，这样大刀阔斧，非有精深的功底才能驾驭，否则就会失之偏颇。教师将焦点聚集在人物及作品上，循循善诱、因势利导，学生探幽寻胜、柳暗花明，最后以"性嗜酒"的历史记载引出新课《饮酒（其五）》，可谓水到渠成、美妙无比！

三、读背积累

师：好的，我们开始第二个学习环节——"读背积累"。开始训练大家的朗读。大家看有没有节奏啊，有的，二、三节奏。好，读起来吧。

（屏幕显示，学生朗读）

饮酒（其五）

陶渊明

结庐 / 在人境，而无 / 车马喧。

问君 / 何能尔？心远 / 地自偏。

采菊 / 东篱下，悠然 / 见南山。

山气 / 日夕佳，飞鸟 / 相与还。

此中 / 有真意，欲辨 / 已忘言。

师：好听多了吧，再读要注意语速。"结庐在人境，而无车马喧"，"采菊东篱下，悠然见南山"。语速不能快，要有徜徉其中的感觉，表现美妙的意境。一起来，读。

（学生齐读）

师：更好听了，还要读出悠长的味道。特别是陶渊明很自得地问自己"问君何能尔"——"问你啊，你这个人怎么能这样啊？"这其实是一种自信的感情。"采菊东篱下，悠然见南山"，更要有一种陶醉的感觉。"结庐在人境"，读。

（学生齐读）

师：好，越读越好了。休息一下，过会儿再练我们的朗读。来熟悉一下字词，我们先来读。

（屏幕显示，学生朗读）

结庐：构筑简陋的房屋。

人境：人居住的地方。

君：指作者自己。

尔：如此，这样。

心远：心境清静高远。

偏：幽深静谧。

悠然：自得的样子。

南山：泛指山峰，一说指庐山。

日夕：傍晚。

相与：相伴。

此中：此时此地的情境。

真意：人生的真正意趣。

欲辨已忘言：想要辨明却不知道怎样表达。

师：有几处字词是要做旁批的："心远"，心境清静高远。"地自偏"的"偏"是"偏远"的意思，在这里有"幽深静谧"的含义。因为心境清静高远，所以住在闹市也觉得幽深静谧。这两个词很关键，"悠然"，要懂得它的含义，自得的样子。"相与"就是相伴。这一首诗的字词应该是比较好懂的，我们要把关键词弄懂。好，再来读一遍。

（学生齐读字词及解释）

师：好的，我们再回到朗读训练上来，继续练习朗读。这一次，我们要把关键的停顿练习一下。"问君何能尔？心远地自偏。""地自偏"这三个字要顿开，表示强调。"此中有真意，欲辨已忘言。""已忘言"要顿开，为什么要顿开？"已忘言"表现出一种意境，一种意味，让我们去揣摩，因此，

《饮酒（其五）》课堂教学实录及评点

这三个字要读得余味悠长。好，"结庐在人境"，读。

（学生齐读本诗）

师：啊，多好听呀。最后一遍，读出这10个句子的层次。三个层次，层次之间要略有停顿，我们能不能揣摩分析一下它的层次呢？

生1：我觉得前面的四句应该是第一个层次，自己在人境中的生活和感受。

师：嗯，表现出自我感慨的味道。

生1：中间四句讲的是当时自己身边的一些自然环境，而最后抒发的是自己的情感。

师：第二层写陶醉其中的农耕生活，"采菊东篱下"。人们说，文学史上的陶渊明永远与"菊"相关联，我们可以用学过的文章来印证文学史上的菊和陶渊明的渊源。学过了吧？"晋陶渊明……"（学生接："独爱菊。"）最后一层，陶醉在美好的田园，遥看远方的南山，心中有非常多的感触，但又不说出来。"山气日夕佳，飞鸟相与还"，要稍作停顿，然后意味深长地读出"此中有真意，欲辨已忘言"。好，一起来读，"《饮酒（其五）》"，读。

（学生齐读）

师：嗯，多好的朗读。好的，请一位同学起来读诗句，我们全班同学来读译文。朗读诗句的同学要像我们刚才训练的那样一句一句地读好。哪一位同学来读诗呢？（一学生举手）好，谢谢你。

（屏幕显示译文）

一生读：结庐在人境，而无车马喧。

众生接：住在众人聚居的地方，却没有车马的喧闹。

一生读：问君何能尔？心远地自偏。

众生接：要问我如何能这样，心灵远离尘俗，自然觉得偏远幽静。

一生读：采菊东篱下，悠然见南山。

众生接：在东篱下采撷着菊花，心情悠闲，远处的南山映入眼帘。

一生读：山气日夕佳，飞鸟相与还。

众生接：山间景色在傍晚特别美好，鸟儿结伴回归远山的怀抱。

一生读：此中有真意，欲辨已忘言。

众生接：此情此景中蕴含着人生的真义，想要说明白却不知道怎样表达。

师：（微笑）嗯，谢谢大家，配合很默契。意思也很好懂了，那么我们就来背诵吧，各自背诵一下，背起来。

（学生各自大声读背）

师：（约2分钟后）好的，一起来试，背诵式的朗读，语速、节奏、停顿、深情。背。

（学生齐背）

师：你们朗读的拖音非常好听，"问君／何能尔？心远／地自偏"，我听出来了，大家都很投入。

【评点】这一环节，教师通过学生整体参与的"五步诵读训练法"——读出节奏—读出语速—读出味道—读出意境—读出层次，多角度地训练了学生的朗读能力，渐入式的诵读训练让学生充分体会了一读时的青涩直白，二读时的徜徉美妙，三读时的自信陶醉，四读时的余味悠长，五读时的层次韵律，使学生在教师的悉心引导下，每一次的诵读都有不同程度的收获，每一次的诵读都离作者的内心更近一步。而三读之后，教师适时地穿插"字词释义"，既突显了关键字词在文中的重要性，又使整个诵读显得波澜起伏。诵读训练之后，还有"翻译"和"背诵"的任务。"翻译"采用的是直接出示译文，一生读原诗，众生读译文的方式，很好地节约了时间；"背诵"则采用"自由读背"和"集体朗诵式背诵"的手法，全面激发学生的读背热情，很好地完成了预定目标。

四、赏析积累

师：好，继续我们的学习。这一环节的任务是赏析积累，有这样几个关键的地方需要我们细细地品味。

《饮酒（其五）》课堂教学实录及评点

（屏幕显示）

问题一：这首诗的主旨表现在哪两个字上？

问题二："车马喧"这三个字妙在哪里？

问题三：从炼字角度欣赏"悠然"一词。

问题四："此中有真意，欲辨已忘言"中的"真意"指的是什么？

（教师略作讲述）

（学生针对问题开始思考，动笔书写，教室内寂静一片）

师：（约4分钟后）好吧，我们可不可以交流一下？就这四个问题任选一个来说一说。好，请你来诠释。

生1：我选择第二个问题。我认为，"车马喧"表面上表达了车马交通工具喧嚣的声音，但也象征着一种世俗。作者不是随波逐流的人，他有一种对世俗厌烦的心情，就像《陋室铭》中"无丝竹之乱耳，无案牍之劳形"，这种对世俗的厌倦之情。

师：很好的语感。"车马喧"有它文面上、表面上的意思，也有它内在的深沉的含义，表面上就是说喧闹、热闹的生活，熙熙攘攘的人群，你来我往的环境，但实质上指什么呢？这位同学已经做了很好的诠释。"车马喧"指的就是社会的争斗啊、尔虞我诈啊等，所以这三个字用得非常好。

生2：我选第四个问题。对于"此中有真意，欲辨已忘言"中的"真意"，刚才我们通过积累知道，"真意"是人生的真谛。在这个地方，我认为是陶渊明陶醉在大自然中，而其中的人生真谛呢，就是他脱离了闹市，在自然中感到无比欣悦的心情是无法用语言来表达的，有此处无声胜有声的感觉。

师：嗯，说得好。"此中"就是此时此刻，就是指采菊的时候，悠然见南山的时候，在"山气日夕佳"中看到"飞鸟相与还"的时候。于是，这里的"真意"可能应该是：大自然如此地美好啊，我的归隐生活是多么让人欣慰啊。但是作者不说出来。"此中有真意，欲辨已忘言。"既然自己心

241

里很有感受了，何必再把它明明白白地表达出来呢？这样一种收束诗歌的方式，实在是让我们觉得非常有韵味。

生3：我选择第三个问题。关于"悠然"这个词，在这一首诗中，陶渊明没有过多地描写景色是多么多么地好，但是我们仅凭"悠然"这个词就能感受到当时田园生活的那种怡然自得。他在自己家旁边采菊花的时候，轻轻地一抬头就望见了南山，这种闲适自得的生活令生活在城市里的我们很羡慕。

师："悠然"，就是自得，很闲适地享受生活。其实，"悠然"一词不仅仅在直接地写和南山有内心的交流，"而无车马喧"难道不是"悠然"吗？也是"悠然"的，采菊的时候"悠然"，"山气日夕佳"的时候羡慕地看着山鸟归巢，也是一种悠然，悠然恬静地享受他的生活呀。"悠然"和"自得"是常常连在一起用的，悠然就是自得。"悠然"一词在你们的学习经历中出现过两次，除了这一次，还有一次是表现"刷子李"那高超的技艺。刷子李在刷墙的时候，他的手臂悠然摆来、悠然摆去，他的技艺高超，同样他也在享受心灵的美好。

生4：我觉得这一首诗的主旨可能在最后一句"欲辨已忘言"上。我是这样想的，他"忘言"呢，就是没有把大自然的真意直接表达出来，但是同时又有一种不与尘世相争，不与世间的人事接触的想法。如果"言"，就会讲很多很多的事，在这个过程中，也许就会落入一种喧嚣的氛围中，有时候不说话反而能体会到大自然的一种美好。

师：哦，"欲辨已忘言"哪，远离尘世可能是陶渊明的内心所想，什么都不说，我远离喧嚣的地方，但是"欲辨已忘言"。他没有"言"说啊，他没有说出他的真实感受啊，主旨应该是比较鲜明地表达出来的。谢谢你。

生5：我在想一个问题，这首诗里有很多词都可以表达陶渊明的情感，比如"悠然"啊，"忘言"啊，"真意"啊，但我觉得题目是"饮酒"，那是不是"饮酒"表现了他的一种状态——对田园生活的陶醉呢？

师：嗯，很好。但是，他的组诗都是以"饮酒"来命名的呀。

生5：（不好意思地）哦。

师：所以，主旨就不能是饮酒。（教师笑了，大家也笑了）

生6：我找的是"心远地自偏"中的"自偏"。"偏"字指的是"幽深静谧"，"自"是自己，自己在尘世中向往幽深静谧不受干扰（教师接："很自然就幽深静谧了。"），抒发出了自己内心幽深静谧的情感。

师：你再来说。

生7：我反倒认为是"心远地自偏"中的"心远"。我觉得刚刚解释的已经很清楚了，"心远"就是指陶渊明心境的一种清净与高远，他为什么会做到如此的悠然？为什么生活得那么快乐，那么的……还有，第一句也可以说明，明明是生活在尘世中，而陶渊明却说"而无车马喧"。我们都知道，人多的地方肯定有车马声，而他都感觉没有了，就从侧面说明了是因为他的心静才让他听不到车马的喧嚣，满心都在感受大自然，沉浸在自然中。

师：（赞赏地）嗯，多好的分析呀，"心远"一词笼罩全诗。

（屏幕显示）

"心远"点示全诗的主旨，"心远地自偏"表现了深刻的人生哲理。

"车马喧"是实在的景象，也象征为权、利争斗不休的世俗社会。

"悠然"形象地写出了诗人远离世俗的自得与恬淡。

"真意"的含义是自然之趣和人生真谛。

师：（讲析）"心远"点示全诗的主旨，"心远地自偏"表现了深刻的人生哲理。当我们的心安宁的时候，我们就沉浸在自己的世界里。"心远地自偏"点示了多么美妙的哲理啊，有了心境高远的心，就有了自己怡然自得的情感世界。"车马喧"是实在的景象，也象征为权、利争斗不休的世俗社会。"悠然"形象地写出了诗人远离世俗的自得与恬淡。"真意"的含义是自然之趣和人生真谛。有专家分析，"真意"就是陶渊明终身追求的八个字:"安贫乐道,崇尚自然"。"真意"就在自然之趣,崇尚自然,同时安贫乐道,人生的真谛对于他来说就是"安贫乐道",于是他就归隐了。

【评点】这一环节,教师设置了四个问题,分别从领悟主旨、品味妙处、赏析字词、理解内涵入手。整个过程设计巧妙,内容丰富,角度多元,精彩绝伦。比如,学生对问题二、三、四的分析,由于导入时教师对陶渊明做了大量的知识性铺垫,所以,针对这几个问题,学生回答得头头是道,颇有"运筹帷幄之中,决胜千里之外"的态势。而教师穿插其中的点评及引申,更是优美而富有诗意,不仅使学生感受到母语的盎然诗意、精致优雅,更能使学生体悟到母语深邃的哲思。

教学的最高层次,不是传授知识,而是启智。唯有启智,方有独思;唯有独思,才会有异彩纷呈的课堂氛围。余老师冷静地站在平等的位置与学生商讨,含蓄地点拨,尽量激发学生的思维向纵深处拓展。这种"春风化雨、润物无声"的手法,使整个课堂充盈着智慧的光芒。

五、结课

师:好,我们从整体上来理解一下《饮酒(其五)》的表达艺术。
(屏幕显示)

饮酒(其五)
浅显的语言
生动的手法
高远的意境
美好的哲理

师:(边出示屏幕显示边诠释)《饮酒(其五)》这首诗语言浅显,但不乏精美的描写,它表现出高远的意境,为我们揭示了美好的哲理。好,这节课我们就学习到这里,谢谢大家。

生:谢谢老师。(持久而热烈的掌声)

【评点】结束语干脆利落,没有半点拖泥带水之感。由四组短语构成的写作特色精练而准确,显示出教师高超的总结和概括能力,同时更是把内在体验转化为表现和审美的过程,令人回味。

总评

这是一节美不胜收的积累课,美出了一种气质和神韵,点化了众人那颗尘封已久的、对自然的渴望之心。它的美点主要表现在以下几个方面:

(1)美美地积累,沉淀着知识的厚度。"常识积累",这是课堂上的第一个教学活动。教师通过"叠加"的手法,将作者简介、成语典故、诗人作品、人物趣事等巧妙地整合并升华,以厚实的材料铺垫出一个鲜明的人物形象,同时引导着学生不停地做笔记,不断地感受着诗人的内心世界。这种看似平实的手法,却反映出教师超常的艺术敏感和高卓的糅合能力,令人叹服。在一则又一则的"资料"面前,诗人无比喜悦、轻快的心情,向往超脱、宁静的意趣,既和盘托出又含蓄深沉,叫人玩味无穷,领悟不尽。所以,才有了后面学生回答"心远"问题时美妙的话语:"他为什么会做到如此的悠然?为什么生活的那么快乐……肯定是因为他的心静才让他听不到车马的喧嚣,满心都在感受大自然,沉浸在大自然的美好中。"

文得元气而厚,欲使我们的语文教育有厚重的文化感,必须唤醒学生的"精神积累"。

(2)美美地读背,散发着田园的气息。"读背积累",这是课堂上的第二个教学活动。教师通过节奏、语速、味道、意境、层次五个方面的训练,让学生体会由语言组合的声音形态的变化所表达的情感。通过"技巧点拨""情境演示"告诉学生声调的轻重缓急,语流的疾徐腾挪,以及它们之间交互更替对文章情感的影响。通过诵读，教师把文中看不见的情气、情味、情理转化成了可感、可触的声音形态。这种声音形态不是简单的音节读音，而是一个个充满生命气息的、能表达文本言语的整合体。学生在这样高质量的诵读训练下，一遍遍地尝试，一遍遍地感悟，一遍遍地提升。

单从"美读"的层面认识课文显然还不够，教师又提出了新的挑战：当堂背诵。在一片激昂的自读"喧嚣"声后，学生流畅而完美地完成了任务。背诵不仅加深了学生对文本的理解与巩固，同时也触动了学生的情感和想象，为下一环节的"赏析"蓄势。

（3）美美地赏析，品悟着情感的内涵。"赏析积累"，这是课堂上的第三个教学活动，也是最为激烈、最为精彩的章节。首先，教师单刀直入，分别从主旨、品味、赏析、理解四个角度设计了四个问题让学生思考回答。接着，学生之间便开启了享受自我展示带来的趣味之旅。那种人人争先，人人参与的激情，那流畅而充满自信的语言，那独到而新颖的诠释角度，还有教师那幽默诙谐的点评，那信手拈来的佳句，那机智敏捷的思维，无不让人赞叹不已。

当语文教学不再是照本宣科而是旁征博引，不再是枯燥无味而是生动有趣，不再是捉襟见肘而是游刃有余，不再是缩手缩脚而是神采飞扬时，有谁会不欣赏、不折服呢？

掌声响起处，是满树的平平仄仄之花次第开放……

《江城子　密州出猎》课堂教学实录及评点

执教：余映潮　　评点：杨雪桥

时间：2011 年 11 月 2 日
地点：河北石家庄外国语学校

一、明确教学任务

师：这节课，我们学习苏轼的词——《江城子　密州出猎》。这节课做笔记的任务比较重，要读，要思考，又要做笔记。

这节课的学习任务是解决三个字的问题。第一个字是"知"，知道，了解；第二个字是"意"，文章的意思，细细地理解；第三个字是"情"，品析、感受、欣赏作者在这首诗里面表达的情感、情志。

（屏幕显示）
《江城子　密州出猎》教与学：知　意　情

【评点】简洁导入，不蔓不枝。基于学情，明确任务。"知""意""情"三个字，概括了三个板块的教学内容，是这一节课的"总说"。

二、初读知晓

师：下面我们开始第一个学习环节。请看背景资料，读一读。
（屏幕显示，学生齐读）
苏轼（1037—1101），四川眉山人，北宋著名文学家、书法家。唐宋散文八大家之一，字子瞻，号"东坡居士"。一生沉浮、一生漂泊是他命运的最真实的写照。

师：关键词是"沉浮""漂泊"。人生的苦难，时时降落在他的身上。

【评点】简介作者，此为"知人"。精选与本课教学密切相关的内容来介绍，强调其"沉浮""漂泊"的命运。未成曲调先有情。

师："江城子，词牌名"，读。
（屏幕显示，学生齐读）
江城子，词牌名。密州，今山东诸城。北宋神宗熙宁八年（公元1075年）冬，苏轼任密州太守时，作此词。

师：密州词是苏轼文学作品发展的一个重要的里程碑。"密州词"，读。
（屏幕显示，学生齐读）
密州词。苏轼在密州两年，共写19首词。其中有著名词作《水调歌头 明月几时有》。《江城子 密州出猎》是苏轼的第一首豪放词，在我国诗歌发展史上具有里程碑的意义。

师：密州词的名作有《水调歌头 明月几时有》和两首《江城子》。跟密州词相对的，是黄州的诗文。苏轼出事之后，被贬到黄州，写出了他笔下最精的四篇作品，是哪四篇呢？林语堂先生说，有这样四篇，是绝世妙笔。其中你们已经学习过一篇，《记承天寺夜游》；此外，还有《念奴娇 赤壁怀古》和前、后《赤壁赋》。密州词和黄州的诗文实际上是苏轼文学创作的高峰。

【评点】解题，既顺势由"密州词"引出作者写此词时"被贬谪"的处境，又增加了学生关于"密州词""黄州诗文"的知识积累。

《江城子 密州出猎》课堂教学实录及评点

师：这首豪放词，它产生的背景是什么样的呢？为什么无端地说"我要拿起弓箭来射天狼"呢？好，我们把作品的创作背景读一读。

（屏幕显示，学生齐读）

创作背景：北宋王朝积弱不振，北方和西北边境经常受到辽和西夏的侵扰。苏轼在描写威武雄壮、风驰电掣般的出猎场面后，抒发了他希望建功边疆、为国效命的壮志豪情。

【评点】简介背景，此为"论世"。"知人论世"是极为重要的诗歌鉴赏环节，是学习诗词内容之前的首要任务，厚重的铺垫为后面的教学奠定了坚实的基础。

师：这个材料实际上是对上下阕的概括。你们看，"描写威武雄壮、风驰电掣般的出猎场面"，上阕；"抒发了他希望建功边疆、为国效命的壮志豪情"，下阕。前者是描写，后者是抒情。

好，继续读一读，老师听一下。注意，这是苏轼的第一首豪放词。苏轼写出来之后，还要他的军士们击鼓、歌唱。请同学们读出它的声威来。

（屏幕显示，学生齐读）

江城子 密州出猎
苏轼

老夫聊发少年狂，左牵黄，右擎苍，锦帽貂裘，千骑卷平冈。为报倾城随太守，亲射虎，看孙郎。

酒酣胸胆尚开张。鬓微霜，又何妨！持节云中，何日遣冯唐？会挽雕弓如满月，西北望，射天狼。

师：要吟诵，不是读，是诵。你们听，"老夫聊发少年狂，左牵黄，右擎苍，锦帽貂裘，千骑卷平冈"，要这样吟诵。豪情呢？"为报倾城随太守，

249

亲射虎，看孙郎"，这就是读出它的豪情来。好，不齐读，各自吟诵。开始吧。

（学生开始读）

师：哦，声音不对头，开始诵读，读起来。

（学生诵读）

师：好，一起来试一下。语速要控制，感受作者心中的豪情，然后用我们的声音把它表达出来，音高是这样的，"江——城——子"，把握这个音高。"江——城——子"，读！

（学生齐读）

师：略有进步。过一会儿，老师再给你们进行专门的训练。同学们，要做笔记了。叶嘉莹，是研究诗词的大专家。她说："苏词之最值得人注意的一点特色，就是其气象之博大开阔，善写高远之景色，而充满感发之力量。"什么是感发呢？就是让人感动，让人受到启发。注意评论者的表述，"最值得人注意的一点特色"，最重要的特色，就是气象的博大开阔，这一点我们能够感受到。"善写高远之景色"，这大概是说上阕；"而充满感发之力量"，大概说的是下阕。当然，她并不只是评论这一首词的。读苏词要具备的基本的理论知识可能就是像这样的专家的语录。

（屏幕显示）

苏词之最值得人注意的一点特色，就是其气象之博大开阔，善写高远之景色，而充满感发之力量。

——叶嘉莹

【评点】这是第一次穿插。引用在中国古典诗词的研究上颇有建树的名家叶嘉莹的语录，使苏词教学上升到理性的高度，紧扣"知"的层面让学生在文意把握的基础上加深认识与理解。

师：下面我们再来读，读好词中的三字句。跟我学。

《江城子　密州出猎》课堂教学实录及评点

"左牵黄""右擎苍","左"和"右"与后面的字读开。"左——牵黄，右——擎苍"。还要读好"亲射虎，看孙郎""鬓微霜，又何妨""西北望，射天狼"。好，自己练习一下。

（学生练读）

师："西北望，射天狼。"字字都要有顿音，读出力量来，试一下。"西北望，射天狼。"好，全诗一起读。"江城子"，读。

生："《江城子　密州出猎》，苏轼，老夫聊发少年狂……"

师：好，停，对不起，一开始我们的语速就快了。"老夫聊发少年狂，左牵黄……"，吟诗啊，不是读，是吟，速度就要慢一点。好，"江城子"，读。

（学生齐读）

师：这一次，就有了那么一点味道了。再来一次，注意，"西北望，射天狼"，要扬起来呀。注意，最后一句是扬起来的，豪情啊。"江城子"，读。

（学生齐读）

师：这一次，进步就大了。我观察了一下，读得很认真，可能是我们平时的朗读习惯速度比较快，一下子把它调整到吟诵的状态上来还有些困难，这是我们的第一次朗读训练，后面还有两次。

【评点】这是第一次朗读指导：读好词中的三字句。这首词节奏较快，韵脚密集，旋律急促，且三字韵句皆为重拍，在学生还未深入理解整首词的内容时，指导他们用"吐气法"读好三字句，朗读从形式上来讲就初具韵味。在这里，教师的朗读起到了很好的示范作用。

师：这个环节，我们就进行到这里，初步地感受了文章的基本内容。然后我们再细细地感受一下"意"。

【评点】过渡衔接，前后勾连。

三、再读解意

师：老师要给大家补充一下注释，把它记下来。"老夫聊发少年狂"，"狂"，豪情；意为我在这儿也要抒发一下如少年般的豪情啊。"千骑卷平冈"，从平坦的山冈上席卷而过。"为报"，为了报答。"酒酣"，极兴畅饮，非常痛快地喝酒。"会挽雕弓"，"挽"，拉开；"雕弓"，雕刻有花纹的弓。"如满月"，像圆月一样，把雕弓拉开，拉满，拉得像圆月一样。"西北望"，"望"，向，朝着。

（屏幕显示）

狂：豪气，豪情。

卷平冈：从平坦的山冈上席卷而过。

为报：为了报答。

酒酣：极兴畅饮。

挽：拉。

雕弓：雕刻有花纹的弓。

满月：圆月。

望：向，朝着。

师：继续来。看词性活用："锦帽貂裘"，就是"戴着锦帽，穿着貂裘"，名词用作动词。看句法变换："为报倾城随太守，亲射虎，看孙郎"，应该是"为报倾城随太守，看孙郎，亲射虎"。为了押韵的需要，就写成了"亲射虎，看孙郎"，而且有强调的意味在里面。这是一个倒装句。"持节云中，何日遣冯唐"也是这样的，一是为了押韵的需要，二是为了强调："何日遣冯唐，持节云中"。我们弄懂了倒装关系之后，句义就好理解了。

（屏幕显示）

词性活用。"锦帽貂裘"，名词用作动词，意为"戴着锦帽，穿着貂裘"。

句法变换。"为报倾城随太守，亲射虎，看孙郎"，是"为报倾城随太守，看孙郎，亲射虎"的倒装。"持节云中，何日遣冯唐"是"何日遣冯唐，持节云中"的倒装。

师：第一，词性活用。第二，句法变换。第三，用典。什么叫"用典"？用典就是运用典故。"用较少的词语拈指古事或古语以表达较多的意思"叫"用典"，做笔记了吗？在这首诗里面，苏轼自比孙权，表现了出猎者的英豪，这是一处用典；又自比魏尚，希望被朝廷重用，又是一次用典。第一次用典，是表现诗人的豪情；第二次用典，是表现诗人报国的宏愿。你们看，用典就是手法。写词不用典，就会很平俗；用典，就会很高雅。好诗也一样。你们读过李白的《行路难》吗？行路难的表达特点、手法之一就是用典，第二个手法就是雕琢警句。用典的是什么句子呢？

生："闲来垂钓碧溪上，忽复乘舟梦日边。"

师：这是用典。警句呢？

生："长风破浪会有时，直挂云帆济沧海。"

师：你们看，一个用典，一个警句，就使那首诗格外有意境。这一首词，也是用典，也是有警句。

（屏幕显示）

用典。"用较少的词语拈指古事或古语以表达较多的意思。"词中，苏轼自比孙权，表现了出猎者的英豪；又自比魏尚，希望被朝廷重用，抒发了报国宏愿。

师：还有一种手法是"用韵"。这首词用韵的疏密和韵调的高亢都是为着表达心中的激情的。这首词的用调是高亢的，前密后疏，前面不断地押韵，后面慢慢地调整过来。为什么要注意押韵的疏密和韵调的高亢呢？因为他要抒发心中的豪情。所以说这首词给了我们很多很多的知识。

（屏幕显示）

用韵。用韵的疏密和韵调的高亢都是为着表达心中的激情的。

【评点】 从词语意思、用法、句法，到用典和用韵，一点一点让学生进行语言知识的积累，一个台阶一个台阶引领学生走进苏词深处，步子迈得平稳、扎实。

师：我们来看一看全文的意思。把它读一读。"老夫"，读——

（屏幕显示，学生齐读）

老夫也暂且抒发一下少年的豪情，左手牵着黄犬，右手举起苍鹰。头戴锦帽，身穿貂裘，率领随从千骑席卷平展的山冈。为了报答全城人跟随我出猎，我要亲自射杀猛虎，就像当年的孙郎。

畅饮极欢时，我胸怀开阔，胆气豪壮。虽然两鬓稍稍斑白，但这又有何妨！汉文帝曾派冯唐持符节去云中，什么时候能像汉文帝派遣冯唐那样待我？我一定将雕花强弓拉得像圆月一样，朝着西北，射向天狼。

师：注意，这首词的理解，最难的句子是两个。一是"酒酣胸胆尚开张"。不好翻译，特别是"胸胆""开张"这四个字，所以你们要把它旁批在课文上："胸怀开阔，胆气豪壮"。在极尽豪情地饮酒的时候，我的胸怀开阔，胆气豪壮。在喝酒的时候，兴致勃发。二是"持节云中，何日遣冯唐"。要真的把它翻译过来，很不容易，因为它是典故。典故，只可意会，不可言传。这个用典就是说"希望当今的朝廷能够像汉文帝那样派人来委我以重任"，但是不直说，用典就是婉转地表达意思。但是我们在这儿也要把它直说一下：汉文帝曾派冯唐持符节去云中，恢复魏尚的官职，什么时候能像汉文帝派遣冯唐那样对待我呢？

继续做笔记。叶嘉莹又说："苏轼词，非常有代表性地表现了他的用世之志意与旷观之襟怀相结合而形成的一种极可注意的特有的品质与风貌。"什么是"用世之志意"呢？就是为社会、为国家做事，要为国家做更多的事，一种积极向上的人生态度，所以，这首词也表现出了苏轼的"用世之志意"

啊！他希望拉满他的雕弓去射天狼，这就是"用世之志意"。他有他的旷达襟怀，我们明显地感觉到了，"鬓微霜，又何妨"啊！注意，叶嘉莹的这一段话也不是只对《江城子》这一首词来说的，同样是在概括苏轼词的表达风格。

（屏幕显示）

苏轼词，非常有代表性地表现了他的用世之志意与旷观之襟怀相结合而形成的一种极可注意的特有的品质与风貌。

——叶嘉莹

【评点】这是第二次穿插叶嘉莹语录。在学生理解了这首词的意思的基础上，用叶嘉莹的话点明苏轼一方面有着儒家积极入世的思想，另一方面又有着道家旷达超脱的胸襟。这是第二次理性认识的提升。

师：做笔记了吧？好的，继续朗读。这一遍朗读是"读好词中的两个句子"。你看，我们把三字句读好了，再试一试读好两个句子。一个句子是"锦帽貂裘，千骑卷平冈"。速度，这个时候读它就要速度了，不能停顿。"锦帽貂裘，千骑卷平冈。"把"千骑"的那种气势、速度读出来。这是一个句子，把它打上波浪号。还有个句子是跟它相对的，"江城子"这个词牌很有意思，它上阕跟下阕是相对的，跟它相对的是哪一句啊？

生："持节云中，何日遣冯唐？"

师：这个地方要读出它的语调："持节云中，何日遣冯唐？"有一点期盼，有一点询问。读这两个句子都要注意节奏，"锦帽貂裘，千骑——"后面停一下。第二句也是一样的："持节云中，何日——遣冯唐？"把这两个句子读好的着力点是：一句是气势，一句是心情。

好，继续来。三字句读好，这两个句子要读好，特别注意结尾的那一句要扬起来。"江城子"，读。

（学生齐读）

师：谢谢大家的朗读。我的感觉是，又有一点回潮了。哪个地方回潮了呢？语速。还是速度。再来一次。"江城子"，读。

（学生齐读）

【评点】这是第二次朗读指导：读好词中的两个句子。两个句子在上下阕中的位置相对应。教师指出，要读准两个五言句"二三"的节奏，第一个句子把握住"气势"，第二个句子把握住"心情"。点拨言语不多，却能使学生豁然开朗，切入到课文内容和情感的品味中去。

师：我们的第二个学习环节就进行到这儿。下面继续感受词中之情。

【评点】承上启下，再次过渡。

四、三读品情

师：要思考了，要思考这首词中最值得我们品味的词、句，或者说，最值得我们品析的字、词、句。好，开始思考。

（学生思考）

师：好，我们来交流一下。

生1：我觉得是最后一句："会挽雕弓如满月，西北望，射天狼。"我觉得这一句话集中体现了苏轼所要表达的情感。苏轼想报国，渴望得到皇帝的重用和信任，想上战场杀敌，建功立业。

师：好，谢谢！你看，"会挽雕弓如满月，西北望，射天狼"。多么充满激情的向往啊！心中的豪情就是这样抒发出来的。

生2：我认为应该是"持节云中，何日遣冯唐"。我觉得这一句运用了典故，表达了苏轼渴望得到朝廷的信任和重用，希望朝廷能够像汉文帝对待魏尚那样派遣冯唐来重用自己，同时也表达了作者渴望杀敌报国、建功立业的雄心壮志。

师：一个"何日"啊，表达的是期盼，是指望。好，继续。

生3：我觉得是"鬓微霜，又何妨"的"妨"。因为"妨"的意思是"有什么妨碍"，虽然他"鬓微霜"，已经比较老了，但是这又不是一个妨碍，也体现出他非常有雄心壮志。

师：是啊，虽然"鬓已星星也"，但又有什么关系呢？报国是没有年龄限制的，或者说"我还很年轻"。请你说。

生4：我觉得应该是上阕的"为报倾城随太守，亲射虎，看孙郎"。这表达了作者壮志满怀的气概，表达了对跟着他来出猎的全城百姓的感谢之情。

师：孙郎是很英武的，我也一样啊。我要亲自射杀老虎，给大家来看一看，这也是豪情。还要说？

生5：我想补充一下他刚才说的那句话。我觉得"亲射虎，看孙郎"还表达了作者希望拥有和孙权一样的那种少年的狂气，虽然自己年岁已高，但是还拥有一颗少年的心，想继续建功立业，报效祖国。

师：好，对。把这一句话和结尾句联系起来看，有两个"射"字啊！极有力度，极有情感的强度。请你来。

生6：我觉得比较值得赏析的是第一句："老夫聊发少年狂。"一个"狂"字，统领了全篇，突出了苏轼的豪放、潇洒。这个字用得很妙，既统领了全篇，也写出了那种气势。

师：好！全词写的就是一个"狂"字。这个"狂"就是豪情，整首词就是围绕着"狂"字表达心中的豪情的，每一个句子写的其实都是"狂"。为什么说"酒酣胸胆尚开张"呢？胆气豪壮了同样是"狂"。好，接着来。

生7：我觉得"锦帽貂裘，千骑卷平冈"的"卷"字也用得特别好，因为它表现出了出猎的气势之磅礴，作者的豪情壮志就表达出来了。

师：对，这个"卷"字就有赞叹的意味。它既写出了气势，也写出了速度。

【评点】一个话题——"这首词中最值得我们品味的词、句",引发学生对整首词从不同角度切入,进行深入的思考和品析。可谓一石激起千层浪,牵一发而动全身,避免了碎问碎答和连续追问。

师:老师来小结一下。有两个关键的地方。一个是"狂"字。把这四个字记下来:"纵情放笔",尽情地写。这首词通篇纵情放笔,气概豪迈,一个"狂"字贯穿全篇,处处显示作者的"狂"劲和豪兴。诗眼就是这个"狂"字。什么叫"诗眼"呢?第一,一首诗的线索。第二,一首诗里面表达最有深意的一个字。这两者都可以称作"诗眼"。那么,对这首词来说,"狂"既是用得最漂亮的一个字,也是全文的线索,这个字最值得我们品味。

还有一个句子,全词最后一个句子:"会挽雕弓如满月,西北望,射天狼。"精练扼要而含义深切,是有名的警策之句。一个挽弓劲射、英武豪迈、慷慨激昂、志在报国的抒情形象,活脱脱地呈现在了读者面前,让我们感受到一个人物形象的形态之美、画面之美。这是最值得我们欣赏的一个句子。

同学们,把下面这一句话读一读。

(屏幕显示)

作者写出猎之行,抒兴国安邦之志。全词融叙事、描写、言志为一体,表现了自己对国家的忠诚与热爱。正是这种情感使这首词显得壮美无比。

(学生齐读)

师:把"叙事""描写""言志"三个关键词批在课文上。因为叙事、描写、言志,所以就极好地表达了作者对国家的忠诚与热爱。正是这种情感使这首词显得壮美无比。

【评点】教师的小结讲析不是简单重复学生说过的话,而是言学生之未曾言,句句切中肯綮,高屋建瓴,拨云见日。这样的"点睛"凝练深刻,知识性强,

《江城子 密州出猎》课堂教学实录及评点

诗意浓郁,语言典雅。

师:叶嘉莹先生又说道,"看苏东坡不要只看他豪放"。你看我们学习《江城子》这首词,学习《水调歌头》,我们都说要看他的豪放,但是,专家告诉我们,"不要只看他豪放,要看他的忠义的持守,他的政治的理想,他的在失意挫折之中的旷逸的襟怀"。这个是要做笔记的,这就加深了我们对苏词意境的理解,加深了我们对苏轼这个人的理解。这样就能多角度地、更深刻地、更优美地来看待这个历史人物了。

(屏幕显示)

看苏东坡不要只看他豪放,要看他的忠义的持守,他的政治的理想,他的在失意挫折之中的旷逸的襟怀。

——叶嘉莹

【评点】这是第三次穿插叶嘉莹语录。纠正人们一般认识上的偏颇,让学生对苏轼有更加理性的、多角度的认识,拓宽了学生的视野。

师:好。让我们再来朗读一次,读出洋溢在词中的豪情。把三字句读好,把"狂"字读好,把两个"射"字读好,把最后一句话的力度、高度读出来。"江城子",读。

(学生齐读)

【评点】这是第三次朗读指导:读出洋溢在词中的豪情。这与前面的两次朗读指导形成一个系列,由局部到整体,由点到面,由浅入深,逐层提高要求。

五、结课

师:好,谢谢同学们。欣赏苏轼诗文有三个层面的要求:第一,一定要知道背景;第二,一定要细细地理解词的内容;第三,一定要从审美品析的角度,就是欣赏的角度来读它。这也是我们读古诗词、欣赏古诗词的三个层面的要求。

(屏幕显示)

欣赏苏轼诗文的三个层面的要求
第一,背景知晓的层面
第二,内容理解的层面
第三,审美品析的层面

师:好,谢谢大家,这节课我们就上到这儿。下课。
生:起立。
师:同学们辛苦啦!
生:老师再见!
师:应该说"老师辛苦啦"!哈哈哈!

【评点】课后小结与前面"知""意""情"三个板块的任务要求相呼应,既形成了浑然圆融的课堂结构,又提炼出了古诗文学习的一般规律,可谓"升华"之笔。

总评

余老师执教的《江城子 密州出猎》,是诗词类文学作品教学的典范。它告诉了我们这类作品教学的基本思路:背景知晓—内容理解—审美品析,同时,用"诵读"一线贯之。

"背景知晓"即为"知人论世"。孟子说:"颂其诗,读其书,不知其人可乎?是以论其世也。"这是文学批评的原则和方法。学习诗词,有了关于作者作品的厚重的教学铺垫,才会使学生的学习少走或不走弯路,直入作品内容,把握要义,体味情感。

《江城子 密州出猎》课堂教学实录及评点

"内容理解",就是在知道了字词意思的基础上,能进行整首词的"翻译",理解整首词的意思。说到诗词的"翻译",有人认为,古典诗词"只可意会,不可言传",是不能翻译的。这对于有一定诗词修养的人来说尚可,但就初中生的认知水平而言,比较难的诗词教学还是先译一译为佳,否则下面的审美品析就成了空中楼阁,成了无源之水、无本之木,也很难进行下去。当然,诗词的"翻译"也要像余老师的译文一样,力求"美感"才好。

"审美品析",这是诗词学习的至高境界。前面两个环节的铺垫和蓄势,很大程度上是为了托出这一环节最亮丽的"华彩乐章"。对学生进行审美品析的训练,让学生以自己独特的视角赏析文本,探究文本的价值之所在,强调的是学生的自悟、自得,使阅读不再是阅读主体"被阅读"的心灵的压抑,而是成为一种跟创作者一样的"精骛八极,心游万仞"的再创造的享受,可以极大地拓展学生想象的空间,从而使他们真正体会到阅读之美,有助于从总体上提升学生的语文素养。

余老师将诵读与体味、品析结合起来,每一板块都进行一次朗读指导,且层层递进,一次比一次深入,这就既训练了学生的语感,又训练了学生的思维,一举两得。

《曹刿论战》课堂教学实录及评点

执教：余映潮　　评点：边玉春

时间：2014 年 4 月 18 日
地点：山东枣庄市台儿庄古城中学

一、开课揭题

师：好的，同学们，上课！

生：老师好！

师：同学们好！请坐。

我们今天来学习一篇文言文，它写的是一位古代军事家的故事——《曹刿论战》。

（屏幕显示）

课文细读

一点知识

一批字词

一处难文

一组练习

一次听记

师：学习方法——课文细读。先了解一下我们要干什么，五次活动：一点知识，一批字词，一处难文，还要做一组练习，最后听老师讲一点知识。

【评点】"五个一"导入：开课揭题，直入情境；立足学情，开宗明义；确立学习方法，强化课型意识。"五个一"定位：任务明确，板块简洁；主问引领，活动推进；讲练结合，强化知能；注重方法，突出细读。"五个一"设计：真正表现了余老师"多角度地、充分地、立体地利用课文，让学生积累知识，让学生得到能力训练"的教学理念。

二、了解一点知识

师：进入我们的学习——了解知识。

（屏幕显示）

了 解 知 识

《左传》是我国第一部叙事完整的编年体历史著作，也是一部文学名著。相传是春秋末期的鲁国史官左丘明所作。

师：大家把背景材料读一读，读起来。"《左传》"，读！

（学生齐读）

师：嗯，好，根据老师的材料把课文的第一个注释补充一下。

（学生动笔补充注释①）

师：（强调）叙事完整的编年体历史著作，也是文学名著。

再读，"作者善于……"，读！

（屏幕显示，学生朗读）

作者善于将每一战役都放在大国争霸的背景下展开，行文精练，严密，不乏文采。常以较为细致生动的情节，表现人物的形象。

师：从《曹刿论战》，我们可以感受《左传》行文的特点。还要读，"《曹刿论战》"，读！

（屏幕显示，学生齐读）

余映潮中学语文精品阅读课教学实录

《曹刿论战》

选自《左传·庄公十年》。

文字简洁、蕴含丰富的史学散文。

文中所写战争是齐鲁之间的一次战争,也称"长勺之战",是历史上以弱胜强的著名战例。

师:在课本上批上四个字"史学散文"。从历史的角度来讲,它是史学的;从文笔、行文的风格来讲,它又是散文的。

请大家看一个有趣的成语——一鼓作气。

(屏幕显示)

一鼓作气

典故,战例,人物,军事思想,古代战场

师:这个成语里面有非常丰富的知识。它是一个成语。当我们引用这个故事的时候,它就是一个典故。"一鼓作气"4个字的后面是一次著名的战例,没有这个战例就没有"一鼓作气"这个成语,那就是"长勺之战"。"一鼓作气"表现了一个人物,那就是曹刿。"一鼓作气"是一种军事思想,从曹氏的论战,我们可以感受得到。由这个成语,我们就想象到了古代的战场。这就是有关成语的诠释方法——从各个角度来诠释一个成语,可以丰富我们的知识。

【评点】文言文教学需要有言,有文,有背景。余老师的名作赏读课非常注重厚实的背景铺垫。在这一教学环节,余老师先引领学生环视感悟文本的"巨大风景"——背景材料;然后再聚焦品味故事的"小片段"——成语典故。这样,尊重原著,还原历史,由面及点,"知人论世"方可"以意逆志",后面的文本解读才能够正本清源,不至有失偏颇。

三、趣学一批字词

师：下面开始我们的第二个学习环节——趣学字词。

（屏幕显示）

趣 学 字 词

齐师伐我	师：军队。	兴师动众
肉食者谋之	谋：考虑，谋划。	
小惠未徧	惠：恩惠，好处。	
下视其辙	辙：车轮轧出的痕迹。	
遂逐齐师	逐：追击，追赶。	
既克	克：战胜，攻下。	
三而竭	竭：尽。	
彼竭我盈	盈：充满。	
难测也	测：推测，估计。	
望其旗靡	靡：倒下。	

师：大家观察屏幕，看第一行，分析：老师需要我们干什么？

（学生观察，分析）

师：哪一位同学能够分析出老师的意图呢？这就是观察与分析，可以举手发言。

生1：老师所写的这几个字词，意思就是想让我们根据这些字的意思，来举出一个我们现在所用的这个意思的成语。

师：哦！聪明！这就是对大家的思维训练。你刚才举手了吗？

生2：没举手。

师：试一下。

生2：老师首先说了一个字——"师"，并解释了它的意思。老师想让我们把文言文与现代的词语联系起来，让我们举出一个现在的成语，其中含有这个字，并且意思和它在文言文中的意思是一样的。就这样，回答完毕。

师：好，谢谢！阐释得更加细腻。"趣学字词"的这种方法叫"成语印证法"。那么就开始观察吧，下面的任务是大家的了。先不用动笔，先观察。一直往下看，一起说起来。我读前面的内容，你们就一起说成语，大胆地说。

"肉食者谋之"。"谋"——

师生：考虑，谋划。足智多谋、深谋远虑、出谋划策。

师："小惠未徧"。"惠"，恩惠，好处。

众生：小恩小惠。

师："下视其辙"。"辙"，车轮轧出的痕迹。

众生：南辕北辙。

师："遂逐齐师"。"逐"，追击，追赶。

众生：夸父逐日。

师："既克"。"克"，战胜，攻下。

师生：战无不胜、攻无不克、克敌制胜。

师："三而竭"。"竭"，尽。

众生：用之不竭。

师："彼竭我盈"。"盈"，充满。

师生：恶贯满盈。

师："难测也"。"测"，推测，估计。

师生：心怀叵测。

师："望其旗靡"。"靡"，倒下。

师生：所向披靡。

师：好，在你的书本上做批注，写上这些成语。这叫趣学字词，它会使我们有双倍的收获。

（学生做批注）

师：这篇课文里有非常多的字，都可以用成语来印证。如果你意犹未尽，还可以继续写，比如"逐"，刚才有同学说"夸父逐日"，那就是成语，

《曹刿论战》课堂教学实录及评点

那就是典故,那就是神话。

【评点】《义务教育语文课程标准》(2011年版)指出:"语文教学要注重语言的积累、感悟和运用。"本环节,落实"文言"之"言",重在"字词积累,夯实基础"。立足课程,依托文本,通过巧妙示范、亲切引领和师生合作等方式,轻松自如地落实了第一段的文言实词。"成语印证法""做批注"等"趣学"设计,让学生产生共鸣,打通古今之语境,使得原本枯燥乏味的文言字词教学变得摇曳多姿、意兴盎然。

在《三峡》《小石潭记》《岳阳楼记》等文言文教学中,余老师都以"趣学"的形式,创造了不少文言字词教学的经典范例。

四、专攻一处难文

师:好,谢谢同学们,我们继续学习——专攻难点。

(屏幕显示)

专 攻 难 点

乃入见。问:"何以战?"公曰:"衣食所安,弗敢专也,必以分人。"对曰:"小惠未徧,民弗从也。"公曰:"牺牲玉帛,弗敢加也,必以信。"对曰:"小信未孚,神弗福也。"公曰:"小大之狱,虽不能察,必以情。"对曰:"忠之属也。可以一战。战则请从。"

师:《曹刿论战》中,这一段难字难词多得很,我们就专来对付它。一起来读一遍,"乃入见",读!

(学生齐读)

师:注意!要把层次读清楚。"乃入见"三个字是总起,后面就是细细地描述。"乃入见"后面要略作停顿。"问:'何以战?'公曰:'衣食所安,弗敢专也,必以分人。'"这是一个层次,层次之后要略作停顿,然后再读下一个层次。"乃入见"后停顿要长一点,因为它是概写,它管住后面所有的细致的描写,

267

所以这是大层次,然后对话是小层次。好,试一试。"乃入见",读!

(学生齐读)

师:嗯,我仔细地倾听啊,感觉到停顿没有读清楚。停顿没有读清楚,我们对文章的层次就读不清楚。再来试,大家听,"乃入见〰","问〰",你看这个停顿就长了吧。哦!层次就出来了。"乃入见〰",读!

(学生齐读)

乃入见。

师:停顿一下。

(学生接着齐读)

问:"何以战?"公曰:"衣食所安,弗敢专也,必以分人。"对曰:"小惠未徧,民弗从也。"公曰:"牺牲玉帛,弗敢加也,必以信。"对曰:"小信未孚,神弗福也。"公曰:"小大之狱,虽不能察,必以情。"对曰:"忠之属也。可以一战。战则请从。"

师:哦!读得好。我们可以感受到,文中的对话描写表现着人物性格,对话描写推动着故事情节的发展。先是有了曹刿的"论",于是后续的故事就转向了战场。分析任何作品中的对话描写,都离不开这两条基本的规律:表现人物,推动故事情节的发展。

好,我们一层一层地解读。每位同学对着书本,看着注释,把这句话给自己讲清楚,这叫"自读自讲"的方法。每个人都要练习。

(屏幕显示)

公曰:"衣食所安,弗敢专也,必以分人。"对曰:"小惠未徧,民弗从也。"

(学生自读自讲)

(屏幕显示)

庄公说:"衣食这类养生的东西,我不敢独自享受,一定把它分给别人。"曹刿回答："这种小恩小惠不遍及百姓,老百姓是不会听从您的。"

师：好！一起来，把译文读一下。那么，下面的句子理解，都先让大家说，我们再来读。"庄公说"，读！

（学生齐读）

师：注意！"必以分人"中的"以"的意思是……

生："用来。"

师：还有一个词很有味道，"必以分人"中的"人"指的是……

生："老百姓。"

师：这里指的是庄公周围的人。不然的话，曹刿怎么说"小惠未徧，民弗从也"呢？这个"人"不是"民"，是他周围的人——"臣子"之类的。所以说，"你这种小恩小惠，没有遍及百姓，人们是不会跟着你，用全力来投入战争的"。这就是细微的区别。

（屏幕显示）

公曰："牺牲玉帛，弗敢加也，必以信。"对曰："小信未孚，神弗福也。"

师：好，又是一句话。请继续自读自讲，然后咱们再来交流。

（学生自读自讲）

师：好，请同学来诠释这句话的意思。

生1：鲁庄公说："祭祀用的牛羊等用品，我不敢夸大虚报，一定诚实对祖先和神报告。"曹刿说："小信未能遍及人民，神是不会保佑你的。"

师：哦！好！"玉帛"没有解释清楚吧？不能笼统地说"祭祀用的牛羊等用品"。"牛羊"就是"牺牲"，还有"玉制的东西"，还有"帛"，"帛"是什么？

生："丝绸。"

师：都是些珍贵的东西呀！"孚"字没有讲清楚，"小信未孚"，好，哪位同学再来诠释？

生2：鲁庄公说："祭祀用的牛羊以及丝绸……"

师：（提示，补充）以及"玉"和"丝绸"。

生2：鲁庄公说："祭祀用的牛羊以及玉和丝绸，不敢夸大虚报，一定诚实可信。"曹刿说："小的信用不会让神灵信服，神灵是不会保佑你的。"

师：对！"孚"就是让对方信服。（"神弗福也。"）神是不会保佑你的，不会"赐福于你"。（"神弗福也。"）这个"福"就是名词用作动词……

生："保佑。"

师：谢谢！好，我们一起再来读。"庄公说"，读！

（屏幕显示）

庄公说："祭祀用的猪、牛、羊、玉器和丝织品，我从来不敢虚报，一定做到诚实可信。"曹刿回答："这只是小信用，未能让神灵信任，神是不会保佑您的。"

（学生齐读）

师：这里有一个很有趣的字，"必以信"中的"以"。对于这个"以"字，怎样理解它呢？"必以分人"中的"以"是……

生："用来。"

师："必以信"中的"以"呢？

生：（小声地）"凭借。"

师：啊！凭借呀！细微的词义区别，在"以"字上表现得非常鲜明。

（屏幕显示）

公曰："小大之狱，虽不能察，必以情。"对曰："忠之属也。可以一战。战则请从。"

师：继续。请同学们再一次地自读自讲。

（学生自读自讲）

师：好的，一起说给大家听。全部都要说，我们来听你们怎么说，说起来！

（学生说）

师：嗯。最重要的四个字还要说一遍，"忠之属也"，说起来。

（学生说）

师：这是《曹刿论战》里面最难懂的四个字。"这是属于你尽了自己最大的努力来做的那个事情了"，忠于自己的职守，把事情做好。"忠之属也"，属于你很尽力地做的那个事情。好，请大家读起来，"庄公说"，读！

（屏幕显示）

庄公说："大大小小的案件，即使不能一一明察，一定会按照实情处理。"曹刿说："这是在尽力做好分内的事，可以凭借这一点去打仗。（如果）作战，就请允许我跟从。"

（学生齐读）

师：继续回答问题。"必以情"中的"以"的含义……

生："按照。"

师："按照，根据。""可以一战"中的"以"……

生："凭借。"

师：大家看，在这短短的文字里面，"以"的用法多种多样。

通过这样的读与讲，我们就把难点基本覆盖了。一起来读吧，"于是"，读！

（屏幕显示）

于是（曹刿）进宫廷去见庄公。曹刿问庄公："您凭什么跟齐国打仗？"庄公说："衣食这类养生的东西，我不敢独自享受，一定把它分给别人。"曹刿回答："这种小恩小惠不遍及百姓，老百姓是不会听从您的。"庄公说："祭祀用的猪、牛、羊、玉器和丝织品，我从来不敢虚报，一定做到诚实可信。"曹刿回答："这只是小信用，未能让神灵信任，神是不会保佑您的。"庄公说："大大小小的案件，即使不能一一明察，一定会按照实情处理。"曹刿说："这是在尽力做好分内的事，可以凭借这一点去打仗。（如果）作战，就请允许我跟从。"

余映潮中学语文精品阅读课教学实录

（学生齐读）

师：谢谢大家！给每位同学3分钟的时间，把"以"字的字词卡片，做在你的书本上。"以……"后用一个大括弧，然后写例句，点出它的用法。这就叫整理，梳理，整合。这又是一种学习方法。过一会儿，就请同学起来，把你的整理读给我们听。

（学生动笔，梳理，整理，做"以"字卡片）

师：好的，大家都很聪明，听出了老师的关键词。这个关键词是很重要的，"大括弧"。没有"大括弧"这三个字，你就不知道怎么整理了，现在看来，大家都是这样做的，真让人高兴啊！来，读一读你的知识卡片。

生3："以"的用法："必以分人"中的"以"是"用来"；"必以信"中的"以"是"凭借"；"必以情"中的"以"是"按照，根据"；"可以一战"中的"以"是"凭借"。

师：嗯！可以了吧？对！这样大家就学会了用整理的方法来学习文言字词这样一种技能。

【评点】本环节是这节课的重点：精彩语段细读，文言难点突破。

突破一：以读带析，一石多鸟。余老师说："没有朗读的语文课，不是美的语文课。"他说，朗读能够"感受声律，领会情感，品味意境，发展语感"。本节课，在抑扬婉转、声情并茂地美美朗读中，句群关系、人物性格、故事情节，都了然于心，默然相印。

突破二：自读自讲，各个击破。四次自读自讲：第一次（"一见"），侧重教师示范引领；二、三、四次（"三曰""三对"），人人参与，个个动口，在集体活动中，彰显个性，提升能力。

突破三：提炼梳理，授之以渔。在"读""讲"这一"动"的教学情态中，"适时打住，巧妙穿插"，让学生"静"下来，盘点"以"字用法，用大括弧做知识卡片，整理梳理，形成"类"的知识群。整个语段教学动静相宜，张弛有度，读写结合，知能双赢。

五、细做一组练习

师:继续咱们的学习。

(屏幕显示)

细 做 练 习

(1) 用双音节词语替换下列句中括号前面的词。

① 公将鼓（　　）之　　② 遂（　　）逐齐师

③ 公将驰（　　）之　　④ 一鼓作（　　）气

⑤ 彼竭我盈（　　）　　⑥ 下（　　）视其辙

(2) 选出下面词的含义相同的一项（　　）

A. 故：公问其故　　故逐之

B. 之：公将鼓之　　公与之乘

C. 望：登轼而望之　　望其旗靡

D. 其：下视其辙　　公问其故

(3) 用现代汉语说说下列句子的意思。

① 夫战，勇气也。

_____

② 夫大国，难测也，惧有伏焉。

_____

师:好,一起说。第一题"公将鼓之","鼓"……

生:"击鼓。"

师:"遂逐齐师","遂"……

生:"于是。"

师:"公将驰之","驰"……

师生:"追击。"

师:"一鼓作气","作"……

生："振作。"

师："彼竭我盈","盈"……

生："充满。"

师："下视其辙","下"……

（学生拿不准，不敢大声说，小声嘀咕）

师："向下。"有的注释是"下来"，但是更多的人分析是"向下"。向下看一看"辙"，然后登上车前的横木观察。为什么不是"下来"呢？这个"辙"——"车辙"，往下望会看得很清楚，不是要"下来"像显微镜一样来看。"下视其辙"，追击的时候，观察是很讲究时间的，"下视其辙"还节约了时间，所以理解为"向下看"是比较准确的。这一部分，还有一个字很难理解，"一鼓作气，再而衰"，这个"再"字好懂，是"第二次"的意思，那么，"衰"呢？

生：（小声地）"低落。"

师："低落"，啊，这就比较准确地解释了它的意思。不是"衰败"，不是"衰退"，是士气开始低落。士气低落后，再击鼓，第三次击鼓，第四次击鼓，就没有士气了。所以，这个"衰"字很重要。好，一起说第二题，它的答案是……

生：C。

师：很准确。下面的两个句子翻译就好办了吧？"夫战，勇气也。"说！

生："战争，靠的是勇气。"

师：省略了动词，省略了谓语。"打仗呀，靠的就是勇气呀！"再用加字的方法来翻译"夫大国，难测也，惧有伏焉"。

（学生翻译）

师："是呀，难以摸清它的情况，怕的是他有埋伏。"那么"惧有伏焉"的这个"伏"字，是不是同样可以用成语来印证呢？"十面埋伏"，就是成语。

【评点】文本最后一段，以"实录体"略写战争，极尽《左传》语言精粹之妙。

《曹刿论战》课堂教学实录及评点

余老师也随文定法,略段简教,以练带析,生态高效;真正实践了"优化教材处理,简化教学思路,细化课中活动,美化教学手段"的课堂教学艺术。

六、完成一次听记

师:好,完成我们最后一次练习——美听快记。老师讲,大家听。
(屏幕显示)

美 听 快 记
曹刿论证的表达特点
对话展开,要素齐备

师:《曹刿论战》的表达特点,其基本手法是对话展开,记叙的要素齐备。这是它的第一个表达特点。
(屏幕显示)

结构精致,起承转合

师:第二个表达特点——结构精致,起承转合。大家观察这篇文章,三个段落,老师却说了四个字,"起—承—转—合"。你们的课本上是不是三个段落啊?三个段落怎么用四个字来分析呢?第一段是两个层次——故事开始,故事发展;笔锋一转,到战场上;最后一段是曹刿分析战争取胜的原因——"合"。啊!原来这篇文章应该是这样的:"公将战"是"起";"乃入见"是"承","可以一战,战则请从";于是,笔锋一转,"公与之乘,战于长勺",就是"转",镜头转向战场;最后曹刿议论——"合"。不仔细分析,就读不出它的结构精致之处。你们学过《记承天寺夜游》了没有?

生:学过。

师:《记承天寺夜游》的结构也是"起承转合"的,可试着用这四个字去分析它。

(学生回顾,分析)

（屏幕显示）

详略有致，叙议结合

师：第三个表达特点——详略有致，叙议结合。详写了战前论战的准备工作，略写战斗的整个过程，又详写对战争取胜理由的论述。前两段是叙，最后一段可以看作曹刿的"议"，所以，是"叙议结合"。

（屏幕显示）

比照手法，生动句式

师：第四个表达特点——比照手法，生动句式。课文里面的鲁庄公和曹刿是相互映衬的，是比照手法。课文的句式很精致呀！常常有人批评说鲁庄公是一个很愚钝的人，其实不能这样评价。鲁庄公是相信曹刿的，而且鲁庄公是亲自上战场的，不能一下子把一个历史人物或故事中的人物用绝对的方式贬掉。

（屏幕显示）

语言精练，通达晓畅

师：第五个表达特点——语言精练，通达晓畅。文中的每一句话都是用很少的文字来表达丰厚的意思，读熟了之后就会觉得它写得真好！不仅章法很美，朗读起来音韵也很好听，这就是《曹刿论战》的语言表达特点。

七、结课

师：好的，同学们，这节课我们经历了五次活动，谢谢大家的努力！老师喜欢你们！下课！

生：老师再见！

师：啊，同学们再见，谢谢大家！

【评点】教师是平等对话中的"首席"。在教学的"深水区""制高点",教师的精讲亲授,如方舟竹筏,载渡学子,遨游学海;如醍醐甘霖,开启智慧,普润群萌。

本环节,余老师立足文本的艺术手法,采精撷萃,提纯出"五个表达特点",娓娓道来,侃侃而谈,极尽教师的主导地位,引领学生探寻文本的章法奥秘。

"简洁讲析,精美细腻"。教师酣畅淋漓地讲解,透彻文心地剖析;学生如饥似渴地谛听,如坐春风地领悟……这一刻,戛然而止;这一课,余味无穷!

总评

这是一节文言文品读教学的典范课。它的主问题、大容量,它的板块式、简约度,它的语文味、人文性,表现出"五大意识":

(1)**课程意识**——"生平多阅历,胸中有丘壑"。余老师放眼课程,立足课标,准确定位,巧用教材。一篇有限的《曹刿论战》,实现了无限的课程目标:"文"的美感和"言"的丰厚。

(2)**活动意识**——"五个一"即五次活动。学生有读有说,有听有写;教师有逗有捧,有讲有评。五次活动,五种手法;巧于变化,灵动多姿。

(3)**积累意识**——厚实的背景、历史的典藏,给学生以终身受用的文化积淀。难字难词难句的突破,"以"字的用法整理,"五个表达特点"的手法讲座,给予学生丰厚的语文知识的滋养。

(4)**对话意识**——春风化雨,默然相契。余老师有鼓励,有批评;有纠正,有补充;有暗示,有讲解——那么科学,那么严谨。有"请"字,有"谢谢"——如此优雅,如此慈爱!

(5)**学法意识**——文本无等差,方法有高下。自读自讲法、成语印证法、大括弧整理法……让学生有法可依,有章可循。

一叶可知天下秋,一课妙观语文潮!

《蒹葭》课堂教学实录及评点

执教：余映潮　　评点：杨雪桥

时间：2013 年 5 月 3 日
地点：新疆生产建设兵团第一中学

一、背景介绍

师：同学们，这节课我们一起学习《蒹葭》。请把导语读一读。

（屏幕显示，学生齐读）

雎鸠啼鸣，荇菜参差，晨雾朦胧，芦苇飘荡……这些景物，在心中荡漾爱意的人们的眼中，大概会多一层温馨，多一些期盼，多一点幽怨……

师："雎鸠啼鸣"，是一种意境。"荇菜参差，晨雾朦胧，芦苇飘荡"，这都是景物，也都是意境。见到这样的描写，见到这样的意象，人们都会有一些感怀，或者一些联想。所以说，在心中荡漾爱意的人们的眼中，看到这样的景物，就会有一些感受。读《蒹葭》也是这样。好，大家把《诗经》的简介读一读。

【评点】情景再现，诗意导入。语言优美，营造氛围。

（屏幕显示，学生齐读）

《诗经》，我国最早的一部诗歌总集，收录了西周初年至春秋中期 500 多年间的诗歌 305 篇。

《蒹葭》课堂教学实录及评点

师：这是基本的文学常识。继续读。

（屏幕显示，学生齐读）

《蒹葭》是出自《诗经·秦风》的一首爱情诗，风格婉约柔美，意境朦胧悠远，是《诗经》中抒情的名篇。

师：请把"爱情诗"旁批在课题上。"风格婉约柔美，意境朦胧悠远"，这12个字也要做课堂笔记。"婉约"就是"委婉含蓄"，"柔美"就是"轻柔的，美好的"。继续来。

（屏幕显示，学生齐读）

此诗被历代誉为情深景真、风情摇曳的好诗。全诗三章，每章八句，前两句写景，后六句叙事抒情。

师：将"情深景真、风情摇曳"8个字旁批在课文上。"全诗三章，每章八句"，注意这个量词"章"，它不叫一"节"，叫一"章"，第一章，第二章，第三章。好，我们开始诗歌吟读。

【评点】明确类型，指出风格，点明意境，分析结构。宏观把握，提纲挈领。

二、诗歌吟读

（屏幕显示）

诗歌吟读

师：大家读一遍《蒹葭》，我听一下。"蒹葭"，读。

（学生齐读全诗，语速稍快）

师：好，语速要略加调整。这是一首恋情诗，写向往、追寻，所以情感的氛围要通过语速表达出来。"蒹葭苍苍，白露为霜。所谓伊人，在水一方。"这就是轻柔的、充满向往的、充满爱意的朗读。再试一次。"蒹葭"，读。

（学生齐读全诗。学生深情地读，语速降下来了）

师：读得好！你看，这一遍感觉就不同了。还有几个地方要读好。一是三句"所谓"："所谓伊人，在水一方"，"所谓伊人，在水之湄"，"所谓伊人，在水之涘"，三句都要读出期盼、向往，甚至是赞叹。美人啊，就在那个地方！二是三个"宛在"。好像在那里，本来已经看见人了，但是又好像不在，有点遗憾。"宛"字要读得重一点。好，再试。"蒹葭"，读。

（学生齐读全诗）

【评点】三遍朗读，两次指导；根据学情，给出方案：调整语速，读出期盼，读好重音。技巧点拨，四两千斤。

师：读得好！下面我们就细细地读，把字词弄懂。"蒹葭苍苍"，读。

（屏幕显示，学生齐读）

蒹葭苍苍，白露为霜。所谓伊人，在水一方。

溯洄从之，道阻且长。溯游从之，宛在水中央。

师：把注释读一读。

（屏幕显示，学生齐读）

蒹葭（jiān jiā）：芦苇。

苍苍：茂盛的样子；深青色。

所谓：所念。　　伊人：那人，所爱的人。

在水一方：在水的那一边，指所在之远。

溯洄（sù huí）：逆流而上。

从：追寻，追求。

道阻且长：道路艰险而又漫长。

溯游：顺流而下。

宛：宛如，好像。

师：这一首诗极具表现力，三章都是写追求而不得，而且这种追求是很艰苦的。"溯洄从之"，首先是逆流而上，然后是顺流而下。把逆流而上写在前面，就显得更加的艰苦。这样的细节就有很好的表现力。继续，"蒹葭萋萋"，读。

（屏幕显示，学生齐读）

蒹葭萋萋，白露未晞。所谓伊人，在水之湄。

溯洄从之，道阻且跻。溯游从之，宛在水中坻。

萋萋：茂盛的样子；苍青色。

晞（xī）：干。

湄（méi）：岸边，水与草交接之处。

跻（jī）：高，道路险峻，需攀登而上。

坻（chí）：水中高地。

师：这首诗的表现力，表现在追求的时间在不断地延伸。"蒹葭苍苍，白露为霜。""蒹葭萋萋，白露未晞。""蒹葭采采，白露未已。"实际上都是在写时间。还表现在地点的变化："在水一方"，"在水之湄"，"在水之涘"。继续读，"蒹葭采采"，读。

（屏幕显示，学生齐读）

蒹葭采采，白露未已。所谓伊人，在水之涘。

溯洄从之，道阻且右。溯游从之，宛在水中沚。

采采：茂盛、众多的意思。

已：止，完。

涘（sì）：水边。

右：迂回，弯曲。

沚（zhǐ）：小块陆地。

师：用三章来表现诗歌的内容，是诗经里面最有意味的一种艺术手法。重章叠句，它的魅力就在于反复、强调，同时增加抒情的效果。只用一章，是绝对没有这样的表现力的。三章其实就是一章。但是，变角度，用反复的方式，用变化的手法来抒情，这就是意味。大家看，多美的结构，多美的文面。这种诗歌的章法摆在我们面前，就是审美的。

（屏幕显示）

蒹　葭

蒹葭苍苍，白露为霜。所谓伊人，在水一方。
溯洄从之，道阻且长。溯游从之，宛在水中央。

蒹葭萋萋，白露未晞。所谓伊人，在水之湄。
溯洄从之，道阻且跻。溯游从之，宛在水中坻。

蒹葭采采，白露未已。所谓伊人，在水之涘。
溯洄从之，道阻且右。溯游从之，宛在水中沚。

师：好，继续来，大家读译文。

（屏幕显示，学生齐读）

深秋的芦苇啊苍苍苍苍，清晨的白露啊凝结成霜。我心中思念的那个人啊，隔着水在那遥远的地方。我逆流而上去寻找她，道路险阻而又漫长。我顺流而下去追寻她，她宛如在那水的中央。

深秋的芦苇啊茂盛无边，清晨的白露啊还没晒干。我心中思念的那个人啊，在岸边有水草的地方。我逆流而上去寻找她，道路险阻难以登攀。我顺流而下去追寻她，她仿佛又在水中高的地方。

师：那是多么美丽的身影啊，让"我"非常的向往，不管她在什么地方，"我"都要继续追寻她。"深秋的芦苇"，读。

《蒹葭》课堂教学实录及评点

(屏幕显示，学生齐读)

深秋的芦苇啊多么茂密，清晨的白露啊还没全干。我心中思念的那个人啊，远在水边那个地方。我逆流而上去寻找她，道路险阻而又曲折。我顺流而下去追寻她，她好像到了那水中小洲之上。

师：终于没有见到心中的伊人。咫尺千里的遗憾、怅惘，留在了追寻者的心中。好，我们各自背诵《蒹葭》，开始。

(学生背诵)

师：古人说："三章只一意。"就是说，三章就是一个意思：寻觅、追求。我们用朗诵的口吻来背《蒹葭》。"蒹葭苍苍，白露为霜"，背。

(学生齐背)

【评点】理解词语，知晓大意，小步轻迈，平稳扎实。穿插讲析，层层深入，变换节奏，轻盈灵动。

三、美感品味

师：谢谢大家。我们继续学习，品析这首诗——美感品味。

(屏幕显示)

美感品味

师：我们把品析的内容放在最基础、最基本的内容之上，感受一下它的美感。看，三章，重章叠句是一种美感，一唱三叹是一种美感，虚无缥缈是一种美感，追求不懈是一种美感。大家再看，这样一些美感是需要我们进行基本的了解的。"表现出结构与抒情美感的一种章法"。什么叫章法呢？就是文章的结构。"表现出诗歌起兴之美的诗句"。什么叫起兴呢？就是先不直接地写故事、写事件，而是从远远的地方写起。"表现执着追求之美感的8个字"。"极具人物形象美感的诗句"，写美女的诗句。"最有音韵美感的一个章节"。这"五

283

美"都在课文里面。需要我们概括出来的,是这首诗表现意境之美的一个四字短语。好,观察一下,然后读一读课文,我们就可以发言啦。

(屏幕显示)

美感品味

表现出结构与抒情美感的一种章法:_____

表现出诗歌起兴之美的诗句:_____

表现执着追求之美感的8个字:_____

极具人物形象美感的诗句:_____

最有音韵美感的一个章节:_____

需要我们概括出来的表现意境美感的一个四字短语:_____

(学生默读,思考问题)

【评点】设计活动,激发兴趣。六个问题,启迪思维,涵盖全面,突出重点。

师:好,我们来交流一下,可以举手说话。先选容易的说也可以嘛。

生1:表现出诗歌起兴之美的诗句应该是"蒹葭苍苍,白露为霜","蒹葭萋萋,白露未晞"和"蒹葭采采,白露未已"。

师:先言他物,然后再写事情。起兴(xìng)之美,我们有时候错把它读成起兴(xīng)之美,应该读成起兴(xìng)之美,就是先写一种事物,这种事物能够营造出一种意境,然后再写故事,就更有味道。"蒹葭苍苍,白露为霜。"苍茫的、一望无际的芦苇啊,给我们的就是一种朦胧的、阔大的环境,苍茫的环境带给我们的是一种无所适从、沉郁。在这样的起兴之下,然后写故事,这种意境就更加的深远。好,继续说话。

生2:表现执着追求之美感的8个字应该是"溯洄从之""溯游从之"。

师:反复咏唱,"溯洄从之""溯游从之",这就是一唱三叹,用反复的手法表现一种坚持不懈的追求,哪怕面对的是很难追寻的事物。

生3：极具人物形象美感的诗句应该是"溯游从之，宛在水中央""溯游从之，宛在水中坻""溯游从之，宛在水中沚"。

师：朦胧的美感。还有直接写美人的，"所谓伊人，在水一方"，这是流传最为广远的8个字。"在水一方"这四个字在现代生活里比比皆是，它表现的就是一种意境。那么章法呢？四个字，我说第一个字，"重"。

生：重章叠句。

师：重章叠句。一章、两章、三章，重章；叠句，"溯洄从之"，"溯游从之"，反复出现；"宛在""宛在""宛在"；"在水""在水""在水"，都是叠句。最有音韵美感的一个章节，肯定无疑是第一章，太有韵味了，读起来让人陶醉。

需要我们概括出来的表现意境美感的一个四字短语，哪位同学来试一下？它是怎样的一种美感呢？

生4：应该是"所谓伊人"四个字。

师："所谓伊人"，是这样吗？实际上，这四个字现在不在课文里面，需要我们概括出来。其实，老师在课文开始的时候就已经暗示了。好，请你来。

生5：朦胧悠远。

师：朦胧的，悠远的，可望不可即啊。看见了，一过去又没有了。好，你来说。

生6：朦胧柔美。

师：朦胧的，柔美的，多好啊！你来说。

生7：我也觉得是这样。

师：哦，一样的，总之就是一种朦胧的美感。

生8：我觉得应该是缠绵悱恻。

师：哦，缠绵的，悱恻的。不过，这个时候还没有到缠绵的时候，美人还没有找到，还在追求之中。当然，我们也可以把这种情感理解为很缠绵，不断地寻觅，多么执着的追求。

生9：我觉得是婉约柔美。

师：婉约柔美的，多好啊！声调一点都不铿锵，而表现出来的是那种怅惘之情啊！还有吗？你来说。

生10：婉约朦胧。

师：哦，婉约的，朦胧的。你呢？

生11：我认为是清新怅惘。

师：清新的，多么纯美的感情啊！怅惘的，求之而不得呀！

【评点】课堂交流，思维碰撞，如泉激石，轻波微澜；如花绽放，朵朵明艳。

师：好，我们来看吧。老师给大家做一下小结。
（屏幕显示）

表现出结构与抒情美感的一种章法：重章叠句，一唱三叹

师：表现出结构与抒情美感的一种章法是"重章叠句，一唱三叹"，这种章法在现代诗歌里也比比皆是。余光中的《乡愁》，典型的重章叠句，一唱三叹。所以，重章叠句不仅仅是章法之美，更重要的是抒情。一唱三叹，反复咏唱。
（屏幕显示）

表现出诗歌起兴之美的诗句：蒹葭苍苍，白露为霜；蒹葭萋萋，白露未晞；蒹葭采采，白露未已

师：表现出诗歌起兴之美的诗句是"蒹葭苍苍，白露为霜""蒹葭萋萋，白露未晞""蒹葭采采，白露未已"，连续三个句子。它们营造的是意境，这种意境是很苍茫的，和整首诗的意境极其吻合。它没有说"日出江花红胜火"，没有那样一种快乐的、热烈的氛围。
（屏幕显示）

表现执着追求之美感的8个字：溯洄从之　溯游从之

师：表现执着追求之美感的8个字是"溯洄从之，溯游从之"。

《蒹葭》课堂教学实录及评点

（屏幕显示）

极具人物形象美感的诗句：所谓伊人，在水一方

师：极具人物形象美感的诗句是"所谓伊人，在水一方"。极具人物形象之美的两个字，就是"伊人"。那个人啊，我所爱的那个人啊。"伊人"，在日后的阅读中，人们欣赏为"秋水伊人"，所以说是"秋水伊人，在水一方"，朦胧的、清新的、美好的意境。

（屏幕显示）

最有音韵美感的一个章节：蒹葭苍苍，白露为霜。所谓伊人，在水一方。溯洄从之，道阻且长。溯游从之，宛在水中央。

师：最有音韵美感的一个章节是"蒹葭苍苍，白露为霜。所谓伊人，在水一方。溯洄从之，道阻且长。溯游从之，宛在水中央"。

（屏幕显示）

需要我们概括出来的表现意境美感的一个四字短语：朦胧空灵

师：需要我们概括出来的表现意境美感的一个四字短语是"朦胧空灵"，还可以是"朦胧悠远"，还可以是"如梦似幻"。

【评点】教师阐释，贯通古今，旁征博引，左右逢源；语言优美，动人心弦。

四、手法讲析

师：好的，下面我们就做一点优美的课堂学习笔记。具体给大家讲五个方面的知识点。

（屏幕显示）

重章叠句　一唱三叹

复沓的章法，递进的层次，时空的变化，往复吟咏的抒情力度，余韵悠

287

悠的艺术效果。

师：复沓的章法，一章一章又一章；表现出递进的层次、变化的时空，这三章里面的时空的变化是很耐人寻味的；因为反复，所以抒情的力度增大，表达出余韵悠悠的艺术效果。这就是"重章叠句，一唱三叹"的艺术魅力。

（屏幕显示）

秋景起兴　渲染氛围

景致萧瑟苍茫，氛围沉郁凄清，怅惘之情，笼罩全诗。

师：第二个知识点是"秋景起兴，渲染氛围"。每一章诗前面的两句，其作用太微妙了。景致萧瑟苍茫，氛围沉郁凄清，怅惘之情，笼罩全诗。起兴渲染出来的氛围是给人们带来了一种怅惘的感觉。

（屏幕显示）

意象幽远　手法生动

深秋清晨，芦苇苍苍，露重霜浓，水长路远，伊人难觅，思念难了；以景衬人，情景交融。

师：第三个知识点是"意象幽远，手法生动"。蒹葭是一种景物，在诗里面也叫意象；白露也是意象；又长又远又艰险的道路也是意象。深秋的清晨，芦苇苍苍，露重霜浓，水长路远，伊人难觅，思念难了。这都是以景衬人，于是情景交融。为什么写水呀？水天茫茫。为什么写路啊？山高路远。都是为了写人。

（屏幕显示）

意境凄美　朦胧悠远

秋水伊人，在水一方。但望穿秋水，艰难追寻，可望难即。诗境缥缈、朦胧、迷离、凄美。

《蒹葭》课堂教学实录及评点

师：第四个知识点是"意境凄美，朦胧悠远"。意境就是作品里面表现出来的一种情境。秋水伊人，在水一方。但望穿秋水，艰难追寻，可望难即。"秋水伊人"和"望穿秋水"，这两个"秋水"不一样，"望穿秋水"是眼睛都望穿了，但是美人啊可望难即，远远地看着，就是不能走到她的跟前，不能向她表示一下自己的爱意，于是这首诗的诗境就是缥缈的、朦胧的、迷离的、凄美的。

（屏幕显示）

弦外之音　言外之意
追寻的过程顽强执着，永远寻觅，无怨无悔！那是一种至真至美的人性。

师：第五个知识点很有意思。难道说一个如梦似幻的女子，真的有人不懈地去追求吗？根本见不到人啊。于是就有人说，这一首诗很有象征的意义。"弦外之音，言外之意"，表现的是一种坚持，对美好向往的不懈的追求，追寻的过程顽强执着，永远寻觅，无怨无悔！那是一种至真至美的人性。这就是这首诗带给我们的言外之意，非常富有哲理。

【评点】生动讲析，学生笔记。写法归纳，画龙点睛。语言工整，诗意浓郁，如锦添花，如画着色，美不胜收，风情摇曳。

五、练习指导

（屏幕显示）

练习指导
一诗之美
一章之妙
一句之情
一词之味

师：学习《蒹葭》，把上述五个知识点掌握下来，然后会背诵、会默写，就行了。现在，老师还要告诉你们怎么去写赏析文字。

"一诗之美"。对于《蒹葭》这首诗，你或者写它的章法之美，或者写它的意境之美，或者写它的含蓄之美，或者写它的哲理之美，等等，如此，你的赏析文字就可以写出来。

"一章之妙"。比如第一章，它的起兴之妙，它的音韵之妙，它的意象之妙，等等，如此，你的赏析文字也就写得出来。

"一句之情"。比如"重章叠句"，我们专门分析"道阻且长"这样的句子，它所表现出来的那样一种追寻，那样一种坚持，那样一种对爱的不舍，同样能够写出赏析文字来。

"一词之味"。专门分析一个词，也能够写出赏析文字来。比如《蒹葭》中的"溯洄从之""溯游从之"，三章一共有六个"从"！这是罕见的语言表达现象。六个"从"，一定是有深刻的意味的，你就专门分析这个"从"字所表现出来的意味、情致和人物所具有的品格，一篇小小的赏析文就出来了。

所以，写诗歌赏析文可以这样：一诗之美，一章之妙，一句之情，一词之味。如此，我们就可以动笔了，就可以开始你的赏析了。

【评点】一篇一章，一句一词；角度精美，高度凝练；技巧点拨，锦上添花。

六、结课

师：好，同学们，今天这节课我们就学到这里，让我们一起吟诵琼瑶改写的《蒹葭》。"在水一方"，读！

（屏幕显示，学生齐读）

在 水 一 方

绿草苍苍，白雾茫茫，

有位佳人，在水一方。

《蒹葭》课堂教学实录及评点

绿草萋萋，白雾迷离，
有位佳人，靠水而居。

我愿逆流而上，依偎在她身旁。
无奈前有险滩，道路又远又长。

我愿顺流而下，找寻她的方向。
却见依稀仿佛，她在水的中央。
……

师：永远的迷惘啊，永远的追求！好，下课！

【评点】《蒹葭》改写，歌词收束，齐声诵读，细细回味。浅吟低唱，洋洋盈耳；古风今韵，余味悠长。

总评

"蒹葭苍苍，白露为霜。所谓伊人，在水一方。"诗三百，论意境，再无他诗能出其右。

关于此诗的内容众说纷纭，"刺襄公"说，"招贤"说，"爱情"说，一直颇多分歧。所以教师须先给这首诗定位，才能引导学生对其进行更深入的欣赏。

于是，余老师说："《蒹葭》是出自《诗经·秦风》的一首爱情诗，风格婉约柔美，意境朦胧悠远，是《诗经》中抒情的名篇。"

"爱情诗"，是的，它把爱情写到了极致。那是花开彼岸的爱情，水月镜花，可望难即，于是才有了痴情人的相思相望、上下求索、不懈追寻。对于情窦初开的初三学生而言，这个定位也是容易让他们产生情感共鸣的。

"诗歌吟读"，这是第一板块。

"吟读"一词，实在妙极。这一"吟"，如清溪浅水行舟，柳荫堤畔闲行。放慢了脚步，才得以仔细欣赏风景。于是，"轻拢慢捻抹复挑"，吟读中有了思索的时间，诗歌的味道也就在这放慢的语速中渐渐"吟"出来了，"品"出来了。

读一读词语的意思吧，那是理解诗歌的基础。隔了两千年的时光，有些美丽的词语，已经不再是当初的模样。"芦苇"的前世就是"蒹葭"，"蒹葭"的今生就是"芦苇"呀——这样一解释，学生便豁然开朗。

再读一读译文吧。"深秋的芦苇啊莽莽苍苍，清晨的白露啊凝结成霜。我心中思念的那个人啊，隔着水在那遥远的地方……"这不是简单的翻译，这是远古的韵律在今天的回响。这是以诗译诗，灵动简约，音韵和谐，仍有《诗经》的节奏均匀、钟鼓之音。

"美感品味"，这是第二板块。

"美感"这个角度，恐怕是千呼万唤始出来。我们对这首诗的万般情感，也恐怕是集中在这一个"美"字上。《蒹葭》，真美！然而，知其美，还要知其所以美，这才是诗歌赏析的佳境。"结构之美，起兴之美，追求之美，形象之美，音韵之美，意境之美"。于是，余老师引领学生踏上了寻美的旅程，引导学生将心中朦胧的美感具体化。随之，学生的发现如鲜花一朵一朵绽放。

"好的，下面我们就做一点优美的课堂学习笔记。具体给大家讲五个方面的知识点。""重章叠句，一唱三叹；秋景起兴，渲染氛围；意象幽远，手法生动；意境凄美，朦胧悠远；弦外之音，言外之意"。如果说前面的品味是植了满山草木，这里的讲析便是天上朗月，它的光辉洒向它们，顿时有了空间感、立体感，整节课的内容丰满了起来。

然而，还没有完，居然还有"练习指导"。"一诗之美，一章之妙，一句之情，一词之味"。诗歌赏析的角度，经过这样细致的分解，马上眉目清楚了，迁移到其他诗歌的赏析也同样适用。

齐读琼瑶的《在水一方》来收束吧："绿草苍苍，白雾茫茫，有位佳人，在水一方……"这样的设计，既呼应开头的诗意导入，又在浅吟低唱中给学生美的享受，余韵悠悠。

万千教育 基础教育类书目

书号	书名	著、译者	定价(元)
班主任工作理念与方法			
2877	班主任工作的60个"鬼点子"	刘坚新 郑学志 编著	52.00
2879	班主任与家长沟通的艺术 ——创建优质家校关系的60个策略	郑学志 著	52.00
2204	做一个会"偷懒"的班主任（第二版）	郑学志 著	48.00
1708	怎样教授道德才有效 ——德育心理学家给教师的建议	杨韶刚 等译	48.00
1709	学生特殊问题发现与应对 ——给普通教师的建议	昝飞 等著	48.00
7316	把班级还给学生 ——班集体建设与管理的创新艺术	郑立平 著	26.00
7344	遭遇问题学生 ——问题学生的教育与转化技巧	万玮 编著	25.00
7317	魅力班会是怎样炼成的	杨兵 著	25.00
8631	家校沟通，没有痛过你不会懂 ——知名班主任梅洪建的心路历程	梅洪建 著	32.00
0539	如何上好班级心理辅导活动课 ——钟志农答疑50问	钟志农 著	42.00
9902	德育主任新方略	丁如许 著	32.00
8611	班主任工作中的心理效应	刘儒德 主编	35.00
1135	班主任有效沟通的艺术与技巧	李进成 著	36.00

0541	班主任如何破解德育低效难题	赵 坡 著	35.00
9135	班主任，青春万岁——王君带班之道	王 君 著	34.00
8770	班主任如何带好差班	赵 坡 著	30.00
8309	扶年轻班主任上马	王 莉 著	38.00
7926	教师必须掌握的教育惩戒艺术	郑立平 等 著	28.00
7928	做一个聪明的班主任 ——对常见七类学生的教育艺术	郑立平 等 著	28.00
班主任工作理念与方法合计			694.00
中学生心理健康教育主题课程设计丛书			
0059	中学生心理课——生涯发展	廖丽娟 等 编著	28.00
0060	中学生心理课——情绪管理	杨红梅 等 编著	32.00
0185	中学生心理课——综合篇	中学生心理课综合篇教研组	52.00
中学生心理健康教育主题课程设计丛书合计			112.00
中学/中职班主任专业技能			
0938	好班是怎样炼成的 ——中学班主任班级建设之道	谢 云 主编	38.00
0061	中学班级心理辅导活动60例	杨敏毅 等 著	35.00
9882	初中主题班会设计技巧与优秀案例	郑学志 主编	34.00
9056	高中主题班会设计技巧与优秀案例	郑学志 主编	32.00
9557	打造高中卓越班级的42个策略	覃丽兰 著	38.00
9990	打造中职卓越班级的41个策略	李 迪 著	32.00

编号	书名	作者	价格
9905	中职主题班会设计技巧与优秀案例	李迪 著	35.00
9604	中学德育问题与对策	李季 贾高见 著	35.00
8463	中学班主任的70个临场应变技巧	刘令军 等著	34.00
中学/中职班主任专业技能合计			313.00

中小学学科教学系列

编号	书名	作者	价格
9884	阅读教学设计的要诀——王荣生给语文教师的建议	王荣生 著	36.00
9573	名师课堂教学细节设计艺术	徐杰 等著	36.00
9114	中小学实用教学策略	宋秋前 著	26.00
9007	语文综合性学习教学设计方案40例	赵水英 王林发 编著	36.00
8949	语文口语交际教学设计方案40例	王林发 主编	36.00
8582	智力发展与数学学习	林崇德 著	50.00
7483	走进快乐语文课堂	潘继云 著	26.00
7320	语文课如何是好	王晓春 著	28.00
中小学学科教学系列合计			274.00

教育教学心理系列

编号	书名	作者	价格
2106	写给教育者的积极心理学（第二版）	任俊 著	48.00
1791	理解0—12岁儿童的学习	赵琴 译	36.00
1057	应用学习科学——心理学大师给教师的建议	盛群力 等译	38.00
0675	积极心理学走进小学课堂	任俊 译	56.00

0056	抓住学生注意力的176个课堂小活动	张乃东 译	28.00
0799	激发学生的成就动机 ——引导学生迈向成功的策略	吴艳艳 译	35.00
9922	小学生学习习惯培养方案	黄 波 著	35.00
9358	中学生心理学	林崇德 著	60.00
教育教学心理系列合计			**336.00**
课堂管理系列			
9193	让教师都爱上教学 ——307个好用的课堂管理策略	罗兴娟 译	34.00
7312	让学生都爱听你讲 ——课堂有效管理6步法	屈宇清 等译	20.00
7697	课堂管理，会者不难	王晓春 著	26.00
0800	中小学生纪律教育 ——全方位解决纪律问题的策略	陆如萍 等译	42.00
0673	透视小学生课堂行为 ——小学教师的课堂管理指南（第九版）	赵 琴 译	48.00
0674	透视中学生课堂行为 ——中学教师的课堂管理指南（第九版）	陈彩虹 译	46.00
课堂管理系列合计			**216.00**
中学学科教学指导			
8632	王莉的初中作文教学创意	王 莉 著	36.00
0671	余映潮中学语文精品阅读课教学实录	余映潮 著	42.00
3228	余映潮中学语文教学主张与教学创意	余映潮 著	58.00

……
欲了解更多图书信息，请登录：www.wqedu.com
联系地址：北京市西城区三里河路6号院2号楼213室　万千教育
咨询电话：010-65181109，65262933

*本目录定价如有错误或变动，以实际出书为准。